품위 있는 삶을 위한 철학

품위 있는 삶을 위한 철학

1판 1쇄 발행 2020. 7. 7.
1판 5쇄 발행 2023. 7. 1.

지은이 토드 메이
옮긴이 이종인

발행인 고세규
편집 이예림 디자인 박주희 마케팅 윤준원 홍보 박은경
발행처 김영사
등록 1979년 5월 17일 (제406-2003-036호)
주소 경기도 파주시 문발로 197(문발동) 우편번호 10881
전화 마케팅부 031)955-3100, 편집부 031)955-3200 | 팩스 031)955-3111

값은 뒤표지에 있습니다.
ISBN 978-89-349-9200-4 03100

홈페이지 www.gimmyoung.com   블로그 blog.naver.com/gybook
인스타그램 instagram.com/gimmyoung   이메일 bestbook@gimmyoung.com

좋은 독자가 좋은 책을 만듭니다.
김영사는 독자 여러분의 의견에 항상 귀 기울이고 있습니다.

토드 메이

이종인 옮김

A Decent Life

: Morality for the Rest of Us

품위 있는
삶을 위한
철학

남영사

서문

당신은 좋은 사람이다. 당신이 이 책을 집어 들었다는 사실 자체가 그것을 증명한다. 다른 이들에게 품위 있게 행동하는 것은 당신에게 중요한 문제이다. 그런데 잠시 매트 웨이지의 경우를 살펴보자. 그는 프린스턴 대학에 다니는 촉망받는 학생으로 철학을 계속 공부하고 싶어 했다. 그러다가 철학으로는 이 세상에 충분한 기여를 하지 못할 것 같다고 생각하여 월가의 차익거래 중개인이 되었다. 그는 중개인으로 벌어들인 수입의 절반 이상을 자선 단체에 기부하기로 결심했다. 또 다른 사례로 알렉산더 버거의 경우를 보자. 스탠퍼드 대학에 다니던 그는 조사를 통해 비록 아주 고통스러운 과정이기는 하지만 신장 한쪽을 기증해도 건강에는 큰 문제가 없다는 사실을 알게 되었다. 많은 사람이 신장 기증을 기다리고 있었다. 그래서 버거는 신장 한쪽을 내주기로 결심했다.[1]

당신이 지금 손에 들고 있는 이 책은 철학책이다. 하지만 방금 말한 매트 웨이지나 알렉산더 버거 같은 사람을 위한 책은 아니고, 나머지 평범한 사람들을 위한 철학책이며 도덕을 논의하는 책이다. 이 책에서 나는 도덕적 생활 방식의 틀을 제시하려고 하는데 그런 생활 방식을 '품위 있음decency'이라고 명명하겠다. 대부분의 사람들은 도덕적으로 품위 있는 삶을 살아가려 한다. 우리는 도덕적 괴물이 아니다. 하지만 그렇다고 해서 도덕적 성인이 되려고 애쓰는 것도 아니다. 나는 이 책에서 많은 사람이 이미 실천하고 있는 품위 있는 언행에 대하여 고찰하지만, 전통적 도덕철학이 우리에게 명령하는 '최선의 삶' 혹은 도덕적으로 이상적인 생활을 요구하지 않는 도덕적 향상의 길을 가리킨다.

거지에게 동냥을 주어야 하는가? 고기를 먹지 말아야 하는가? 내가 보이지도 않는 듯이 지나가버리는 사람을 위해 문을 잡아주어야 하는가? 정치적 성향이 다른 사람들과도 정치 문제를 논의해야 하는가? 우리는 이 책에서 이타주의에 비하면 다소 소박한 목적을 가진 삶, 그렇지만 도덕적 평범함은 벗어난 인생을 논한다. 그리하여 이책의 주제는 다음과 같은 질문이 된다.

어떻게 하면 품위 있는 삶을 살아갈 수 있는가?

차 례

1장

이타주의인가, 도덕적 품위인가

*Altruism
or Decency?*

때는 출근 시간이었다. 대부분 검은 정장을 입은 사람들이 지하철역으로 몰려가거나 역에서 나오고 있었다. 어떤 사람들은 광역철도나 장거리 노선으로 예정된 열차로 갈아타고 있었다. 또 다른 사람들은 추운 실외에서 역사 안으로 들어가 기다란 계단을 내려가서 동굴 같은 홀을 지나 승강장으로 갔다. 몸속에는 아직 한기가 남아 있어서인지 역사 안으로 들어올 때 하얀 입김이 퍼져 나왔다. 어느 모로 봐도 여느 대도시들과 다를 바 없는 출근 시간 광경이었다. 그러나 열차가 승강장 안으로 들어왔을 때, 기다리던 나는 조금 다른 광경을 목격했다.

승강장이 혼잡하여 움직일 공간이 별로 없었지만 서서 기다리던 승객들은 지하철 안에서 나오는 사람들이 다 빠져나올 때까지 탑승하지 않고 기다리고 있었다. 맨 앞에 서 있던 승객은 차량 안으로 들어가려는 순간 약 1초쯤 망설이기도 했다. 출입문 가까이 서 있던 한 승객은 목을 쭉 내밀어 안에 아직 내릴 사람이 남아 있지 않은지 확인했다. 그런 다음에야 비로소 탑승하기 시작했다.

이것은 내가 코펜하겐에서 점차 자연스러운 일로 기대하게 된 광경이었다. 내가 자란 뉴욕에서의 당시 경험은 사뭇 달랐다. 뉴욕에서는 기다리던 승객들이 빨리 지하철 안으로 들어가려고 안달했고 나 역시 그러했다. 그중 어떤 사람들은 줄에서 옆으로 빠져나와 지하철 안의 승객들이 아직 내리고 있는데도 불쑥 자기 먼저 안으로 들어갔다. 맨 마지막으로 하차하는 사람과 맨 처음으로 승차하는 사람 사이에 존재하는 1초간의 머뭇거림 같은 것은 아예 없었다. 만약 누군가가 그렇게 했더라면 우리는 '저 사람 어떻게 된 거 아니야?' 하고 생각했을 것이다. 아마도 관광객이거나 지하철을 처음 타봐서 뭘 잘 모르는 사람일 거라고 짐작했으리라.

코펜하겐에서는 전혀 그렇지 않다. 시민들은 언제나 줄을 서서 기다렸고 꼭 지하철 역에서만 그런 것도 아니었다. 줄을 서 있다가 앞에 있는 사람을 밀거나, 상대방이 머뭇거린다고 짜증을 내는 사람은 본 적이 없다. 내가 이 도시에서 비난 비슷한 것을 받아본 경험이라고는 실수로 자전거 도로에 잘못 들어섰을 때 사람들이 슬쩍 나를 쳐다본 게 전부였다. 자전거 도로에 서 있으면 자전거 통행에 방해된다는 것을 모르는 사람이 있다. 그런 사람을 피해서 지나가려면 당연히 자전거 탄 사람은 짜증이 날 수밖에 없다.

이런 질서정연한 현상을 낭만적인 시각으로 바라보지 않는 것이 중요하다. 우선 낭만적인 일도 아닌 데다가 그런 시각은 나의 논지와 어긋나기 때문에 더욱 그러하다. 여러 면에서 코펜하겐은 다른 여러 대도시들과 비슷하다. 코펜하겐 시민들은 거리에서 낯선 사람들에게 미소 짓지 않는다. 기차, 버스, 그 외의 다른 환경에서 눈에 띄는 유대감 같은 것은 찾아보기 어렵다. 반면에 조그마한 배려나 당연히 받을 서비스를 받아도 '타크tak(고맙다)'라는 말을 다양하게 자주 사용한다. 덴마크 사람들은 심지어 타크라고 말할 기회를 일부러 찾아다니기도 한다. 다른 대도시들을 거닐어본 사람이라면, 코펜하겐의 사회적 느낌이 다른 대도시와 다를 바 없어 아주 익숙할 것이다. 즉, 코펜하겐 시민들이나 덴마크 사람들이 다른 대도시 사람들에 비해 유달리 남들에게 더 따뜻한 태도를 보이는 것은 아니라는 말이다(사실 나는 아테네에서 더 따뜻한 환대를 받았는데, 그리스 사람들은 차분하게 줄을 서서 기다리는 그런 사람들은 아니다).

내 말은 코펜하겐 시민들은 남들이 그곳에 있다는 사실을 인식하고 더 기꺼이 인정한다는 것이다. 즉 남들도 자신과 마찬가지로 지켜야 할 일정이 있고, 달성해야 할 계획이 있으며, 추진해야 할 프로젝트가 있음을 인식하는 것이다. 그리고 나 또한 살아가야 할 삶, 즉 필요에 의해 지금 이 순간 나를 이 도시의 지하철 역으로 나오게 한 생활이 있는 것이다. 또 방금 지하철에서 내린 사람들도 그런 계획과 생활이 있다. 이것이야말로 내가 반드시 고려해야 할 사항이다. 그것을 내 행동의 자연스러운 한 부분으로 받아들인다면 더욱 좋을 것이다.[1] 이러한 남들의 존재에 대한 인식이 내가 앞으로 '도덕적 품위'라고 부르는 태도의 바탕, 즉 도덕적 핵심이다.

이 책은 그런 도덕적 품위 혹은 시민적 품위를 설명한 것이다. 하지만 도덕적으로 모범이 되는 사람 혹은 이타주의자라고 불리는 사람을 다루지 않는다. 이 책은 또한 우리가 상대방에게 해야 하는 최소한의 것, 즉 노력적 필수사항에 대해서도 논하지 않는다. 도덕에 관한 대부분의 현대적 논의는 이런 문제들을 다루는데, 그 다루는 방식에 대해서는 곧 살펴볼 것이다. 나의 관심은 그런 것들과는 다르다. 간단히 말해서 대부분의 사람들은 도덕적으로 평범한 사람보다는 약간 나은 사람, 그렇지만 이타주의자는 아닌 사람이 되고 싶어 한다. 이럴 경우 우리는 도덕적 생활에 대하여 어떤 생각을 갖고 있어야 하는가? 도덕에 대한 우리의 접근 방식을 어떻게 설정해야 하는가? 나는 도덕적 생활의 한 가지 방식으로 '품위'라는 말을 사용했다. 내가 말한 품위는 의무, 옳음, 공리, 의도, 의무, 선善과 같은 도덕철학의 전통적 개념들과는 직접적 관련이 없다. 좀 더 정확하게 말해서 도덕적 품위는 그 모든 것을 관통하는 개념이다. 나는 여기서 궁극적 선은 무엇인가, 우리의 의무 사항은 어떤 것들인가, 우리에게 가능한 한 최선의 도덕적 인격을 도야할 의무가 있는가 등의 문제는 다루지 않는다. 나보다 훨씬 능력이 뛰어난 철학자들이 지난 여러 세기 동안 이런 문제들을 논의해왔다. 내가 여기서 다루고자 하는 문제들은 그보다 평범한 것이다. 대부분의 사람들은 도덕적 횃불이 되는 삶을 살아가기가 불가능하다. 그렇지만 동시에 도덕적 품위를 지키는 사람이 되기를 원하고, 비록 뒤죽박죽이기는 하지만 품위를 지키려면 어떻게 행동해야 한다는 것을 어렴풋이 알고 있다. 그래서 이런 질문을 하게 된다.

도덕적 품위의 틀을 잡아주는 방법이 없을까?

우리가 마주한 순간들에서 어떻게 행동해야 하는지 알려주는 도덕적 품위의 틀, 동시에 그런 순간들을 유지하거나 더욱 많아지게 만드는 생각의 기준을 잡아주는 틀.

바로 그 품위의 틀을 알아내려는 것이 이 책의 목적이다.

도덕철학 이론의
세 유형

이야기를 전개하기 전에 잠시 걸음을 멈춰 철학은 도덕을 어떻게 생각하고 있는지를 살펴보기로 하자. 철학을 직업으로 삼지 않는 사람이라고 할지라도(그렇다면 거의 모든 사람이라고 해도 되겠는데), 현대의 도덕철학에서 다루어지는 도덕적 개념들에 대하여 다소간 알고 있을 것이다. 예를 들어 '목적은 수단을 정당화한다', '옳은 일을 하려는 의도가 중요하다' 등은 친숙하게 알고 있는 것이다. 철학적 성찰은 이런 문제들에 대하여 다른 용어를 제시하면서 좀 더 형식주의적으로 접근한다. 하지만 철학적 성찰의 뿌리는 언제나 항구적인 인간 관심사로 소급된다.

도덕철학 이론은 통상 결과론consequentialism, 의무론deontology,

덕 윤리virtue ethics의 세 유형으로 나누어진다.[2] 이 세 유형을 살펴보면, 이 이론들은 우리가 생활 속에서 찾는 것, 즉 이타주의가 아니면서도 도덕적 품위를 유지하는 데 필요한 지침을 선혀 세공하지 못한다는 것을 발견하게 된다. 첫 번째 결과론은 그 이름 자체가 이미 도덕적 목적이 어디에 있는지를 미리 보여준다. 즉 결과를 중시하는 것이다. 이것은 목적이 수단을 정당화한다는 입장이다. 물론 모든 목적이 그 어떤 수단도 다 정당화해준다는 것은 아니다. 하지만 일부 사람들은 결과론이 이런 잘못된 입장을 지지하는 것으로 오해하고 있다. 결과론은 우리가 도덕적 비용을 최소로 지불하고 최대의 선을 도모하는 방식으로 행동해야 한다고 가르친다. 물론 그 선을 어떻게 정의할 것인지는 사람마다 약간씩 다르다. 비용이라는 말이 나오니 좀 경제학적인 냄새를 풍기는데 실제로도 그러하다. 결과론자들은 경제학적 정밀함을 도덕적 의사결정에 포함시키고 싶어 한다. 게다가 그들은 결국 결과가 가장 중요하다고 생각한다. 다르게 말해보자면, 결과론자들의 도덕적 결산서는 이 세상을 지금보다 얼마나 더 좋은 곳으로 만들었는가에 강조점을 찍는다.

좀 더 구체적인 사례를 들어보자. 여대생인 당신은 남자친구와 헤어지고 싶다. 당신은 그를 좋아하지만 이 교제가 장기적으로 결실을 맺기 어렵다고 생각한다. 그는 착하고 매력적이지만 좀 지루한 남자이다. 혹은 그가 당신과 다른 정치적, 종교적 견해를 가지고 있다. 아니면 그의 어머니가 자꾸 두 사람 사이에 끼어들어 건디기가 어려운

데 그는 무관심하다. 그러나 여기 한 가지 문제가 있다. 그는 정말로 당신을 좋아하기 때문에 당신이 결별을 선언하면 심한 고통을 받을 것이다. 게다가 결별을 선언하면 그에게 고통을 준 것은 당신이므로 당신이 그 고통에 책임이 있다. 그래서 당신은 그 관계가 좀 다른 방식으로 끝나기를 바란다. 일부러 그에게 불쾌한 행동을 함으로써 당신에게 정이 떨어진 그가 먼저 결별을 선언하게 유도할 수도 있다. 아니면 그에게 아주 매력적인 여성을 소개시켜줘서 저절로 그쪽으로 관심이 옮겨 가게 할 수도 있다. 아니면 최후의 수단으로, 그냥 자연스럽게 상황이 흘러가도록 내버려두면 당신이 어떤 조치를 취하지 않아도 시간이 저절로 해결해줄 수도 있다.

그렇지만 당신은 이런 대안들이 결국 성공하지 못하리라는 것을 안다. 이 관계를 계속 질질 끌수록 장기적으로 두 사람에게 더 나쁜 결과를 가져올 뿐이다. 그러니 지금 결별을 선언해버리는 것이 낫다. 그는 어차피 고통을 겪게 되어 있으니 차라리 지금 이 순간에 겪고 나서 그나 당신이나 각자의 길로 나아가는 것이 더 좋다. 이러한 결과(전체적으로 고통의 양이 적어진다)는 수단(단기적으로 고통을 겪는다)을 정당화하는 것이다.

이것은 해결하기 쉬운 사례이다. 실제로는 이보다 훨씬 복잡한 사례들이 많다. 가령 갑과 을은 한 친구가 어떤 중요하지만 잘못된 신념을 갖고 있음을 알고 있다. 이때 갑이 그 친구에게 그 신념의 진실을 알려주면 그가 고통을 겪게 되는 것이 분명한데도 그것을 그에게 알려주어야겠다고 할 때 을은 동의해야 하는가? 아니면 좀 더 사례의 규모를 키워서, 전쟁 중에 더 많은 민간인을 살리기 위하여 소수의 민간인을 위험에 처하게 내버려두는 것이 옳은가?

이런 상황에서 계산은 복잡해질 수 있지만, 접근 방법은 별반 다르지 않다. 결과론적 접근 방법은 가장 적은 비용을 투입하고서 가장 많은 선을 올릴 수 있는 쪽으로 집중하는 것이다. 결과론자들의 도덕은 이 세상의 조건들을 개선시키는 것이고, 이런 계산이 목적을 달성하는 최고의 방법을 결정한다.

그런데 여기서 결과론은 다른 유형의 도덕 이론과 마찬가지로 그나름의 기이한 특징, 다시 말해 기이한 결과를 갖고 있다는 것을 지적해야겠다. 사실 모든 도덕 이론이 그런 기이한 특징을 갖고 있다. 만약 그런 특징이 없는 도덕 이론이 등장한다면 다른 도덕 이론들은 모두 경쟁에서 퇴출될 것이다. 결과론의 기이한 특징 중 하나는 소위 도덕적 행운을 허용한다는 것이다. 다시 말해 내가 도덕과는 상관없는 일을 하려 했는데도 순전히 우연에 의하여 도덕적으로 옳은 일을 할 수도 있는 것이다.

예를 들어 나는 사무실에 방금 설치된 새로운 컴퓨터 프로그램 사용법을 동료에게 가르쳐주겠다고 제안했다. 그러나 실은 가르쳐줄 의도는 없고 가르쳐주는 것을 자꾸만 미루어서 그의 사무 능력을 뒤떨어지게 만들고 인사 고과에서 나보다 나쁜 점수를 받게 하려는 의도를 갖고 있다. 그러나 부장이 내 속셈을 꿰뚫어보고서 부서 전원에게 컴퓨터 교육을 실시하는 계획을 수립했다. 이 경우 나의 의도는 나쁜 결과를 가져오려는 것이었는데 실제로는 좋은 결과를 이끌어 냈다. 결과론의 관점에 비추어보면 내 행위는 좋은 행위가 된다.

이와는 정반대로 의무론은 결과보다는 행위자의 의도나 행위 자체를 중시한다. 때문에 위에서 방금 사례로 든 음험한 행동을 도덕적으로 나쁜 행위로 규정한다. 의무론자들은 결과보다는 수단으로 행위의 도덕적 특성을 파악해야 한다고 본다. 어떤 행위를 옳은 것 혹은 잘못된 것으로 만들어주는 기준은 그 행위 이면의 의도 혹은 그 행위가 생겨나는 방식이다. 이것을 제대로 이해하기 위하여 고전적 의무론자인 이마누엘 칸트의 견해를 한번 살펴보자. 칸트는 어떤 행위가 옳은 행위가 되는 것은 그가 규정한 '정언명령categorical imperative'에 일치할 때뿐이라고 말한다. 정언명령에는 몇 가지 정식 formulation이 있으나, 가장 흔하게 나오는 것은 이런 것이다. "그대의 행동의 바탕이 되는 법칙이 모든 합리적 존재들이 받아들일 수 있는 보편 법칙이 되도록 행동하라."[3]

이것은 무슨 의미인가? 우리가 앞에서 예거한 두 사례로 돌아가면 좀 더 분명하게 이해할 수 있다. 여대생인 당신은 사랑하지 않는 남자친구에게 결별을 선언해야 하는가? 이 사례에서 칸트는 결과론자의 조언과 마찬가지로 헤어지라고 대답할 것이나 그 이유는 아주 다르다. 결별을 미루면 더 고통이 심해지니까 차라리 지금 헤어지라고 하는 것이 아니라, 그 남자친구를 부정직하게 대하는 것이므로 당장 결별을 선언하라는 것이다. 당신이 부정직한 행동을 한다면 그것은 보편 법칙이 될 수 없고 스스로를 거짓말쟁이로 만드는 결과가 된다는 것이다.[4]

이것을 한번 이렇게 생각해보라. 만약 모든 사람이 부정직하다면 (거짓말을 한다면), 그 누구도 상대방을 믿지 못할 것이다. 그리고 아무도 상대방을 믿지 못한다면 부정직함(거짓말)은 그 효과가 없을 것이다. 부정직함은 신용을 배경으로 할 때에만 효력이 있는 것이다. 만약 당신이 나를 믿지 않는다면 나는 아무리 거짓말을 해도 당신에게 해를 입힐 수 없다. 그래서 만약 모든 사람이 부정직하다면, 다시 말해 부정직함이 보편 법칙이라면 부정직함은 그 효과가 없을 것이다. 그래서 칸트는 이렇게 말한다. 당신이 합리적인 사람이라면 부정직함이 보편 법칙이 되었으면 좋겠다는 의지를 발동하지 않을 것이다. 당신은 그렇게 할 수 없으므로 부정직하게 행동하는 것은 도덕적으로 금지되는 것이다.[5]

의무론은 결과론과는 다르게 행위의 결과는 신경 쓰지 않고 그 행위를 일으키는 의도나 수단을 더 중시한다. 그래서 칸트는 동료에게 컴퓨터 프로그램 사용법을 가르쳐주겠다고 하고서 자꾸만 미룬 사무실 직원의 행위를 결과론과는 아주 다르게 평가한다. 칸트는 이렇게 판정할 것이다. 그 행위가 우연하게도 좋은 결과를 가져오기는 했지만, 그 행위의 의도(부정직함)는 당신이 보편 법칙이 되었으면 좋겠다고 의지를 발동할 만한 것이 되지 못한다. 따라서 그 행위는 도덕적으로 잘못된 것이다.

그러나 칸트의 의무론도 결과론과 마찬가지로 기이한 특징을 가지고 있다. 가령 이런 사례를 보라.

나는 점차 탈모가 진행되었고 이것이 신경 쓰였다. 마침내 나는 '당신이 나를 자르기 전에 내가 먼저 사표 내겠다'라는 심리가 작동하여 내 머리를 밀어버렸다. 하지만 아내는 자비로운 마음의 소유자여서 탈모라는 분명한 사실을 부정해왔다. 아내는 내 머리카락이 별로 빠지는 것 같지 않다고 말해주었다. 하지만 우리 집에는 거울이 있으므로 나는 사태의 진상을 너무나 잘 안다. 그래도 아내는 계속 내 마음을 진정시키려 애쓴다. 나를 위로하려고 그런 거짓말을 한 것이지만 아내는 칸트의 정언명령을 위반하고 있는 것이다. 다르게 말하면 아내는 부도덕하게 행동하는 것이다.

의무론에는 이것보다 더 심각한 특징도 있다. 철학책에 등장하는 전형적 사례는 이런 것이다.

당신은 교수인데 어떤 학생과 약속을 했다. 이 날 이 시간에 연구실에 있을 테니 최근에 제출한 보고서의 등급을 매기는 작업을 하자고 했다. 그런데 그 약속을 지키기 위해 연구실로 가던 도중에 어떤 사람이 차에 치이는 광경을 목격했다. 그 사람은 길에 누워 있고 당신은 그를 도와줄 수 있다. 하지만 그러자면 학생과의 약속을 어겨야 한다. 만약 당신이 칸트의 정언명령을 준수하려면 교통사고 환자는 그냥 내버려두고 그 학생을 만나러 가야 한다. 약속위반이 보편 법칙이 되도록 당신의 의지를 발동할 리는 만무하니까 말이다.

내가 방금 예시로 든 결과론과 의무론의 기이한 특징들이 두 도덕 이론에 대한 결정적 반론은 아니다. 이런 특징들을 이떻게 다룰 것인지, 그런 사례들(특히 도덕적 행운의 경우)이 과연 문제가 되는지에 대해서는 이미 많은 철학책이 집필되었다. 내가 여기서 주장하고자 하는 것은 이런 간단한 사례 속의 도덕 이론으로부터 실제적 도덕의 실천에 이르는 길은 결코 직선이 아니라는 사실이다. 이 점은 앞으로 우리가 이어갈 논의와 상당한 관련이 있다. 따라서 제3의 유형인 덕 윤리 또한 복잡한 문제가 있는 건 조금도 놀라운 일이 아니다.

고대 그리스의 철학자 아리스토텔레스에게서 유래된 덕 윤리는 지난 30년 동안 철학계에서 커다란 르네상스를 누려왔다. 덕 윤리가 결과론, 의무론과 뚜렷하게 다른 점은 도덕적 관심이 행위에 집중되어 있는 것이 아니라 행위자의 도덕적 상태에 초점을 맞춘다는 것이다. 그러니까 결과론과 의무론이 "나는 어떻게 행동해야 하는가?"라고 묻는다면, 덕 윤리는 "나는 어떻게 살아야 하는가?"[6]라는 질문을 던진다.

아리스토텔레스는 좋은 삶을 가리켜 에우다이모니아eudaemonia의 삶이라고 주장했다. 이 그리스어는 종종 '행복happiness'이라 번역되는데 '번창하기flourishing'가 더 좋은 번역어이다. 에우다이모니아의 삶이란 무엇인가? 아리스토텔레스는 이렇게 말한다. "인간의 선은 영혼이 덕에 일치하여 움직이는 것을 의미한다."[7] 잘 산다는 것은 아름다움, 절제, 지혜, 관대함 등의 여러 가지 덕목을 함양하고 구현하는 것이다. 이러한 것들은 양극단 사이의 중용을 취할 때 얻어지는 덕목이다. 예를 들어 용기는 무모함과 비겁함의 중용이다. 그렇다고 해서 용기가 반드시 그 두 극단의 정확한 중간 지점을 의미하는 것은 아니다. 단지 덕을 갖춘 사람이 이해하는 방식으로 그 둘 사이의 어디쯤에 적절히 존재한다는 것이다. 아리스토텔레스는 덕목들이 상호 보완한다고 생각했다. 한 가지 덕목을 함양하면 자연스럽게 다른 덕목으로 옮겨 가게 되며, 그 덕목들 사이에는 아무런 갈등도 없다.

종종 지적되는 바이지만, 덕목들 사이에 갈등이 없다는 전제는 취약한 전제이다. 예를 들어 용기는 우리가 좀 더 절제하도록 도와주지 않는다. 사실 용기와 절제 사이는 긴장 관계이다. 용감한 행위를 하고자 한다면 절제를 내던지고 마주한 위험에 더 집중해야 한다. 그러나 이런 전제를 내던져버린다고 하더라도 우리는 여전히 이런 도덕 이론이 우리의 도덕적 생활에서 어느 정도 지침이 될 수 있는지 묻게 된다. 물론 우리가 절제, 현명함, 관대함 등의 덕을 통해 더 좋은 사람이 되는 것은 분명하다. 하지만 그런 덕을 어떻게 발휘해야 하며, 우리의 생활 중 어느 부분에서 어떤 덕을 보여주어야 하는가? 아리스토텔레스가 우리에게 추천하는 덕목들과 '나는 어떻게 살아야 하는가?'라는 질문에 대한 답변 사이에는 다소 거리가 있다.

이렇게 말한다고 해서 그 거리가 메워질 수 없다는 말은 아니다. 하지만 설사 메워진다고 해도, 그것은 여전히 우리에게 더 깊은 의문을 남긴다. 이 의문은 위에서 말한 도덕 이론의 세 유형에 공통적으로 적용될 수 있다. 아리스토텔레스의 덕 윤리는 우리가 어떻게 살아야 하는지, 결과론과 의무론은 우리가 어떻게 행동해야 하는지 말해준다. 그리고 이 세 이론은 올바른 도덕적 존재가 무엇인지, 우리가 어떻게 행동하고 어떻게 살아야 하는지 말해준다. 그런데 우리는 이 세 도덕 이론 중 어떤 것이 가장 옳은지 묻고 싶어진다. 철학자는 그런 질문을 계속 던지고 있다.

하지만 나의 관심사는 다른 곳에 있다. 우리가 셋 중 어떤 이론을 선택한다고 해도 그 요구 사항에 충실하게 부응하기는 어렵다. 그냥 어려운 것이 아니라 아주 어렵다. 삶에서 이러저러한 도덕적 태도를 취하라고 요구하는 이 세 도덕 이론은 우리가 감당할 수 있는 것 이상을 요구한다. 왜 그렇게 되는지 그 원인을 살펴보는 것은 어렵지 않다.

예를 들어 결과론자가 된다는 것은 어떤 행위의 가장 좋은 결과만 중요시한다는 것이다. 그러자면 엄청난 희생이 필요하다. 과연 나는 나 자신이나 가족의 이익과 잘 알지 못하는 남들의 이익을 똑같은 무게로 다룰 수 있는가? 사회 전체의 이익을 위해 그렇게 하는 것이 필요하다고 판단되면 내가 사랑하는 사람들에 대한 약속이나 내가 소중하게 여기는 계획을 포기할 각오가 되어 있는가? 이것은 정말로 내게 많은 것을 요구하는 것이다.[8]

그러나 정언명령을 도덕적 생활의 유일한 원천으로 삼는 것도 결과론자로 살아가는 것 못지않게 힘든 일이다. 나는 내 친구가 중간고사에서 커닝하는 것을 도와주지 않을 것이고, 또 내 친구가 작업장에서 실제로 일한 시간보다 더 많은 시간을 작업 기록표에 달아주지는 않을 것이다. 그런데 남동생과 같이 영화를 보기로 한 약속을 지키기 위해 영화관에 가던 길에, 갑자기 깊은 고민에 빠져버려서 상담할 사람이 필요하다는 절친한 친구의 전화를 받았을 경우 남동생과의 약속을 지켜야 한다고 계속 고집해야 하는가? 남들을 다소 희생시켜야 내게 이익이 돌아오는 일이라면 모조리 다 거부해야 하는가? 내 친구들을 대하는 도덕적 품위를 가지고 내 주위의 모든 사람을 똑같이 대해야 하는가?

덕 윤리의 얘기를 해보면, 덕의 함양에 있어서 좀 봐주는 구석은 없는가? 소위 도덕적 휴일이라는 것은 없는가? 아리스토텔레스 자신도 좋은 삶을 영위하는 것이 어렵다고 말하지 않았는가? 비록 그런 삶이 인간 존재의 텔로스telos(목적)라고 하기는 했지만 말이다. 그렇게 하려면 각각의 덕이 요구하는 습관에 도움이 되는 환경 속에서 철저한 훈련을 받아야 한다. 또 좋은 삶을 살려면 좋은 친구들, 적절한 물질적 자원, 적어도 흉하지는 않은 신체적 외모를 갖추어야 한다. 그런데 아리스토텔레스는 대부분의 사람들이 이런 상태에 도달하겠는지 의심한 듯하다. 비록 불가능한 것은 아니지만, 좋은 삶 즉 에우다이모니아의 삶은 달성하기가 어렵고 또 달성한다 하더라도 평생에 걸쳐서 그런 상태를 유지한다는 것은 어려워 보인다.

이런 세 도덕 이론의 관점에서 보면 도덕적 삶은 참으로 성취하기 어려운 삶이다. 엄청난 희생과 집중을 요구하고 우리의 중요한 약속들에서 시선을 거두어 노력적 삶 쪽으로 나아가기를 요구한다. 도덕적 삶은 존경할 만한 것이지만 너무나 부담스럽고, 대부분의 사람들은 성취하기가 거의 불가능한 것이다.

전통적 도덕철학
이론의 요구

세 도덕 이론이 우리에게 부과하는 도덕적 부담은 불필요하거나 부당한 것인가? 우리들이 지금 영위하고 있는 것과는 완전히 다른 삶을 살기를 요구하는 것인가? 세 도덕 이론 중 어느 하나를 선택한다면 우리의 현재 생활과는 위배되는 것인가? 어쩌면 문제는 도덕 이론들에 있는 것이 아니라 더 나은 삶을 영위하지 않으려는 우리의 태도에 있는 것인지도 모른다. 어쩌면 이 세 도덕 이론의 가르침을 우리의 능력 밖에 있는 과도한 것이라고 물리치기보다는 그 이론들이 제기하는 요구에 부응할 수 있도록 우리의 능력을 배양해야 하는 것이 아닐까? 도덕이 우리를 좀 더 고상한 사람으로 만들어주는 것이라면, 우리가 현재보다 더 고상한 사람이 되도록 노력을 기울여야 하는 것이 아닐까?

현대의 저명한 도덕철학자인 피터 싱어Peter Singer는 오늘날 여전히 많은 사람들을 사로잡고 있는 극단적 형태의 이타주의를 주장했다. 그는 선구적 논문인 〈기근, 풍요, 도덕Famine, Affluence and Morality〉에서 이런 인상적인 이미지를 제시했다.

얕은 연못가를 지나가다가 연못에서 익사 직전의 어린아이를 발견했다. 나는 당연히 그 연못 속으로 걸어 들어가 그 아이를 꺼내야 한다. 그렇게 하면 내 옷은 진흙투성이가 될 테지만 그것은 그리 중요하지 않다. 아이가 물에 빠져 죽는다면 너무나 슬프고 나쁜 일일 테니까.[9]

우리는 당연히 아이를 구해야 한다고 동의한다. 만약 내가 구하지 않는다면 무책임한 자가 될 것이다. 나는 그 아이를 구해야 한다는 강한 의무감을 느낀다. 내 입장에서 보면 그건 자비의 행위가 아니라 도덕적 의무이다. 그런 다음 피터 싱어는 이런 질문을 던진다. "그렇다면 연못에 빠진 이 아이를 구하려는 노력과 지구 반대편에서 굶어 죽어가는 아이를 구제하는 데 힘쓰는 구호 단체에 수표를 써서 기부하는 행위는 무슨 차이가 있는가?"

이어 피터 싱어는 단지 지구 반대편 멀리 떨어진 곳에 있다는 사실 때문에 연못에서 아이를 구하는 행위는 의무가 되고, 구호 기금을 기부하는 것은 자발적 자선행위(해도 되고 안 해도 되는 행위)가 되는 것은 이상하지 않느냐고 따진다. 왜 공간상 거리가 중요한 문제가 되어야 하는가? 그게 도대체 어떤 도덕적 관련이 있는가? 그러면서 피터 싱어는 우리는 연못에서 아이를 구하는 것 못지않게 구호 단체에 기부할 의무가 있다고 주장한다.

사실 나는 굶고 있는 아이에게 더 많은 의무감을 느낄 수도 있다. 진흙투성이 옷을 세탁하는 것보다 수표를 끊는 것이 내게는 덜 힘든 것이다. 만약 우리가 도덕적으로 의무를 느끼는 사람을 도와야 하는 어려움을 고려하면(가령 나는 물에 빠진 아이를 구하다가 내 목숨을 잃을 수도 있다), 연못 속으로 걸어 들어가는 것보다 더 빨리 수표를 끊어야 할 것이다.

여기까지는 그런대로 좋다. 싱어가 우리에게 보여주려는 것은 우리가 할 수 있다고 생각하는 것보다 훨씬 더 많은 도덕적 의무감을 느껴야 한다는 것이다. 그러니까 내가 수표를 끊어서 구할 수 있는 굶고 있는 아이들, 다양한 방식으로 구제할 수 있는 고통받는 아이들이 많다는 말이다. 그런 사례들에서 나의 노력이 별 힘이 들지 않는 것이라면, 물에 빠진 아이에 비해서 다른 많은 아이들에게 의무감을 덜 느껴야 할 이유는 없지 않은가?

여기서 이런 다소 기이한 사례를 한번 생각해보자.

자, 나는 연못 속으로 들어가 내 옷을 진흙투성이로 만들면서 물에 빠진 아이를 구해냈다. 그런 다음 나는 가던 길을 계속 걸어간다. 그런데 몇 분 뒤, 또 다른 아이가 또 다른 얕은 연못에 빠져 허우적거리는 것을 목격했다. 나는 이 두 번째 아이에 대해서는 첫 번째 아이보다 의무감을 덜 느껴야 하는가? 이 두 번째 아이의 목숨은 첫 번째 아이보다 덜 중요한가? 아니면 두 번째 상황에서는 내 노력이 훨씬 더 많이 들어가는가? 내 옷은 이미 진흙투성이다. 그런 의미에서 보면 두 번째 아이를 구할 때는 노력이 훨씬 덜 들어간다. 만약 세 번째 아이를 만난다면? 최근에 비가 아주 많이 왔다고 가정하고, 네 번째 아이를 만난다면? 그렇다면 이 네 명의 아이와 내가 수표를 끊어서 구제할 수 있는 굶고 있는 아이들과는 무슨 차이가 있는가?

당신은 이 이야기가 어디로 이어지는지 짐작할 수 있을 것이다. 내 의무 사항에 끝이 없다는 이야기를 하자는 게 아니다. 단지 그 의무 사항이 아주 빠른 시간 내에 끝나지 않는다는 것이다. 싱어는 이렇게 주장한다. "나쁜 일이 벌어지는 것을 예방할 힘이 우리에게 있고, 또 우리에게 비교적 중요한 것을 희생하지 않아도 된다면, 우리는 도덕적으로 그 예방의 일을 해야 마땅하다."[10]

이러한 싱어의 도덕 원리는 내게 나의 의무 사항이 어디서 끝나는지를 말해준다. 그 의무 사항을 완수하는 것이 '비교적 중요한 것'의 희생을 요구한다면 이 경우 그것은 내 목숨이 된다. 이것은 상당히 엄격한 도덕적 원리이다. 싱어는 이것이 옳은 원리라고 생각한다. 하지만 그는 이런 점도 인정한다. '도덕적으로 유의미한'[11] 지점까지 기꺼이 희생하는 경우와 같은 좀 더 완화된 원리도 적용될 수 있다. 이 두 원리의 차이점은 이런 것이다. 철저한 도덕 원리에 따르면 나의 복지 수준을 굶고 있는 아이의 수준과 거의 일치시켜야 비로소 굶고 있는 아이들을 구제하는 나의 의무가 끝나게 된다. 내 목숨이 그 아이들의 목숨보다 더 귀중하다고 할 수 없는데 어떻게 내 복지가 그들보다 더 중요하다고 할 수 있겠는가?

그러나 우리가 비록 완화된 원리를 적용한다고 해도 여전히 상당한 희생을 해야 한다. 우리는 레스토랑에서 외식하기, 가끔 고급스러운 옷 사들이기, 스포츠 경기 관람하기, 휴가 중에 여행하기, 저녁 때 술 마시기, 아이들을 데리고 연극 보러 가기 등을 도덕적 비난의 대상이라고 여기지 않는다. 그러나 싱어의 관점에서는 그렇다. 이런 것들을 하지 않는다고 해도 우리는 살아갈 수 있다. 그러나 완화된 원리라고 해도 우리는 여전히 상당히 많은 것을 포기해야 한다. 이렇게 한번 생각해보라. 각각의 활동(외식하기, 옷 사들이기 등)마다 저울의 한편에 생활의 즐거움을 올려놓고, 다른 한편에는 굶고 있는 아이의 목숨을 올려놓는다. 그랬을 때 그런 활동들은 얼마나 도덕적으로 유의미한 행위가 될 수 있을 것인가?

만약 싱어의 주장이 옳다면 우리는 아주 철저한 도덕 원리에 따라 행동해야 할 의무가 있다. 이 의무는 우리가 아리스토텔레스와 칸트에게서 보았던 의무와는 다른 것이다. 두 사상가는 도덕이 엄격해야 하는 이유가 우리 인간의 본질에 있다고 보았다. 인간은 본질적으로 합리적인 존재이므로 합리성에 어긋나는 행위를 하는 것은 인간의 특성을 배신하는 것이다. 피터 싱어는 인간의 본질에 대해서는 신경 쓰지 않는다. 그가 중요하게 여기는 것은 우리 각자는 많은 사람 중에서 유일한 존재이고, 우리의 이익은 다른 사람들과 똑같은 도덕적 가치를 갖고 있다는 것이다. 따라서 다른 사람의 이익보다 우리의 이익을 더 소중하게 여길(완화된 원칙에 의하면 훨씬 더 소중하게 여길) 아무런 도덕적 근거가 없다.[12]

하지만 그의 주장이 옳은 것일까? 도덕적 요구 사항(결과론, 의무론, 덕 윤리 등 어느 도덕이든)과 갈등을 일으킨다면 우리가 개인적으로 가장 소중하게 여기는 약속과 계획도 희생시켜야 한다는 도덕에 따라 행동해야 할 의무가 있는 것일까?

그렇지 않다고 생각할 만한 여러 가지 이유들이 있다. 먼저 이런 점을 생각해보자.[13] 우리의 생활 중에는 인생을 살 만한 가치가 있는 것으로 만들어주는 측면들, 즉 의미 있는 인생을 만드는 데 기여하는 측면들이 있다. 이런 측면들 중 하나가 사람들마다 다른 개성이다. 어떤 사람들은 그림 그리기를 아주 소중하게 생각해서 만약 그림을 못 그린다면 그들의 삶은 크게 위축될 것이다. 또 어떤 사람들은 소설이나 영화를 너무 좋아해서 그것들을 즐길 기회가 없다면 인생이 삭막해질 것이라고 생각한다. 내 친구 한 명은 달리기를 좋아한다(다행히도 그의 신체는 부상에 대한 항체가 있는 듯하다). 그는 날마다 달리기를 하는데 만약 달리기를 하지 못한다면 실존적으로 자신의 삶이 무의미하다고 생각할지 모른다. 달리기는 그의 정체성을 구성하는 중요한 부분이다(그것은 그가 올린 성적에도 잘 드러나는데 그는 미국에서 그와 비슷한 연령대의 달리기 주자들 중에서 최고의 그룹에 속한다).

삶의 이런 측면은 누구나 공유하는 것은 아니다. 사람들의 삶 속에는 그들에게 의미를 부여하는 다른 측면들이나 대부분의 사람들이 공유하는 측면들도 있다. 이런 공유되는 측면들 중에서 대표적인 것은 배우자, 자녀, 절친한 친구들과 맺는 다양한 종류의 지속적인 교우 관계와 사랑의 관계이다. 또한 많은 사람이 자신의 삶에 어떤 의미를 부여하는 직업을 갖고 있다. 물론 그런 의미를 부여하지 못하는 직업도 있다(각 직업에는 저마다 힘들게 견뎌내야 하는 지루한 부분들이 있다). 우리가 필수라고 여기는 교우 관계와 사랑의 관계에도 그런 측면들이 있는 것처럼 말이다. 그러나 직업은 전반적으로 그 직업에 종사하는 사람들의 삶에 상당한 의미를 부여한다.

만약 우리가 우리보다 행운을 덜 누리는 사람들의 삶에 기여해야 한다는 요청을 받는다면, 그런 기여가 그들의 삶을 좀 더 살 만한, 즉 가치 있는 것으로 만들기 때문일 것이다. 예를 들어 우리는 배고픈 사람에게 단지 음식을 제공하는 것으로 그치는 게 아니라 그들이 좀 더 유의미한 방식으로 살아가도록 기여해야 한다. 자신의 삶이 무가치하다고 생각하는 사람, 자기 인생이 의미가 없다고 생각하는 사람이 있다고 치자. 우리가 그 사람에게 좀 더 폭넓은 방식으로 유의미한 인생을 찾아내도록 도움을 주지 못한다면 그에게 먹을 것을 주는 행위는 아무 보람도 없을 것이다. 하지만 이렇게 스스로를 포기한 사람들은 드물다. 대부분의 사람들은 그들의 삶을 소중하게 여긴다. 다시 말해 그들의 인생이 의미가 있다고 여기는 것이다. 그들이 의식적으로 생각하지 않더라도 말이다. 아무튼 여기서 핵심은 사람들에게 먹을 것을 주는 것은 그 자체가 목적이 아니고, 그들이 생각하기에 가치 있는 방식으로 살아가도록 도와주려는 수단이라는 것이다.

만약 이렇게 보는 것이 옳다면 다른 사람들을 도와주는 것의 핵심적 의미는 그들이 유의미한 삶을 살아가는 능력을 높여주는 것이다. 모든 사람이 유의미한 삶을 살아갈 자격이 있다면 나 또한 그런 삶에 자격이 있다. 그런데 남들이 유의미한 삶을 추구하도록 도와주기 위해 내 삶을 유의미하게 만드는 것을 희생해야 한다면, 내 삶의 가치는 그들의 삶의 가치보다 떨어진다고 여기는 것이나 마찬가지이다. 이것은 다르게 말하면 이렇게 된다. 만약 우리가 심각한 곤경에 빠져 있는 사람들을 도와주는 중요한 의무를 받아들였다면, 그 의무는 우리의 삶을 가치 있게 만드는 측면을 희생시키지 않는 행위들로 국한되어야 한다.

이런 한계를 정해놓는다고 하더라도 그것은 여전히 나에게 많은 것을 요구한다. 내가 즐겨하는 활동들 중에는 내 인생에 의미를 부여하지 않는 것들이 많이 있기 때문이다. 나는 레스토랑에서의 외식, 영화 관람, 고급 커피, 그 외의 다른 형태의 오락거리들을 포기한다고 해도 여전히 유의미한 방식으로 살아갈 수 있다. 여기서 요점은 이런 것이다. 우리가 굶고 있는 사람들, 혹은 탄압받는 사람들, 사회에서 소외된 사람들, 예방 가능한 질병으로 죽어가는 사람들을 도와야 하는 중요한 의무를 받아들인다고 하더라도, 인생에 의미를 부여하는 핵심적 측면들을 반드시 희생해야 한다고 요구하는 것은 아니다. 달리 말하면 우리가 반드시 승복해야 하는 도덕적 엄격함의 한계가 정해져 있는 것이다.

이러한 논증은 '허용적인 것'이라 할 수 있다. 다시 말해 내 인생을 유의미하게 만들어주는 것들 덕분에 다른 사람들을 도와주는 것의 한계를 설정하는 것이 나에게 허용된다. 우리는 여기서 한 걸음 더 나아갈 수 있다. 즉, 이타주의적이지 않은(여기서 이타주의는 세 가지 도덕 유형 중 어떤 것이 되었든 간에 그것을 철저히 준수하는 도덕을 뜻한다) 생활을 영위하더라도 선량하게 살아갈 수 있는 것이다. 그 생활은 어떤 면에서는 이 세상을 더 좋은 곳 혹은 더 흥미로운 곳으로 만들 수 있다. 그러니까 비록 기아 문제의 해소에는 기여하지 못하더라도 이 세상을 더 살기 좋은 곳, 아주 다양한 활동과 생활 방식이 있는 곳으로 만들어준다는 의미에서 그러한 생활 방식이 실제로는 세상에 도움을 주는 것이다.[14]

스포츠 기록을 향상시키는 데 전력을 다하는 사람들이 있다. 세리나 윌리엄스Serena Williams나 르브론 제임스LeBron James를 보라. 또는 반 고흐, 치누아 아체베Chinua Achebe, 베토벤처럼 그림 그리기, 글쓰기, 작곡하기에 평생 자신의 열정을 쏟아붓는 사람들이 있다. 또 어떤 사람들은 멋진 애인, 헌신적인 부모, 충실한 친구가 되기 위해 열심히 노력한다. 이러한 노력과 열정은 반드시 엄격한 도덕률과 일치하는 것이 아니고, 설사 일치한다 하더라도 다소 기이한 방식으로만 그러하다. 가령 세리나 윌리엄스나 베토벤이 최대한의 선을 행하기 위하여 혹은 정언명령이나 덕 윤리에 순응하기 위하여 테니스나 작곡에서 최선을 다한다고 해보자. 이 두 사람이 세상에 기여하게 되는 것은 그들이 할 수 있는 것(스포츠, 작곡, 혹은 다른 사람들과 교제하는 것)을 열심히 하고 싶다는 욕망에 뿌리를 두고 있다. 두 사람의 기여가 도덕적 이상(그 이상이 무엇이든)을 철저히 준수했기 때문에 이루어진 것은 아니다.

이런 사람들이 없는 세상을 상상해보라. 그 세상은 아주 초라해질 것이다. 이 세상의 다양성이 사라질 뿐만 아니라 우리의 생활을 더욱 풍요롭게 하는 것들이 더 이상 존재하지 않을 것이다. 우리의 생활은 도덕적으로는 향상될지 모르지만 의미의 측면에서는 아주 초라하게 될 것이고 세상은 덜 매력적인 곳이 될 것이다. 우리들 중 바로 이런 사람들이 있기 때문에, 그러니까 도덕적 향상보다는 다른 어떤 일에 전념하는 사람들이 있기 때문에 우리의 삶은 더욱 살 만한 가치가 있게 되는 것이다.

하지만 피터 싱어 같은 사람들은 이런 논지에 동의하지 않는다. 〈기근, 풍요, 도덕〉에서 싱어는 한 가지 구체적 사례를 들었다. 시드니 오페라 하우스를 짓는 데 들어간 돈이 굶주림을 종식시키는 데 사용되었더라면 훨씬 좋았을 것이라고 말한다. 어떤 사람들은 먹을 것이 없고, 충분히 치료할 수 있는 질병으로 죽어가고 있는데 오페라 하우스 건설에 돈을 내놓는다는 것은 기괴한 일이라고 싱어는 나름 타당하게 지적한다. 그의 주장은 개인의 경우라면 확실히 맞는 말이다. 만약 내가 돈을 가지고 있다면 오페라 하우스의 건설에 기부하는 것보다는 기아 구호 단체에 돈을 내는 것이 더 좋을 것이다. 혹은 풍요 속의 기아를 만들어내는 정치, 경제 제도에 반대하며 개선을 시도하는 재단에 돈을 내야 할 것이다. 하지만 나 개인으로 봤을 때 좋은 일이 반드시 집단에게도 좋은 일이라고 할 수는 없다. 이런 세상을 한번 상상해보자. 아무도 음악이나 예술 센터의 건설에 돈을 내놓지 않는다. 아무도 스포츠나 인간관계, 하다못해 애팔래치아 트레일 종주에 관심을 두지 않는다. 이렇게 된다면 세상은 다채로운 색깔을 아예 상실하게 될 것이다.

만약 모든 사람이 오로지 모범적인 도덕군자가 되는 데 헌신하는 세상이라면 이것은 문제가 되지 않을 것이다. 도덕적 이상을 성취하는 것이 유일하게 중요해질 것이다. 하지만 그것은 도덕적 스텝퍼드 부인들Stepford wives(1972년에 나온 풍자 스릴러 소설의 제목으로 그 동네의 아내들이 겉으로는 사람처럼 보이는데 실제로는 로봇이었다는 내용―옮긴이)이 되는 게 아니겠는가? 우리 인생의 풍요로움 혹은 우리가 맛볼 수 있는 풍요로움은 사라지고 말 것이다. 확실히 굶어 죽는 사람은 없게 될 것이니 그건 상당한 성취이다. 그렇지만 음식, 주거, 건강과 같은 기본 사항 위에 세워지는 계획이나 실천들은 우리에게서 사라질 것이다. 이것은 심각한 문제이다.

우리가 엄격한 도덕에 대하여 펴고 있는 두 가지 반론은 결국 합쳐진다. 첫 번째 반론은 이런 것이다. 만약 남들에게 도움을 주는 목적이 그들이 스스로의 삶을 유의미하게 만드는 것을 돕는 데 있다면, 나 또한 나 자신을 위하여 유의미한 삶을 영위할 허가를 받은 것이다. 두 번째 반론은 만약 모든 사람이 엄격한 도덕에 따라 행동한다면 우리들 중 많은 사람이 아주 의미 있는 삶을 살지는 못하리라는 것이다. 이 두 반론을 종합하면 피터 싱어와 다른 엄격한 도덕철학자들이 제안하는 행위와 도덕의 밀접한 관계에 대한 강력한 도전이 된다.

나는 여기에다 세 번째 고려 사항을 추가하고 싶다. 이것은 아주 평범한 제안이지만 그래도 거의 우리들 모두에게 해당된다고 생각한다. 이 제안은 앞의 두 반론과 관계가 없는 것은 아니지만 그래도 그 둘과 뚜렷하게 구분된다. 사실을 털어놓고 말해보자면, 보통 사람들 대부분은 싱어와 그 밖의 다른 철학자들이 주장하는 종류의 엄격한 도덕을 준수할 능력이 없다. 설사 그런 도덕이 좋은 것이라 할지라도—굶주림을 종식시키는 것은 확실히 좋은 일이다—우리 자신을 극단적 형태의 이타주의에 전적으로 헌신시키는 것은 우리의 능력 범위 밖에 있는 것이다. 우리들 중에 도덕에 신경 쓰지 않는 자는 거의 없다. 그렇지만 우리는 도덕과 무관한 일들에 너무나 강하게 몰두해 있으므로 도덕이 그것을 포기하라고 요구해도 포기할 수가 없다.

당신이 몰두하는 일들이 가령 결과론의 도덕적 요구에 부응하지 못한다고 생각해보자. 당신이 애인, 친구, 자식들과 함께 보낸 많은 시간이 사상충증絲狀蟲症의 치료를 도와주거나 기후 변화의 위험을 알리는 단체를 위해 모금활동을 한 시간보다 더 보람 있다고 생각하지 않는가? 나는 이 글을 쓰는 시간에 소아암으로 병원에 입원한 아이에게 병문안을 가서 선물을 주고 또 그 아이를 격려해야 하는가? 공장식 축산으로 동물들에게 가해지는 학대 행위와 그런 축산 행태가 환경에 미치는 악영향을 생각할 때, 나는 더 많은 사람에게 채식주의자가 되라고 권유하면서 시간을 보내야 하는 것이 아닌가?(이 이야기는 3장과 4장에서 더 다룬다.) 내가 공리주의(최대다수의 최대행복)의 셈법에 따라 내 인생을 관리해나간다면 좋은 일을 더 많이 할 수 있다는 것은 의심의 여지가 없다.

결과론에서 참으로 여겨지는 것은 비록 방식은 다르지만 칸트의 의무론이나 덕 윤리에서도 참으로 여겨진다. 약간 과장해서, 내가 사랑하는 사람들을 남들보다 좀 더 우대해서는 절대로 안 되는가? 어떤 사소한 선약이 있었는데, 마침 나의 오랜 친구가 뉴욕에 들러서 함께 아름다운 일몰을 구경하자고 초대하는데도 그 선약을 반드시 지켜야만 하는가? 또는 내가 언제나 나의 처신에서 중용을 지키면서 무모한 행동은 절대로 하지 않고, 미리 재어보지 않은 열정을 불쑥 표출하면 안 되는 것인가?

사실을 털어놓자면 나는 내 인생의 계획들에 너무나 깊숙이 들어가 있어서 과도한 도덕적 이타주의의 제단祭壇에다 모든 것을 희생할 수 없다. 내가 방금 제시한 논증들은 당신이 어떻게 보느냐에 따라 좋은 것이기도 하고 아닌 것이기도 하다. 아무튼 그것이 나의 현실이고 또 대부분의 사람들이 처한 현실이라고 생각한다. 바로 이런 점 때문에 우리 같은 보통 사람을 위한 도덕으로는 어떤 것이 있는지 알아보아야 할 필요가 있다.

대안 찾기

우리가 도덕적으로 무엇을 할 수 있는지에 관한 현실적 관점을 바탕으로 도덕적 비전을 세운다면 그건 어떤 것일까? 위의 논증으로 우리는 다음과 같은 확신을 얻었다. 우리는 삶의 의미를 고려하는 것이 허용되었으며, 그렇게 하는 것이 어떤 면에서는 더 좋고, 우리 보통 사람들은 대부분 엄격한 도덕의 틀 안에서는 살아갈 수가 없다는 것이다. 그러나 우리가 위에서 말한 논증들은 엄격한 도덕에 대하여 일정한 제약을 가한다는 점을 고려할 때, 우리가 어떻게 도덕적 행동을 해야 하는지에 대하여 적극적인 지침을 마련해주지는 못한다. 다시 말해 그 논증들은 이타주의가 아닌 다른 관점에서 도덕을 생각하게 하는 대체적인 생각의 틀을 마련해주지 못한다.

사실 철학자들은 '좋은 삶'에 대하여 서로 다른 생각을 말해왔기 때문에 그보다 못한 삶 혹은 그와 다른 삶은 거의 주목을 하지 않았다. 사실 세 도덕 이론이 요구하는 것과는 다른 도덕에 집중하는 많은 논증들이 나와 있다. "이런저런 유형의 도덕적 이타주의자가 될 필요가 없다" 혹은 "그렇게 할 능력이 없다"고 인정하는 것과 이타주의가 아니면서도 실효성이 있는 도덕은 이러한 것이라고 말하는 것은 전혀 별개의 문제이다.

그런 대체적인 도덕적 견해를 추구하는 과정에서 하나의 분명한 답변이 처음부터 그 모습을 드러낸다. 기존의 세 가지 도덕 유형 중에 한두 가지를 뽑아들고서 그것을 우리의 약속과 계획에 맞추어 조정해야 한다는 것이다. 아예 다른 도덕을 궁리하는 것이 아니라 일종의 완화된 결과론, 완화된 의무론, 완화된 덕 윤리 같은 것을 채택하자는 것이다. 완전히 다른 도덕적 관점을 개발하는 것보다 기존의 도덕 이론을 비추는 조명을 약간 흐릿하게 하여 그것들 중 하나를 선택하면 난국을 헤쳐나가는 요령이 되지 않을까?

사실 이 아이디어는 철학자들 사이에서 이미 나온 것이다. 별로 멋지지 않은 '차선으로 만족하기'라는 용어를 한번 생각해보자('차선으로 만족하기'의 원어는 satisficing인데 satisfaction[만족]과 sacrifice[희생]의 합성어에다 동명사 어미 -ing를 붙여서 만든 조어이다. 엄격한 도덕론을 완벽하게 만족시키지 못하고 현실적으로 가능한 희생만 요구하는 도덕적 행위를 가리킨다. 번역본에서는 '차선으로 만족하기'로 번역했는데 앞으로 이런 번역어가 나오면 satisficing이 원어임을 기억해주기 바란다—옮긴이).[15]

이것은 결과론의 맥락 속에서 나온 개념으로 모든 결정의 도덕적 결과를 극대화해야 한다는 요구가 개인에게는 너무 가혹한 요구라는 함의가 담겨 있다. 우리는 엄격한 도덕이 요구하는 희생의 깊이를 이미 살펴본 바 있다. 어쩌면 극대화가 반드시 필요한 것이 아닐 수도 있다. 언제나 최선의 결과를 산출하려고 노력하기보다는 충분히 좋은 결과, 현재의 일상생활 속의 선택보다는 더 좋은 결과를 유도하는 쪽으로 우리의 도덕적 에너지를 집중하는 것이다.

어떻게 보면 이것은 너무나 분명한 조언처럼 보일 것이다. 우리 보통 사람들이 볼 때 이 세상을 더 좋은 곳으로 만드는 것은 좋은 일, 도덕적으로 좋은 일이다(칸트에게는 이것이 그리 분명한 조언처럼 보이지 않을지도 모른다. 그가 중요시하는 것은 결과가 아니라 의도이니까). 그리하여 문제는 이런 것이다. 우리가 차선으로 만족하기를 채택할 경우 우리의 도덕 생활을 이해하고 실현하는 데 있어서 결과론을 유익한 이론으로 받아들일 수 있겠는가 하는 것이다. 바로 여기서 문제가 복잡해진다. 우리가 이미 살펴본 바와 같이 결과론은 그 나름의 기이한 특징을 갖고 있다. 이 이론은 우리가 거부하고 싶은 도덕적 행운을 용납한다. 또 다른 못마땅한 의미도 함축하고 있다. 가령 결과론은 두 명의 무고한 사람이 어떤 범죄 행위에 대하여 처벌받는 것을 구제하기 위하여 다른 무고한 사람 한 명을 대신 처벌하도록 권유하는 것을 잘한 행위라고 할 것이다.

당신이 근무하는 회사의 부장이 당신의 동료 직원 두 명에 대하여 편견을 가지고 있다고 해보자. 그런데 사무실에서 컴퓨터 한 대가 사라졌다. 당신의 부장은 아무런 근거도 없이 동료 두 명이 공모하여 그 컴퓨터를 훔쳐 갔다고 비난한다. 여기서 그 부상이 이렇게 말한다고 가정해보자. "저 두 직원이 컴퓨터를 쳐다보면서 수상한 말을 주고받았다." 그런데 당신은 누가 그 컴퓨터를 훔쳐 갔는지 알지 못하고 심지어 도난당했는지도 몰랐다. 그러나 당신은 부장이 이 두 명의 동료 이외에 직원 샐리도 좋아하지 않는다는 것을 알고 있다. 만약 당신이 샐리가 그 컴퓨터를 훔치는 것을 보았다고 말한다면 부장은 그녀를 해고할 것이고 그렇게 되면 당신의 두 동료는 구제될 것이다.

이 경우 전통적 형태의 결과론은 당신이 샐리를 지목한 것을 잘했다고 할 것이다. 그저 잘했다고 하는 것이 아니라 당신이 마땅히 그렇게 해야 한다고 말할 것이다. 그렇게 하면 샐리 못지않게 무고한 두 동료 직원들을 구제해줄 것이므로 가장 잘한 일이고 또 도덕적으로 옳은 행위라고 말할 것이다. 하지만 우리가 앞에서 살펴본 도덕적 행운과 마찬가지로 이것은 우리의 도덕 생활에서 용납될 수 있는 행위가 아니다.[16]

물론 모든 유형의 결과론이 샐리를 지목하라고 조언하지는 않는다.[17] 그렇지만 대부분의 결과론은 이런저런 형태의 도덕적 행운을 용납한다(물론 아주 극악한 도덕적 행운은 용납하지 않을 테지만). 그래서 차선으로 만족하기를 용납하는 결과론적 도덕 이론을 구축하는 것이 가능할 수도 있다. 하지만 이것은 꽤 복잡한 문제가 될 수 있다.

결과론의 몇 가지 전통적 난점들을 우회하는 이론적 방법을 제시해야 하니까 말이다. 게다가 그 이론은 어느 정도 되어야 충분히 좋은 결과인지 우리에게 말해주어야 할 것이다. 우리 보통 사람은 언제 어디서나 최선의 결과를 창조하는 방식으로 살아가는 것이 불가능하다. 그런 의미에서 우리 모두는 '차선으로 만족하는 사람들satisficers'이다. 그래서 우리가 결과론적 도덕 이론으로부터 지침을 받으려고 한다면 그 이론은 우리가 '차선으로 만족하기' 수준에 도달하는 시점을 말해주어야 한다. 다른 문제점들과 함께 이런 문제도 있어서 그것은 꽤 복잡한 이론이 되는 것이다.

나는 그것이 해결할 수 없는 문제라고 말하고 싶지 않다. 나의 걱정은 오히려 다른 데 있다. 설사 그것을 해낼 수 있다 하더라도—그것은 확실히 시도해볼 만한 가치가 있다—그것이 우리의 도덕적 일상생활에 얼마나 도움이 될 것인지 불분명하다. 이런 이론은 십중팔구 아주 '추상적인' 수준에서 구축되어야 할 필요가 있다(내가 여기서 말하는 '추상적인'이라는 것은 어려운 것이라는 뜻이 아니라, 일상적인 도덕적 실천으로부터 추상된 것 혹은 멀리 떨어진 것이라는 뜻이다). 그래서 이론의 문제에 더하여 그 이론이 우리의 도덕 생활에 어떻게 적용될 것인지 방법론을 말해주어야 한다.

여기에서 우리는 또 다른 유혹에 빠져들게 된다. 아예 추상적 도덕 이론이 없더라도 우리의 일상적 도덕 생활에 접근하는 또 다른 방법이 있지 않을까? 도덕적 사고방식의 틀을 다르게 짤 수 있지 않을까?

우리의 도덕적 한계를 인정하면서도 지침을 내려주는 틀, 우리의 도덕적 실천과 동떨어진 결과론과는 다르게 우리의 일상 속 실천과 어느 정도 밀접하게 조응하는 틀 말이다.

이렇게 말한다고 해서 추상적 이론은 필요 없다는 것이 아니다. 일상생활에 초점을 맞춘 도덕적 틀 내에서는 헤쳐나가기 어려운 도덕적 딜레마들이 있다. 미리 말해두지만, 내가 앞으로 제시하게 될 도덕의 틀은 몇 가지 심각한 도덕적 딜레마들은 해결하지 못할 것이다. 그런 해결하기 어려운 사례들에서는 호소할 수 있는 좀 더 엄격한 도덕 이론이 있다는 사실이 도움이 된다. 그러나 이 책은 다음과 같은 점을 보장한다. 우리의 도덕 생활에 틀을 잡아주는 적어도 한 가지 방법은 있다. 그것은 우리가 종종 하는 행위를 있는 그대로 인식하게 도와주고 또 우리의 평범한 도덕적 생활에서 지침이 되어 준다. 그리고 그 틀은 추상적 도덕 이론을 요구하지도 않는다.

그러나 결과론이 우리의 도덕적 한계 내에서 우리를 도와주지 못한다면 어쩌면 의무론이나 덕 윤리가 도와줄지도 모른다. 실제에 있어서 의무론, 특히 칸트의 정언명령은 결과론보다 더 전망이 밝지 못하다. 결과론의 경우 우리는 차선으로 만족하기, 즉 선을 극대화하는 것보다 약간 못한 것으로 만족하기가 어떤 것인지 대략 감을 잡을 수 있었다. 이것은 결과론이 양量, 특히 선의 양을 중시하기 때문이다. 우리가 진정 훌륭한 결과론자들이라면 우리가 할 수 있는 최대한의 선을 산출할 것이다. 우리가 차선으로 만족하는 사람들이라면 그보다 양이 떨어지는 선을 산출할 것이다. 그러나 칸트의 의무론은 여러 사례들에서(물론 모든 사례가 그런 것은 아니지만) 더 많음과 더 적음의 개념이 없다. 그래서 백 퍼센트인 의무론보다 약간 덜한 상태가 어떤 것인지 불분명하다.[18] 이것은 우리가 언제나 약속을 안 지키고, 정기적으로 거짓말을 한다는 뜻인가? 내가 정언명령을 백 퍼센트 이행하지 않고 칠십 퍼센트만 이행한다는 뜻인가? 다시 말해 다소 완화된 형태의 칸트 의무론은 어떻게 생긴 것인지 이해하기가 어렵다.

어쩌면 우리는 정언명령에 다른 방식으로 접근할 수 있을 것이다. 물론 우리가 하루 24시간 정언명령을 지키며 살 수는 없다. 항상 정직하기, 모든 약속을 지키기, 기회가 있을 때마다 다른 사람들을 도와주기, 우리의 능력껏 재능을 개발하기 등은 우리에게 과한 요구이다. 그러나 우리는 정언명령을 우리가 어떻게 행동해야 하는지 보여주는 모범으로 받들 수 있고 최선을 다하여 그에 부합하도록 노력할 수 있다. 우리는 이 이상理想을 완벽하게 달성하지는 못할 것이다. 사실 대부분의 사람들이 마찬가지이다. 하지만 우리가 마땅히 노력해야 하는 것의 지침을 얻을 수는 있다. 다르게 말해보자면, 우리 모두는 도덕적 실패자이지만 그래도 우리들 중 일부는 남들에 비해 아주 노골적인 실패자가 되는 것은 모면할 수 있다.

하지만 이런 견해에도 문제들이 있다. 우리가 이미 살펴본 바와 같이, 칸트의 의무론은 그 나름의 기이한 특징을 가지고 있다. 내가 약속을 위반하면 커다란 피해를 막을 수도 있는 상황에서도 약속을 무조건 지켜야 하는가? 진실을 말하면 상대방의 기분을 아주 나쁘게 할 수도 있는 상황에서 거짓말을 하지 않으려고 애써야 하는가? 칸트의 의무론이 적절한 도덕적 지침이 되려면 그 의무론을 인상적 도덕 생활에 좀 더 적용시키는 방식으로 수정해야 할 필요가 있다. 하지만 그렇게 되면 많은 사람이 지적한 바와 같이 정언명령이 우리 경험의 지침이 되는 것이 아니라 반대로 우리의 경험이 정언명령을 결정해버릴 위험이 있다. 그렇다면 우리는 정언명령 대신에 현실적 도덕 생활을 영위하는 훨씬 유익한 도덕적 틀을 구축할 수 있을까? 이런 도덕적 틀을 구축할 때 우리는 의무론의 핵심적 사안, 즉 행동의 의도를 무시해서는 안 된다. 그렇다고 해서 의도를 도덕 생활의 중심에 놓고서 그에 따라 도덕적 행위를 규정하려 해서도 안 된다.

그렇다면 덕 윤리는 어떤가? 어떤 면에서 보면 이것이 다른 두 도덕론(결과론과 의무론)보다 더 유망해 보인다. 우리는 더 용감하거나 덜 용감할 수 있고, 더 관대하거나 덜 관대할 수 있으며, (좀 더 현대적인 덕의 사례를 들어보자면) 인내와 관용이 더 많을 수도 있고 더 적을 수도 있다. 어떻게 보면 아리스토텔레스와 그의 현대 제자들은 우리에게 더 많음과 더 적음의 도덕적 견해를 제공하고 있다. 그래서 완벽하게 덕을 실천하지 못하지만 도덕적으로 품위 있음을 추구하는 사람들에게 지침을 제공할 수 있다. 이런 식으로 도덕적 사태에 대응하는 방식은 전적으로 요점에서 벗어난다고 할 수 없다.

그러나 여기에도 한계가 있다. 덕 윤리는 우리에게 특정한 덕목들,

그러니까 광범위한 도덕적 특성을 지닌 덕목들을 개발할 것을 요구한다. 우리는 그런 덕목들을 우리 생활의 주제로 생각해볼 수 있을 것이다. 아리스토텔레스에게 좋은 삶이란 결과론이나 칸트의 의무론이 요구하는 방식으로 어떤 특정한 행위들을 했느냐로 판단할 수 없다는 점을 상기할 필요가 있다. 오히려 좋은 삶은 개인의 인품, 혹은 좋은 삶을 특징지어주는 주제들에 의해 평가되어야 한다. 덕 윤리는 좋은 삶을 특징짓는 일련의 주제들을(혹은 덕 윤리학자들에 따라서는 여러 세트의 주제들을) 제안한다. 그리고 우리가 도덕에 관심이 있다면 그 좋은 삶은 당연히 도덕적으로 좋은 삶이 되어야 한다.

그러나 그 자체로는 도덕적 주제가 아니더라도 인생에 의미를 부여하는 다른 주제들도 있다.[19] 어떤 삶은 강렬함과 호기심이라는 주제로 특징지어질 수 있다. 또 어떤 삶은 영성, 일관성, 자발성 등의 주제로 표현될 수도 있다. 이런 주제들은 그 삶을 살아가는 사람들에게는 삶에서 가장 핵심적인 주제가 된다. 가령 자신의 삶을 강렬함으로 밝히는 록 스타들(나의 세대에서는 지미 헨드릭스Jimi Hendrix, 재니스 조플린Janis Joplin, 제임스 브라운James Brown)을 한번 생각해보라. 자발적인 행동과 태도로 당신에게 영감을 주는 친구들, 혹은 종교적 영성(비록 당신이 동참하지는 않지만)을 지녀 당신이 높이 평가하는 친구들을 생각해보라. 자발성, 영성과 같은 도덕과 관계없는 주제들이 그것을 생활 속에서 실천하고 주위의 친구나 친지들에게 영감을 주는 사람들의 생활을 유의미한 것으로 만들어준다. 우리는 이런 주제들을 덕이라고 부르지는 않지만, 그런 삶을 살아가는 사람들에게는 의미의 이야기적narrative 가치를 부여하는 것이다.

그런데 이런 이야기적 가치는 도덕적 가치와 충돌을 일으킬 수도 있다. 자발성을 중요시하는 사람은 도덕적 의무 사항을 게을리하거나, 선약을 지키지 않아서 남들을 난처하게 할 수도 있다. 아리스토텔레스의 덕 사상 중 모든 덕목들이 서로 합쳐지거나 상호보완적이라는 주장에 대하여 의문을 표시하는 사람들도 있다. 그러나 다른 가치들을 살펴볼 때 우리는 좀 더 깊은 문제를 발견하게 된다. 어떤 덕목들은 서로 보완하지 않을 뿐만 아니라 대놓고 충돌한다. 이런 사례들을 만날 경우, 우리는 생활 속에 의미를 부여하는 다른 가치들을 수용하기 위하여 어떤 덕목을 일부 희생시킬 수도 있다.

이렇게 말한다고 해서 우리가 전적으로 덕을 무시해야 된다는 말은 아니다. 우리는 다른 가치들을 위해서 모든 도덕적 온전함을 포기해야 할 필요는 없다. 삶이 유의미한 것이 되려면 덕의 길을 무조건 따라가는 것이 아니라 때로는 다른 길로 들어서야 할 필요도 있다. 그런 다른 길을 선택할 수 없다면 그 사람은 자신이 자신의 인생의 주인이라는 느낌이 들지 않을 것이다. 예를 들어 자신의 삶을 환히 비추어주는 딸을 꾸준히 사랑해온 부모라면, 그 딸이 어떤 행위를 저질러서 중대한 처벌을 받을 위기에 처해 있다면 그 딸의 일을 처리하는 데 온전한 도덕적 정직함이나 솔직함을 발휘할 것이라고 기대하기 어렵다. 온 인생을 예술에 걸고서 이렇게 몰두해야만 성공할 수 있다고 생각하는 예술가에게 아리스토텔레스의 절제를 요구하는 것은 무리일 것이다. 우리는 이런 사람들을 백 퍼센트 존경해야 할 필요는 없다. 그렇지만 역으로 그들을 백 퍼센트 비난해야 할 필요도 없다(우리는 실제로 비난하지 않는다). 그들의 일탈이 도덕적인 것이라면 이해할 만한 것이고, 어쩌면 비도덕적인 관점에서는 칭찬할 만한 것이기도 하다.

우리 보통 사람들은 백 퍼센트 도덕적인 삶을 살아갈 수가 없고 또 그렇게 할 의사도 없다. 그런데 기존의 세 가지 전통적 도덕 이론은 그 주장을 대폭 수정하지 않고서는 이런 사실을 수용할 수가 없다. 우리는 이타주의자에는 미치지 못하며 어쩌면 이타주의자와는 다른 존재이다. 우리의 삶은 약속과 계획들로 이루어져 있고 그것들의 중요성은 어떤 지점에서 도덕적 의무 사항과 갈등을 일으킨다. 때때로 우리는 도덕 기준을 아예 지키지 못하기도 한다. 우리는 도덕적 인간이 되기를 원하지만, 다양한 이유들로 인해 우리의 생활이 좋은 쪽으로든 나쁜 쪽으로든 끼어든다. 우리의 생활을 충실히 영위해나가면서도 동시에 도덕적으로 행동하고 있다는 느낌을 주는 도덕적 방식이 어디 없을까? 우리의 도덕적 한계를 인정해주면서도 우리에게 도덕적 지침을 주는 틀, 심각한 도덕적 딜레마는 해결해주지 못하더라도 우리의 일상적 활동에서 도움을 주는 틀을 발견하거나 구축하는 것이 가능할까?

아주 간단한 접근 방법, 그러니까 도덕적 틀을 구축해야 할 필요를 아예 제거해주는 방법을 찾고 싶어질 수 있다. 어쩌면 우리는 최소한의 도덕적 품위만 충족시켜주는 의무 사항들의 리스트를 발견할지도 모른다. 그리하여 이 리스트만 따라 하면 당신은 도덕적으로 품위 있는 사람이 되는 것이다. 비록 도덕적으로 훌륭한 사람이 되지는 못하더라도 품위를 지키는 사람은 되는 것이다. 이런 일련의 규칙을 적어놓은 리스트가 비록 이타주의는 아니더라도 도덕적으로 용인 가능한 방식으로 우리의 삶에 도움이 될 수 있을 것인가?

하지만 나는 이런 우려가 앞선다. 그런 리스트는 도덕적 품위보다는 도덕적 평범함에 가까운 것들을 제공하게 될 것이다. 우리들은 단지 가장 기본적인 도덕적 의무 사항들만 수행하고 그 나머지는 잊어버리는 것에는 그리 관심이 없다. 우리는 도덕을 우리의 삶 속으로 편입시켜서 도덕성이 우리의 정체성의 일부가 되게 하고 싶다. 우리의 도덕적 존재를 구성하는 실들을 잘 엮어 짜서 우리 인생의 더 큰 피륙으로 만들고 싶다. 물론 모든 도덕적 실들이 그 피륙 속에 맞아 들어가지는 않겠지만 말이다. 우리는 이 세상을 살아가면서 도덕을 외부에서 우리에게 일방적으로 부과한 어떤 것이 아니라, 우리 삶의 중요한 문제로 삼고 싶다.[20]

어떻게
나아가야 할까?

우리는 일상생활에 도움이 되는 도덕적 틀을 찾는 사람들이다. 그러나 전통적 도덕 이론들은 철저한 형태이든 완화된 형태이든 우리에게 도움을 주지 못하며, 그렇다고 해서 우리가 도덕적 의무의 개념에 직접 호소할 수도 없다. 그래서 우리는 다른 것을 찾아보아야 한다. 이 책이 제안하는 것은 도덕을 생각하는 다른 틀을 만들어보자는 것이다. 그 틀은 우리가 도덕적인 사람이 되기를 원하지만, 도덕적 이타주의자는 될 수가 없다는 전제에서 출발한다. 이 책의 목표는 도덕적 사고방식을 전하는 것이다. 이 사고방식은 우리가 이미 행하고 있는 도덕적 행위를 잘 살펴보게 해줄 뿐만 아니라, 우리가 우리 자신에게 합리적으로 요구할 수 있는 범위 내에서 우리의 도덕적 행위를 더 확장시킬 것이다.

우리는 기존의 도덕적 행위를 살펴보는 것과 도덕적 행위를 확장하는 것, 이 두 가지 도전에 응해야 한다. 만약 첫 번째 도전(기존의 도덕적 행위를 살펴보는 것)에만 응할 생각이라면 새로운 도덕의 틀은 필요가 없을 것이다. 물론 새로운 틀을 하나 가지고 있으면 좋겠지만 우리의 진일보한 도덕적 행위에 어떠한 지침도 되지 못할 것이다. "아, 그건 이미 우리가 행동하고 있는 방식인데요"라는 대답이 그 틀에 대해서 이끌어낼 수 있는 최선의 반응일 것이다. 만약 우리가 두 번째 도전(도덕적 행위를 확장하는 것)에만 응한다면, 제시된 도덕적 틀은 우리가 현재 행하고 있는 도덕적 행위와 연결되지 않을 것이다. 그리하여 '현재 우리가 서 있는 지점에서' 앞으로 나아가는 방법을 제시하지 못하며 우리에게 낯설게 느껴질 위험이 있다. 그러므로 우리는 두 가지 도전을 동시에 다루어야 한다.

이 새로운 틀을 전통적 도덕 이론들의 추상성과 우리가 수행하는 도덕적 행위의 구체성 사이의 중간쯤에 위치시키는 것이 도움이 될 것이다(그렇게 되기를 희망한다!). 구체적 행위보다는 좀 더 일반적이고, 추상적 이론보다는 좀 덜 일반적인 그런 틀 말이다. 그 틀은 전통적 도덕 이론들의 직관에서 상당한 내용을 차용해오게 될 것이다. 결국 우리들이 볼 때 결과, 의도, 전반적으로 좋은 사람 되기 등은 모두 도덕적으로 중요한 문제이니까 말이다. 하지만 이 새로운 틀은 그 세 도덕 이론 중 어느 하나를 선택하여 그것만 편애하지는 않을 것이다. 그래서 여기에 제시된 견해는 전통적 도덕 이론들보다 약간 더 다양하면서 아마 더 산만할 것이다.

하지만 이 새로운 틀을 관통하는 단일한 주도적 사상이 분명히 존재한다. 그 사상은 도덕철학자들 사이에서 흔히 발견되는 것으로 많은 사람에게 도덕의 중심 주제가 된다.[21] 그 사상은 이런 것이다. 품위 있는 도덕적 행위는 이 세상에는 살아가야 할 삶이 있는 다른 사람들이 존재하고 있음을 인정하는 것이다. 이 사상은 내가 '품위 decency'라고 부르는 것의 핵심에 자리잡은 사상이다. 인간(이 책에서는 인간 이외에 동물도 관심사로 다루어진다)과 관련하여 나는 다른 곳에서 도덕적 품위의 사상을 다음과 같이 자세히 설명했다.

우리는 사람다운 삶을 영위하는 것이 무엇인지 어느 정도 감을 잡고 있는데 구체적으로 말하면 이러하다. "상당한 기간에 걸쳐서 전개되는 계획과 관계에 참여하기. 인생행로가 전개되는 방식에 영향을 미치는 자신의 죽음에 대하여 인식하기. 음식, 주거, 수면 같은 생물학적 필요를 충족시키기. 자신의 주위를 배려하고 애착을 느끼는 기본적인 심리적 필요를 충족시키기."[22] 이는 인간다운 삶에 대한 완벽한 정의를 제시하려는 것이 아니라, 사람들을 대하는 우리의 행위에 지침을 제공하는 전반적인 방향을 제시하려는 것이다.

그러나 우리는 처음부터 이 점을 분명히 해두어야 한다. 다른 사람들도 살아가야 할 삶이 있고, 그들의 삶이 나의 삶 못지않게 가치가 있음을 인정한다고 해서, 내가 다른 사람들의 삶을 동일한 도덕적 수준에서 대우하기로 결심했다는 말은 아니다. 그 생각은 결과론과 의무론의 사상과 궤를 같이하는 것이며, 우리에게 극단적인 이타주의를 강요하는 것인데 우리는 대부분 그런 이타주의를 감당하지 못한다. 만약 모든 사람을 나 자신이나 가족과 친구를 대하는 것과 똑같은 도덕적 수준에서 대우해야 한다면 우리는 타인, 더 나아가 아주 멀리 떨어져 있는 타인의 이익을 우선시하면서 우리의 이익—때로는 가장 중요한 이익—을 희생해야 할 것이다. 이것은 피터 싱어와 그를 지지하는 사람들이 차지하고 있는 영역이다. 그렇지만 다른 사람들도 살아가야 할 삶이 있다는 것을 인식하면서도, 다른 사람들의 이익을 나의 이익과 똑같이 취급해야 한다는 결론을 받아들이지 않는 길도 있을 것이다. 혹은 내가 도덕적으로는 남들의 이익을 똑같은 것으로 대우해야 할 의무가 있다고 하더라도, 나의 의무 사항들을 백 퍼센트 이행하지 않으면서 남의 의무 사항을 일부 감안해주는 그런 행동 방식이 있을 수 있다.

어떤 사람들은 이것을 도덕적 평범함이라고 여길 것이다. 자신의 도덕적 의무 사항을 백 퍼센트 이행하지 않는 태도에 무슨 품위가 있다는 말인가? 모든 사람의 이익이 똑같이 중요하다는 근본적인 도덕 사상을 실천하지 않는 주제에 어떻게 자신을 품위 있는 사람이라고 할 수 있단 말인가? 싱어는 기근과 풍요를 다룬 논문에서 이렇게 말했다. "나쁜 일이 벌어지는 것을 예방할 힘이 우리에게 있고 또 그런 예방을 함으로써 우리에게 비교적 중요한 것을 희생하는 일도 없다면, 우리가 도덕적으로 그 예방의 일을 해야 하는 것은 논란의 여지가 없다." 여기서 중요한 표현은 '논란의 여지가 없는 것'이다.[23] 싱어는 '논란의 여지가 없는 것'을 쉬운 일이라는 뜻으로 말하지는 않았다. 사실 피터 싱어 논문의 요점은 그런 아이디어가 요구하는 사항들이 얼마나 까다로운 것인지 교육하려는 것이다. 사실 도덕의 원리로서 그것은 전혀 논란의 여지가 없다. 모든 사람의 이익은 동등하다는 아이디어에 바탕을 두고 있으니까.

그리고 싱어의 관점에서 본다면 이 책이 제안하는 것은 도덕적 평범함의 또 다른 형태일 것이다. 나는 그런 관점에 동의하지 않는다. 이상적인 도덕 기준이 우리에게 이타주의적 행동을 요구한다는 것과 이타주의의 기준에 도달하지 못하는 모든 행동은 도덕적 품위에 미치지 못한다는 것은 전혀 별개의 문제이다. 나는 대부분의 사람들이 전통적 도덕 이론들의 기준을 충족시키는 삶을 살기 어렵지만, 그래도 폭넓은 도덕적 틀 안에 우리의 삶을 위치시키기를 원한다고 말했다(우리가 이미 살펴본 바와 같이, 모든 사람이 언제나 도덕적으로 행동하는지는 정말 의심스러운 일이다). 이게 사실이라면, 우리가 생각하는 새로운 도덕의 틀은 어떤 것이어야 하느냐 하는 질문이 나오게 된다.

이에 대한 나의 제안은 이런 것이다. 우리는 새로운 도덕의 틀을 구축할 수 있다. 그 틀은 먼저 다른 사람들도 살아가야 할 삶이 있다는 인식에서 시작한다. 그리고 전통적 도덕 이론들의 결론—남들의 이익을 나의 이익과 똑같이 대우하라—을 수용하지 않으면서도 우리의 행동이 도덕적으로 품위 있는 것이 될 수 있다는 원론을 내세운다. 이렇게 되면, 그런 인식(다른 사람들도 살아가야 할 삶이 있다)과 관련하여 우리가 어떻게 행동해야 하는가 하는 문제가 다소 애매모호해진다. 하지만 그 자체는 그리 문제가 되지 않는다. 이 책의 나머지 부분들에서 그 아이디어에 살을 입히겠지만, 우리는 제시할 수 있는 것 이상의 정확성을 요구해서는 안 된다.

아리스토텔레스는 때때로 여성혐오자나 인종차별주의자의 태도를 보이는데 그렇지 않을 때에는 현명한 말을 종종 내놓았다. 그는《니

코마코스 윤리학》에서 이런 말을 했다. "교육받은 사람은 주제의 성격이 허용하는 범위 내에서 각 분야의 정확성을 추구한다. 왜냐하면 수학자의 대상의 논증만을 받아들이는 것이나, 수시학자에게 엄밀한 논증을 요구하는 것이나 둘 다 잘못된 태도이기 때문이다."[24] 우리의 목표는 주제의 성격이 허용하는 범위 내에서 정확성을 제공하는, 이타주의자가 아닌 사람들을 위한 도덕의 틀을 구축하는 것이다.

이 도덕의 틀을 구축하는 과정에서 나는 가능한 한 주제에 밀착해서 시작할 것이고 그다음에는 여러 방향으로 뻗어나갈 것이다. 다시 말해 나는 우리가 접촉하는 사람들과의 도덕적 관계를 질문하는 것으로 시작하려고 한다. 접촉하는 사람에는 우리의 친구와 친척뿐만 아니라 일상생활 중에 우연히 만나게 되는 낯선 사람들도 포함된다. 또 이메일이나 스카이프 혹은 페이스타임 같은 미디어를 통하여 간접적으로 접촉하는 사람들도 포함될 수 있다. 그런 다음 시간적으로나 공간적으로나 우리에게서 멀리 떨어져 있는 사람들로 시야를 넓힌다. 거기서부터 다시 우리는 좀 다른 방식으로 우리로부터 멀리 떨어진 존재들을 살핀다. 즉, 개나 고양이 같은 비인간 동물들이다. 마침내 우리는 새로운 도덕의 틀이 우리의 정치적 관계에 대해서는 어떤 의미를 갖는지 살펴본다. 도덕과 정치는 결국 불가분의 관계이니까 말이다. 비록 이 책은 인간 행위의 도덕적 측면에서 출발하지만, 만약 새로운 도덕의 틀과 우리의 정치적 생활 사이의 관계가 논의의 구도 속으로 들어오지 않는다면, 이 책은 결국 사회적 허공 속을 맴

도는 꼴이 될 것이다.[25]

마지막으로 한마디만 더. 나는 도덕적인 삶을 원하지만 이타주의자가 되고 싶지는 않은 사람들을 위한 새로운 도덕의 틀을 구축하면서 내가 제시하는 것이 유일한 방법이라고 주장하지 않는다. 내가 여기서 추구하는 것은 단지 하나의 방법일 뿐이다. 다른 방법들도 분명 있을 것이다. 도덕철학은 너무 오랫동안 이론적 틀을 만들어내는 일에만 매달려왔다. 그 이론은 우리의 실제 생활과는 멀리 떨어져 있는 것들이었다. 그렇게 된 이유는 그 이론이 너무 추상적이거나, 이타주의적 도덕 이론의 구축에만 집중했거나 아니면 둘 다였다. 최근에 이러한 거리를 좁히려는 노력이 있었으나, 전반적인 도덕 지침을 제공하는 대안적 틀을 제시하려는 노력은 별로 없었다(이에 대한 예외는 '실천 윤리학' 분야로서 동물의 권리, 환경, 전쟁, 낙태, 의료 윤리와 기업 윤리 등의 문제에서 상당한 연구 작업이 있었다. 우리는 이런 구체적 문제 몇 가지를 다음 장들에서 다루게 될 것이다). 도덕의 문제들은 여전히 추상적 수준에 머무르고 있다. 전통적 도덕철학과 그 도전들로부터 배울 것이 많다. 이 책은 그런 도전들이 없었더라면 집필되지 못했을 것이다.

이 책이 장담하는 점은 이런 것이다. 비非이타주의자로서 도덕적 생활을 성찰하는 사람들을 위하여 가르침과 지침이 되는 도덕적 틀. 그러나 이 책의 장담은 제한적일 수 있다. 설사 그 목적을 달성한다고 하더라도, 다른 도덕적 틀을 구축해서도 동일한 유형의 목적을 달성할 수 있기 때문이다. 또 명확함, 엄격함, 유익함 등에서 내가 제시하는 도덕의 틀보다 훨씬 우수한 다른 틀이 있을 수 있고 틀림없이 있을 것이다. 그러니 시작의 말로서, 대화에 대한 초대로서 혹은 사색거리로서, 이것을 한번 생각해보라. 우리 모두 혹은 거의 모두는 품위 있는 삶을 살고 싶어 한다. 나의 희망은 그런 삶을 살려는 노력이 어떤 결과를 가져오는지 내 능력 범위 내에서 보여주려는 것이다.

2장

주위 사람들에 대한
도덕적 품위

Decency toward
Those around Us

정통파 유대인인 매슈 스티븐슨은 자신이 다니던 대학인 플로리다 뉴칼리지의 동기를 금요일 저녁 안식일 만찬에 초대했다. 그 동기의 이름은 데릭 블랙으로, 유대인이 아니다. 평소 상황이라면 이러한 초대가 그리 이례적인 것은 아니었을 것이다. 스티븐슨은 뉴칼리지에 다니는 유일한 정통파 유대인이어서 그의 안식일 만찬에는 유대인이 아닌 사람들도 종종 참석했기 때문이다. 그러나 이번 경우는 아주 이례적이었다. 데릭 블랙은, 맹렬한 백인민족주의자이자 스톰프런트Stormfront라는 웹사이트의 창설자인 돈 블랙의 아들이다. 데릭 블랙은 아버지의 뜻을 충실히 따르는 아들이었고 그 당시 백인민족주의자 서클의 떠오르는 별이었다. 그는 스톰프런트 웹사이트에 "유대인은 백인이 아니다" 혹은 "그들은 사라져야 한다" 등의 글을 올렸다.[1]

스티븐슨은 블랙을 안식일 만찬에 초대할 때 이러한 사실을 모두 알고 있었다. 그는 혼자서 이런 생각을 했다. "아마도 블랙은 전에 유대인과 많은 시간을 보내지 못했을 거야." 기존 참석자들 대부분은 블랙이 참석하는 만찬에 오길 거부했지만 그 만찬은 잘 진행되었다.

블랙은 와인 한 병을 가지고 왔다. 블랙과 다른 참석자들 사이에 쐐기를 박을 법한 문제들은 거론되지 않았다. 이후 블랙은 안식일 저녁식사의 단골 멤버가 되었고 다른 멤버들도 곧 되돌아왔다. 한편 스티븐슨과 블랙은 가까워져서 가끔 당구를 치는 사이가 되었다.

스티븐슨이 모르는 사실이 하나 있었는데, 바로 블랙이 백인민족주의에 대하여 점점 의구심을 갖게 되었다는 사실이다. 물론 그렇게 된 것은 스티븐슨이 있었기 때문이다. 그런 의구심은 블랙이 다양한 학생 단체가 있는 인문대학인 뉴칼리지에 다니면서 이미 싹텄던 것이었다. 스티븐슨을 만나기 전에 대학에서 영향을 받아 생겼던 의구심은 감추고 다닐 정도였고 아예 드러내놓고 말할 정도는 아니었다. 그러나 스티븐슨과 함께한 안식일 저녁식사에 크게 영향을 받아서 그는 좀 더 심각하게 자신의 기존 생각을 의심하기 시작했다. 마침내 그는 백인민족주의를 포기하고 그것에 반대하기로 결심했다.[2]

스티븐슨의 행동은 꽤 용감한 것이었다. 노골적으로 인종차별주의적이고 반유대주의 철학을 옹호하는 사람을 안식일 만찬에 초대하여 동기들에게 부담을 안겨주고 또 공인된 적수의 손에서 굴욕을 당할지도 모르는 모험을 감행했다. 그러나 그는 데릭 블랙도 사람이고, 블랙 자신이 의식하는 것보다 더 다양한 측면을 내부에 갖추고 있는 사람이라고 생각했다. 적극적으로 백인민족주의를 외치던 블랙이 스티븐슨에게는 절대로 해줄 수 없는 것(초대)을 스티븐슨이 블랙에게 해줌으로써 그는 블랙이 온전한 인간임을 인정해주었고 다른 사람들과 마찬가지로 살아가야 할 인생을 가진 사람임을 알아보았다. 스티븐슨은 이러한 인식을 바탕으로 행동에 나섰던 것이다. 스티븐슨은 다른 동기들과의 우정에 금이 갈 수도 있는 모험을 감행했고 심지어 공개적으로 수치를 당할 우려도 있었지만 개의치 않았다. 그는 블랙을 같은 인간으로 인정했기 때문에 이렇게 행동할 수 있었다. "아마도 블랙은 전에 유대인과 많은 시간을 보내지 못했을 거야."

비록 그 성격이나 용감함의 정도에서는 차이가 있지만 스티븐슨이 블랙을 초대한 것은 내가 이 책의 시작 부분에서 언급했던 코펜하겐 지하철 승객들과 공통되는 점이 있다. 두 경우 모두 그들은 주위의 사람에게 시민적 품위를 보여주며 행동했다. 그들은 다른 사람도 살아가야 할 삶이 있다는 것을 인식했고 그런 인식을 바탕으로 행동에 나섰다. 더욱이 그들은 시간과 공간을 공유하는 상황들 속에서 그렇게 했다. 스티븐슨은 전에 블랙을 만난 적이 없었지만 두 사람은 같은 대학에 다녔고, 최초로 안식일 저녁식사에 초대했을 때 스티븐슨은 블랙에 대해서 상당히 알고 있었다. 반면에 코펜하겐 지하철 승객들은 다른 승객의 이름을 알지는 못했지만 그들은 승강장이라는 같은 공간을 점유하고 있었다. 그들은 상대방의 얼굴, 옷, 걸음걸이를 살펴볼 수 있었다.

이 장은 우리가 '폭넓게' 공간과 시간을 공유하는 사람들에 대하여 보여주는 품위를 다루는 장이다. '폭넓게'라는 말을 쓴 것은 이러한 공유의 한계를 명확히 설정하기가 어렵기 때문이다. 코펜하겐 지하철 승객들은 분명 다른 승객들과 시간과 공간을 공유했다. 스티븐슨은 블랙과 같은 시간대에 같은 대학에 다녔지만 그런 특별한 노력(초대)을 하지 않았더라면 블랙과 얼굴을 맞댈 기회가 없었을 것이다. 우리는 어떤 사람을 알기도 전에, 심지어 그가 어떻게 생겼는지 알기도 전에 그 사람과 이메일을 주고받는다. 이것은 시간과 공간을 공유하는 것인가? 때때로 모금 광고는 우리에게 굶고 있는 아이들의 얼굴을 심지어는 이름까지도 알려준다. 이러한 광고는 내가 얼굴도 알지 못하는 사람과 교환하는 이메일과 어떻게 비교될 수 있는가?

이 장의 특성상, 이메일 접촉은 공간과 시간을 공유하는 것으로 간주되지만 굶고 있는 아이는 그렇지 않은 것으로 간주된다. 이것은 분명 한계를 정하기가 다소 어려운 경우이다. 그렇지만 차이점은 이런 것이다. 나는 이메일을 주고받는 동료와는 대인관계를 유지하지만 그 아이와는 그렇지가 못하다(그리고 스티븐슨은 블랙을 만나기 전에 캠퍼스라는 공간을 공유했다). 나는 이메일을 주고받으며 그 동료를 나의 공간과 시간 속으로 끌어들인다. 그 반대의 경우도 마찬가지이다. 코펜하겐 지하철 승객은 다른 승객들과 공간과 시간을 공유하고, 나의 이메일 상대도 나와 공통의 공간과 시간을 공유한다. 이 장이 진행되면서 좀 더 분명해질 이유들로 인해, 이메일 상대는 우리가 품위를 지켜야 하는 '우리 주변의 사람들' 중의 하나로 간주된다.

얼굴을
맞대고

이 문제에 접근하면서, 먼저 우리가 아무런 문제없이 공간과 시간을 공유하는 사람들과의 관계를 살펴보기로 하자. 우리는 종종 그런 관계를 '얼굴을 맞대는' 대면對面관계라고 부른다. 이 표현은 같은 시간과 공간을 공유하는 사람들과 그렇지 못한 사람들—가령 이메일, 스카이프, 혹은 편지를 주고받는 관계—을 대비하기 위하여 사용되지만, 우리는 이러한 상호작용이 상대방의 얼굴을 쳐다볼 수 있는 기회를 제공한다는 사실을 잠시 생각해보아야 한다. 이런 상호작용에서 우리는 상대방 혹은 여러 사람들의 얼굴을 볼 수 있다는 사실을 쉽게 간과한다.[3]

친구, 애인, 아이 등 당신이 좋아하는 사람의 얼굴을 들여다보았던 때를 기억해보라. 당신의 시선에는 애정이 담뿍 깃들어 있었을 것이다. 당신은 그들의 깊은 눈빛, 둥그런 양 뺨, 미소를 지은 환한 표정, 누군가가 말을 걸 때 고개를 약간 갸웃하는 동작 등에서 그들의 전 존재를 보았을 것이다. 그 순간 온갖 가능성과 취약성을 모두 갖춘 그 사람의 살아 있는 존재가 당신 앞에 나타난다. 어떤 때는 당신과 그들의 역사가 그들의 얼굴 표정에 새겨져 있는 느낌이 든다.

우리는 이러한 간단한 경험을 때때로 하지만 그것을 무시하는 경우가 많다. 하지만 그런 경험을 할 때 비로소 우리 앞에 진짜 삶이 펼

처지고 있다는 느낌을 갖게 되고 이 느낌으로부터 다른 사람에 대한 부드러운 감정이 생겨난다. 우리는 실제로 남을 배려하는 삶을 소중하게 여기고 있다. 하지만 그런 배려가 얼마나 자주 우리 앞에서 분명하게 드러나는가? 우리가 좋아하는 사람의 얼굴을 찬찬히 들여다볼 때, 무엇보다도 바로 그런 순간에, 그들의 온전한 삶이 우리 앞에 현전現前하는 것이다.

이 경험이 얼마나 중요한지 깨닫기 위하여 당신이 좋아하는 사람에게 화를 냈던 최근의 일을 생각해보라. 당신은 아마도 그 사람의 면전에다 대고 소리쳤을 것이다. 그런데 그렇게 소리치면서 그 사람의 얼굴을 찬찬히 쳐다보았는가? 우리가 사람에게 소리칠 때 분노의 대상이 되는 상대방의 얼굴은 뭉개진 것처럼 보인다. 자기만의 삶을 가진 독립된 존재가 아니라 이름 없는 생소한 사람으로 보이는 것이다. 그런 의미에서 우리는 분노의 대상과 관계를 맺는 것이 아니라 우리 자신, 특히 자신의 분노 그 자체와 관계를 맺는 것이다.

우리는 잘못을 저지른 어린 자식에게 소리치는 부모에게서 이런 현상을 볼 수 있다(나는 이 현상에 대하여 들은 바가 있다. 자신 있게 말하는데 나는 어린 자식에게 소리친 적이 없다. 그런 일은 나와는 거리가 멀다). 그리고 아이가 울기 시작하면 부모는 기분이 안 좋아지기 시작한다. 아이의 온 존재가 부모의 눈앞에 나타나기 시작하는 것이다. 그러나 부모가 너무 분노에 사로잡혀 있으면 그 느낌은 분노 밑으로 파묻히게 되고 분노가 그 부모의 초점이 되어버린다.

우리가 상대방에게 소리를 치지 않아도, 혹은 소리 지르기가 끝난 후에도 우리는 화를 냈던 상대방의 얼굴을 찬찬히 들여다보거나 그와 시선을 마주치려 하지 않는다. 만약 우리가 그 사람과 함께 살고 있다면 서로 마주치지 않는 시선이 교환되면서 아주 어색한 분위기가 자리잡게 된다. 그리하여 화해를 하고 난 다음에나 상대방의 얼굴을 찬찬히 들여다보는 것이 가능해진다.

따라서 얼굴을 맞대는 백병전에서 상대방 병사를 죽이는 것은 대단히 어렵다. 철학자 존 프로테비John Protevi는 이렇게 말한다. "대부분의 병사들은 냉정한 심리상태로는 상대방을 죽이지 못하고 주체가 상실된 상태, 가령 반사작용, 분노, 공포 등의 심리상태에 있을 때만 상대방을 죽이는 게 가능하다. 따라서 광포한 전사의 분노를 다루어야 하는 군부의 문제는 어떻게 그 분노를 명령에 따라 유발하거나 잠재우느냐는 것이다. 이것은 모욕을 당하면 분노하는 전사를 오로지 명령에 의해서만 행동하게 하는 군인으로 바꾸어놓는 문제이기도 하다."⁴

이렇게 말한다고 해서 대인관계에서 마주하는 상대방에게 절대 화를 내서는 안 된다는 말은 아니다. 우리 생활의 어떤 시점에서 남들이 우리의 분노의 대상이 될 수도 있고, 또 우리 자신이 그런 입장에 놓일 수도 있다. 내가 여기서 주목하는 것은 너무 일상적이어서 깊은 생각의 대상이 되지 못하는 경험이다. 그런 경험 속에서 우리는 살아 있는 사람이라는 현상과 아주 밀접한 접촉을 하게 된다. 앞에서 말한 것처럼 사람다운 삶을 영위한다는 것은 이런 것이다. "상당한 기간에 걸쳐서 전개되는 계획과 관계에 참여하기. 인생행로가 전개되는 방식에 영향을 미치는 자신의 죽음에 내하여 인식하기. 음식, 주거, 수면 같은 생물학적 필요를 충족시키기. 자신의 주위를 배려하고 애착을 느끼는 기본적인 심리적 필요를 충족시키기." 상대방의 얼굴을 바라보며 그에게도 살아가야 할 삶이 있다고 인식하는 것은 사람다운 삶에 대해서 의식하게 되는 순간이기도 하다.

물론 우리는 그 순간 "이런, 여기에 우리의 계획과 대인관계에 참여하는 사람이 있네"라고 말하지는 않는다. 상대방의 얼굴을 바라보며 그 사람을 의식하는 것이 그렇게 반사적인 것은 아니다. 상대방의 얼굴을 바라보는 순간 우리는 그 사람의 온전한 삶을 인식하게 되고 나중에 그것을 깊이 생각해보면, 우리가 인생의 계획과 대인관계에 참여했다는 것을 깨닫는다. 상대방을 바라보는 바로 그 순간에 우리는 우리의 인지 능력을 넘어서 그의 생생한 삶 그 자체에 사로잡히게 된다.

우리는 지금까지 친구와 가족 등 우리가 잘 아는 사람에 대해서 이야기해왔다. 그런데 이 아이디어는 좀 더 확대될 수 있다. 우리는 친구나 가족을 대하듯이 동료나 낯선 사람의 얼굴을 바라보지는 않기 때문에 이 문제를 그리 깊이 생각하지 않는다. 우리는 동료나 타인을 시각적으로 받아들이지 않고, 우리의 시선 또한 그들에게 머무르지 않는다. 그 시선은 그들을 스쳐 지나가 다른 것에 머무른다. 그렇지만 우리가 대강 알고 있는 사람들, 예를 들어 사무실 맞은편에 앉아 있는 사람들이라도 그들의 얼굴을 통해 그들의 삶을 지각하는 경험을 할 수 있다.

이러한 경험은 다른 곳에서도 벌어질 수 있다. 나는 뉴욕의 어느 추운 겨울 날, 거리를 걸은 적이 있었다. 나는 어떤 가게 출입문 앞에 서 있는 사람을 지나쳤는데 그가 여유분의 동전이 있으면 좀 달라고 말했다. 나는 그 사람에 대해서는 별 신경을 쓰지 않으면서 동전을 건네주고 내 길을 계속 걸어갔다. 대략 반 블록쯤 걸어갔을 즈음에 나는 벽에 기대 앉아 있는 또 다른 사람을 만났다. 그는 내게 돈을 좀 줄 수 없겠느냐고 말했다. 나는 그가 전략적으로 자리를 잘못 잡았다고 생각하면서 그를 보지 않은 채 지나치면서 대답했다.

"미안합니다. 저기 반 블록 앞쪽에 어떤 사람이 있어서 그에게 돈을 주었습니다."

그는 빙그레 웃는 듯한 목소리로 대답했다(누가 그런 일을 잊을 수 있겠는가?).

"그렇군요. 하지만 나는 별도의 자영업자입니다."

그 순간 나는 돌아서서 그를 바라보았고 그곳에 미소 짓는 얼굴로 나를 바라보는 사람이 존재하고 있음을 의식했다. 우리는 추위에 대해서 잠시 이야기를 나누었고 나는 그에게 약간의 돈을 건네주었다. 나는 그 일을 되돌아보면서, 그 '별도의 자영업자'라는 말이 이 책의 핵심 주제를 상징적으로 보여준다는 생각이 들었다. 그렇다. 우리는 저마다 살아가야 할 삶이 있다는 의미에서 별도의 자영업자이다. 우리 삶의 가치는 다른 사람들의 인정에 달려 있는 것이 아니다(그러나 다른 의미에서 보면 우리는 그렇게 독립된 별도의 존재가 아니다. 이 점에 대해서는 아래서 더 자세히 다룬다).

구걸하는 사람의 얼굴을 본 다음에 그냥 무심하게 그 사람을 지나친다는 것은 사실상 어려운 일이다. 그러나 이것(상대방 얼굴 바라보기)이 유명한 홈리스 활동가인 미치 스나이더Mitch Snyder가 주는 간단한 조언이다. 레이건 행정부 시절에 스나이더는 대통령과 의회에 압박을 가하기 위하여 단식 투쟁을 했다. 그가 소속된 단체인 '창조적 비폭력 센터creative nonviolence center'가 버려진 건물을 노숙자 쉘터로 전환시켰는데 이 건물의 개보수 작업에 들어가는 비용을 후원해달라는 것이었다. 정부가 후원을 해주기로 동의해놓고서 막상 자금이 나오지 않자 스나이더는 두 번째로 물을 마시지 않는 단식(물없이 단식하면 약 일주일 정도밖에 살지 못한다)에 돌입했고, 마침내 정부는 자금을 지원했다.[5] 스나이더는 제1급의 이타주의자이지만 그가 우리에게 해주는 조언은 간단한데, 바로 노숙자를 그냥 지나치지 말고 마치 또 다른 인간인 것처럼 바라보라는 것이다. 노숙자와 시선을 마주치는 행위 하나만으로도 그 사람을 전혀 다른 차원 위에 올려놓는 인간관계를 이끌어낼 수 있고 그렇게 되면 노숙자는 피해야 할 대상이 되는 것이 아니라 우리와 상호작용하는 또 다른 인간의 모습으로 나타난다는 것이다.

물론 대도시의 도심 지역에서 만나는 모든 노숙자의 얼굴을 정면으로 바라보는 것은 어려운 일이다. 가령 콜카타Kolkata나 뉴욕에서 그렇게 하는 것을 한번 상상해보라. 그러나 가끔 여기 혹은 저기에서 그러는 것은 가능한 일이다. 특히 무심히 지나치고 싶은 사람을 찬찬히 바라보면 그 사람 또한 힘겹게 삶을 살아가고 있다는 사실이 깨달아지면서 그의 인간성이 부각된다. 이렇게 하면 그들의 인간성이 눈에 들어올 뿐만 아니라 우리 자신의 인간성도 조금 더 고상하게 된다.

당신은 내가 위에서 말한 것(자선 후원을 호소하는 광고가 왜 주로 어린아이들의 얼굴을 등장시키는지)의 의미를 즉각 알아차릴 것이다. 비록 경험적 증거는 갖고 있지 않으나, 나는 이렇게 얼굴을 등장시킨 광고가 어떤 특정 질병이나 기아로 고통 받는 사람이 몇 명이라고 말하는 광고보다 더 효과적이라고 확신한다.

우리 주위 사람들의 얼굴을 찬찬히 바라보면 그들 또한 살아가야할 삶이 있다는 사실을 아주 절실하게 느낄 수 있다. 바로 이것이 내가 여기에서 구축하려고 하는 도덕의 틀을 뒷받침하는 아이디어다. 그렇게 하면 우리는 다른 때보다 남들을 좀 더 인간적으로 대하게 된다. 그 '다른 때'가 반드시 우리의 이해관계와 상충하는 때는 아니다. 단지 우리는 우리 앞에 놓여 있는 그들의 삶을 보지 못하는 것이다(글자 그대로 보지 않는다는 뜻이다). 우리 자신의 일들에 사로잡혀서 다른 사람의 존재는 눈에 들어오지 않는다. 다른 사람의 존재를 의식한다고 해서 우리 자신이나 가까운 사람들을 대하는 것과 똑같은 배려를 해가며 그들을 대우해야 한다는 뜻은 아니다. 단지 우리가 할 수 있는 선에서 타인에 대한 감수성을 높이자는 것이다. 즉 우리가 남들의 얼굴을 바라보면 그들이 저마다 살아가야 할 삶이 있는 존재임이 드러나는데 그런 현상을 똑바로 인식하자는 것이다.

다른 사람의 얼굴을 바라보고, 그 표정을 마주하고, 또 인식하는 것은 그 사람의 삶을 우리 앞에 가져다 놓는 것이다. 그것은 여러 상황들에서 우리가 다른 행동을 하도록 인도할 것이다. 나를 기다리게 한 어떤 사람에게 화가 나다가도 막상 그가 도착하여 얼굴을 바라보면 화가 누그러진다. 그의 미안해하는 마음, 나를 만나서 즐거워하는 마음, 혹은 나를 보고 싶어 했던 표정 등이 얼굴에 나타나는 걸 보면서 자연스럽게 화가 가라앉는 것이다. 출근 시간대의 복잡한 지하철 안에서 내 옆에 서 있는 사람이 짜증나다가도, 그의 얼굴을 바라보면 옆으로 약간 비켜서 그에게 공간을 좀 더 마련해주고 또 그가 하차할 역에 도착했으면 그가 내리기 쉽게 옆으로 움직이게 된다. 나는 슈퍼마켓에서 계산원의 얼굴을 바라보면 그녀에게 좀 더 자연스럽게 미소 짓게 된다. 평소처럼 그들에게 별로 신경을 쓰지 않고 내 인생에 대해서만 생각하는 경우에 비해서 말이다.

상식적
예의

주변 사람들과 관계를 맺을 때 언제나 그들의 삶을 신경 써야 할 필요는 없다. 우리는 남들과 좀 더 비공식적인 접촉을 할 수도 있는데, 그런 접촉을 가리켜 '상식적 예의common decency'라 부르기로 하자. 다음은 상식적 예의의 몇 가지 사례이다(decency는 지금까지 '품위'로 번역해왔으나 이 맥락에서는 품위라는 단어가 잘 어울리지 않아 decent의 두 번째 뜻인 '예의 바른'을 취하여 '예의'로 번역했음—옮긴이). 나이 든 사람이 길을 건너가는 것을 도와주기, 낯선 사람을 위해 담배에 불을 붙여주기, 모르는 사람을 위해 문을 열어주기, 주차 공간을 찾는 사람에게 내가 곧 떠나니 그 공간을 이용하라고 말해주기, 회의 도중 어떤 사람이 화장실을 가려고 자리를 잠깐 비웠을 때 그가 마시던 커피 컵에 냅킨을 올려놓아 주기.[6]

이런 것들은 우리가 어떤 사람을 알지 못하고, 또 두 번 다시 만날 것 같지 않아도 상대방을 위해 해줄 수 있는 것들이다. 또한 특정한 사회에 특정하게 적용될 수 있는 예의의 여러 형태이다. 다른 사회는 다른 형태를 가지고 있다. 가령 일본 문화는 미국 문화에 비하여 좀 더 폭넓은 사회적 상황에서 선물을, 그것도 값비싼 선물을 주고받는 경향이 있다. 이처럼 다른 문화들에서는 또 다른 상식적 예의의 패턴들이 있다. 종종 이것들은 하나의 의례로 정착되어 그런 의례를 받아들이는 자들에 의해 금방 인식된다. 고대 중국의 철학자인 공자가 인식했던 것처럼 이러한 의례와 사회적 평화 사이에는 밀접한 관계가 있다. "의례를 거행하는 데는 조화가 특히 중요하다. 조화 그 자체가 의례에 의해 적절히 조절되지 않는다면, 일을 그르치게 된다."[7] 이러한 의례는 남들과의 관계를 규정한 것으로 낯선 사람들 사이에서 최소한의 유대감을 만들어낸다.[8] 상식적 예의를 지키면서 행동한다는 것은 낯선 사람 혹은 잘 알지 못하는 사람을 위해 무언가를 해주는 것으로, 그들의 생활 속의 몇 순간을 평소보다 더 즐겁게 해준다.

상식적 예의의 행위는 우리가 다른 사람의 존재를 인정해주는 것을 전제로 하는데, 그 존재라는 것은 그저 거기에 있다는 것 이상의 의미이다. 그것은 다른 사람들이 영위하는 삶에 우리가 무언가를 하여 그 삶을 덜 복잡하게 만들 수 있다는 뜻이다. 그것은 삶을 밝게 만들어주는 한 가지 방식이며 또한 다음 두 가지 방식으로 전염이 된다. 첫째, 상식적 예의의 혜택을 받은 사람은 그것을 곧바로 갚으려는 의욕을 느끼게 된다. 상식적 예의는 그 수혜자에게 생활 속의 다음 단계로 나아가게 만드는 모델이 된다. 그렇지만 그 모델은 오래가지 못한다. 그다음에 만난 사람이 바보같이 행동하는 그 순간까지만 지속된다. 그렇지만 그것은 갑에게서 을에게로 전파되는 잠재력을 갖고 있다.

둘째, 상식적 예의는 다른 방식으로도 전파된다. 그것은 상식적 예의의 수혜자뿐만 아니라 그것을 옆에서 지켜본 사람에게도 하나의 행동 모델이 된다. 가령 어떤 사람이 자선냄비에다 동전을 넣거나, 커피 카운터에 팁을 놓거나, 남을 위해 문을 열어준다면 그것을 옆에서 지켜본 사람은 자기 차례가 되면 그 행동을 따라 하려는 경향이 있다. 이런 광경을 목격한 적이 있는 사람이 나 하나만은 아닐 것이라고 확신한다.

과거에 나는 한 대학 캠퍼스에서 회의를 기다리고 있었다. 그때 나는 창문 밖으로 두 학생이 전단지를 나누어주는 광경을 목격했다. 어떤 사람이 전단지를 받으면 그 뒤에 오는 사람도 전단지를 받는 모습이 눈에 띄었다. 그러나 앞선 사람이 전단지를 받지 않고 지나가면 그 뒤의 사람도 역시 그렇게 했다. 물론 이것이 보편적으로 맞는 이야기는 아니다. 보편적으로 맞는 이야기는 모든 사람이 그 전단지를 받거나 아니면 거부하거나 둘 중 하나라는 것이다. 그렇지만 어떤 사람이 전단지를 받거나 혹은 거부하면 그 뒤에 따라오는 사람도 똑같이 따라 할 가능성은 높아진다. 우리의 공적 행동이 모델이 될 수 있다. 우리가 어떤 행위에 승인을 하느냐 마느냐에 따라서 뒤의 사람이 따라 할 것인가 말 것인가가 결정되는 것이다.

이에 대한 가장 악명 높은 사례들 중 하나가 밀그램 실험milgram experiment이다.[9] 스탠리 밀그램Stanley Milgram은 학습 행위에 미치는 부정적 강화negative reinforcement의 역할을 이해한다는 명목 아래 일련의 실험을 했다. 실험 결과, 피실험자들은 충격을 줄 것을 권장하는 권위적인 인물이 있을 경우에 남들에게 학습을 위하여 충격을 주는 과도한 행위에 적극 가담하려 했다. 그러나 다른 실험에서는 피실험자들 중에 '학습자'에게 '충격'을 주기를 거부하는 또 다른 인물이 있었다. 밀그램은 한 사람이 명령을 거부하는 경우에는 나른 사람도 똑같이 그런 명령을 거부한다는 것을 발견했다.

상식적 예의 아래서 이루어지는 일들은, 그것이 긍정적인 방향이라는 점만 제외하고는 꼭 이와 같이 작용한다. 상식적 예의를 경험한 사람과 옆에서 목격한 사람들에게 상식적 예의의 행동을 할 용기를 줄 수 있는 것이다. 그것은 어떤 사람의 얼굴을 바라보는 것에서 생겨날 수도 있으나, 반드시 그런 것은 아니다. 낯선 사람들과 회의장 안에 들어가서 무언가를 논의하고, 내 주위에 있는 사람들이 주목하지 않는 경우에도 나는 누군가의 커피잔 위에다 냅킨을 올려놓을 수도 있다.

상식적 예의가 항상 전염된다고 말하는 것은 너무 지나치다. 그 예의의 수혜자가 항상 고마움을 인정하는 것도 아니다. 우리는 다음과 같은 상황도 있을 수 있음을 잘 안다. 가령 당신이 누군가를 위해 문을 열어주었는데 그 사람은 마치 당신이 보이지 않는 듯이 문 안으로 쏙 들어가 버릴 수 있다. 당신이 계산원에게 미소를 지으며 감사 표시를 했으므로 계산원도 따라서 미소를 지을 것 같은데, 그는 당신을 쳐다보지도 않고 "다음 손님" 하고 소리를 지른다. 당신이 무거운 짐을 계단 아래로 옮기고 있는 사람에게 도와주겠다고 제안했는데, "나 혼자서도 충분히 할 수 있소!" 하는 퉁명스런 반응이 돌아올 수도 있다.

이런 사례에서 어떤 일이 벌어진 것인가? 당신은 하나의 인격으로 무시를 당한 것이다. 당신이 잠시 도움을 주겠다고 제안한 사람들이 볼 때 당신은 사람이 아니라 하나의 사물에 불과하다. 당신은 또 다른 사람으로서 인식되지 못한 것이다. 물론 당신이 상식적 예의의 영웅인 양 대접을 받거나 감사 인사를 받고 싶어 한 때도 있을 것이다 (물론 이런 때도 있을 것이다. 하지만 대부분의 경우 그것은 주된 욕망이 아니다). 단지 당신은 다른 사람으로부터 당신의 그런 제스처에 대하여 고맙게 생각한다는 인사 표시를 원한 것이다. 종종 당신의 제안에 대한 형식적인 미소만으로도 충분한 답례가 되었다고 생각할 수도 있다. 그렇지만 어느 날은 당신의 존재가 완전히 무시당하거나 더 나아가 모욕을 당하기도 한다.

이런 일이 벌어지면 마음이 참으로 아프다. 즉각적인 반응은 거부감 혹은 분노의 느낌일 것이다. 이처럼 무시를 당하면 우리 자신의 존재를 내세우고 싶어진다. 우리 자신을 다시 확립하는 것은 종종 상대방을 우리 밑에다 두기, 상대방에게 그만의 삶이 있다는 사실을 거부하기, 상대방을 아주 왜소한 존재로 느끼게 만들기 등의 형태를 취한다. 이처럼 무시를 당한 순간에 우리 자신을 향해 이렇게 말하기는 어렵다.

"방금 내가 열어준 문 안으로 쑥 들어간 사람은 아마 다른 데 정신이 팔려 있었거나 자기 일에 너무 몰두했기 때문에 그랬을 거야."

"계산원은 무수히 많은 사람들에게 날마다 미소를 지어야 하니 그게 얼마나 힘들겠어."

"노와주겠다는 제안에 혼자 할 수 있냐면서 둥명하게 내지른 사람은 자신이 이런 짐도 못 들고 갈 정도로 늙었다고 여겨지는 것을 싫어했겠지. 아니면 무거운 짐을 이리저리 들고 다니느라 허리가 너무 아파서 그처럼 심술궂게 되었을 수도 있어."

상대방이 상식적 예의를 인정해주지 않은 것은 우리 자신을 무시해서라기보다 그 사람이 너무나 긴장하고 있거나 아니면 자신의 일에 너무 몰두하여 도움 요청을 제대로 받아들일 수 없는 상황 탓일 수도 있다.

그러나 사정이 언제나 이런 것은 아니다. 우리는 불쾌한 경험을 충분히 겪고 있으며, 철학자 에런 제임스Aaron James가 전문 용어로 말한 것처럼 어떤 사람들이 때때로 개자식 노릇을 한다는 것을 알고 있다. 같은 제목(개자식)을 가진 책에서 제임스는 이렇게 말한다. "자기 자신이 특별한 자격을 가지고 있어서 대인관계에서 특별한 이점을 언제나 차지할 수 있다고 생각하면서, 다른 사람들의 불평에 전혀 귀를 기울이지 않는 남자, 그는 개자식이라고 정의될 수 있다."[10](제임스는 '그'라는 남성형 대명사를 쓴 것은 의도적이라는 점을 강조한다.)

이런 사람은 남들에게 상식적 예의를 베풀지도 않을 뿐만 아니라 그 자신에게 베풀어진 상식적 예의도 인정하지 않는다. 그들은 그것을 당연한 것으로 여긴다. 제임스가 볼 때 개자식과 사이코패스의 차이점은 이런 것이다. 사이코패스는 도덕적 감정이 전혀 없는 반면에 개자식은 자신의 도덕적 권리를 아주 민감하게 의식한다. 또 제임스의 견해와 우리의 관심사가 교차하는 부분은 이런 것이다. 개자식이 사람들을 돌아버리게 만드는 것은 "그가 아주 기본적이면서도 도덕적으로 중요한 방식으로 남들을 인정해주지 않는다는 점" 때문이다.[11] 개자식은 오로지 자신의 생활만이 중요하다고 생각하기 때문에 남들의 존재, 생활, 계획은 전혀 중요하지 않다. 그는 자신을 우주의 중심이라 생각해서 상식적 예의를 제공하거나 인정해야 할 필요를 전혀 느끼지 못한다.

상식적 예의 앞에서 이처럼 무례하게 행동하는 사람을 인정하려면 상당한 정도의 자기 수용self-acceptance이 필요하다. 어쩌면 그런 자기 수용에 이르는 것은 가치 있는 목표이기도 하다. 어쩌면 이 일은 우리에게 좋은 쪽으로 작용할 수도 있다. 그런 사람도 살아가야 할 삶이 있고, 그 때문에 우리가 전혀 알지 못하는 방식으로 그런 이기적인 삶에 몰두한다는 사실을 인식함으로써, 우리는 이전보다 한결 더 성숙해진다. 다시 말해 우리는 더 안정적인 균형감을 획득하는 것이다.

한편 완전히 다른 측면에서 볼 때, 상식적 예의는 남들에게 사소한 친절한 행동을 하는 것 이상으로 확대되어나갈 수 있다. 예의 바름과 좀 더 극단적인 이타주의 사이에서 명확하게 선을 긋는다는 것은 어려운 문제이다. 매슈 스티븐슨이 데릭 블랙을 안식일 만찬에 초대한 것은 예의 바름의 사례인가 아니면 이타주의의 사례인가? 그것이 지독한 자기 부정의 행위가 아닌 것만은 확실하다. 반면에 냅킨으로 커피 컵을 덮어주는 것 혹은 일본 문화처럼 잘 모르는 사람의 집에다 선물을 보내는 정도의 행위는 아니다. 스티븐슨은 안식일 만찬의 단골 손님들을 잠시 소외시키는 모험을 했고 실제로 그 손님들은 한동안 그 만찬에 오지 않았다. 우리의 논의를 위해 상식적 예의와 이타주의 사이에 명확한 선을 그어야 할 필요는 없다. 그 대신에 우리는 주변 사람들과의 전반적인 도덕적 관계를 이해하려고 애써야 한다. 그런 이해를 바탕으로 우리는 도덕적으로 어떤 일을 해야 하는지 파악할 수 있고 또 우리의 관심사를 더욱 확대시킬 합리적인 방안들을 발견할 수 있다.

이러한 이해는 우리가 앞 장에서 살펴보았던 세 가지 도덕 이론의 이타주의적 특성과는 대조를 이룬다. 주변 사람들의 얼굴로부터 영향을 받고, 상식적 예의를 실천하는 것이 행위의 결과를 극대화하려는 것은 아니다. 또는 정언명령에 따라 도덕적 모범으로 행동하려는 것도 아니다. 예의를 보여줌으로써 우리 자신을 전보다 더 나은 사람으로 만들 수 있지만 그렇다고 해서 덕의 모델을 따라 하려는 것은 아니다. 내가 개발하려고 하는 예의(상식적 예의 뿐만 아니라 더 넓은 의미의 예의)는 이 세상을 가능한 한 살기 좋은 곳으로 만들고 또 인류를 위해 최선의 삶을 살려고 애쓰는 것이다. 하지만 이 둘 중 그 어느 것도 최소한의 도덕적 의무 사항을 완수하는 문제는 아니다. 오히려 다른 사람들도 살아가야 할 삶이 있는 존재임을 인식하고, 그런 인식을 합리적이고 실천 가능한 방법으로 우리의 삶 속에 편입시키는 것이다. 좀 더 긍정적인 측면에서 말해보자면, 도덕적 우아함moral gracefulness을 간직한 채 이 세상을 헤쳐나가자는 이야기이다.

여기서 잠시 도덕적 우아함이라는 단어를 살펴보려 한다. 이 단어는 우리가 도덕적 생활에 대해 생각해볼 수 있는 다른 방식들보다 더욱 긍정적으로 생각하는 방식을 제공하기 때문이다. 종종 도덕은 의무duties와 의무 사항obligations이라는 관점에서 규정된다. 우리가 상대방에게 진 빚의 개념으로 설명되기도 한다. 이러한 특징은 우리가 사람들하고 맺는 관계에는 도덕적 하한선이 있으며 그것을 인식하는 것이 중요하다는 생각에 바탕을 두고 있다. 칸트는 의무와 의무 사항을 강조했고, 공리주의는 비록 다른 용어를 사용하고 있지만 우리가 할 수 있는 한 최대한의 선을 창조해야 할 의무가 있다는 사상을 고수한다. 최근에 사회계약 이론으로 불리는 많은 이론들은 다른 사람들도 우리와 같은 규칙을 따른다고 하면, 우리 스스로 어떤 규칙을 따를 것인가에 대한 질문을 한다.[12]

만약 우리가 이런 관점에서 생각을 펴나간다면 우리는 그들의 결과에 부채의식과 뒤이어 죄책감을 끌어들이게 될 것이다. 의무 사항이 있는 곳에는 부채가 있다. 부채가 있는 곳에서 그 부채를 갚지 못하면 죄책감을 느끼게 되고 더 나아가 수치심을 느낄 수도 있다. 죄책감은 심리적인 관점에서 생각해볼 수 있는 것이지만 우리는 그 단어에 들어 있는 법률적 함의도 감안해야 한다. 의무 사항은 어떤 사람들이 반드시 준수해야 하는 법률이고, 그 법률은 그 사람들에게 부채를 부과한다. 만약 당신이 의무 사항이 부과한 부채를 갚지 못한다면 의무 사항을 준수하지 못했다는 죄책감을 느끼게 된다. 이런 관점에서 도덕을 생각하는 것은 너무 계약 중심적이다.

그것은 또한 도덕을 떠안아야 할 부담으로 만들어버린다. 물론 여기에는 뭔가 의미심장한 것이 깃들어 있다. 만약 그렇지 않다면 지난 수 세기 동안 많은 위대한 철학자들이 도덕 사상의 틀로 삼지 않았을 것이다. 도덕은 하나의 부담이 될 수 있다. 내가 그렇게 행동하고 싶지 않을 때도 그렇게 해야 할 도덕적 이유가 있기 때문에 그 행동을 강요당하는 것이다. 다른 상황에서도 나는 하기 싫은 행위를 정확히 하도록 요구당할 수 있다. 그러나 우리가 남들과의 일상적 관계에서 도덕적으로 이 세상을 어떻게 헤쳐나가는지에 대해 생각하는 또 다른 사고방식이 있다. 그것은 의무나 의무 사항보다는 우리가 제공할 수 있는 것에 더 초점을 맞추는 사고방식이다. 그러한 사고방식은 우리를 밀어낸다기보다 끌어당긴다. 내가 상대방의 얼굴을 쳐다볼 때, 그 얼굴을 진정으로 바라보게 될 때, 나는 부담감 때문이 아니라 공통성, 유대감, 동류의식(우리가 같은 종류의 사람이라는 사실을 명심하는 것) 때문에 그 사람의 존재를 인정한다. 상대방이 나에게 영향을 미치는 것은 마땅히 완수해야 할 의무감 때문이 아니라, 이 세상을 나와 함께 공유하는 인간이라는 점, 내가 인정하고 도와주어야 할 사람이라는 점 때문이다. 이러한 인식을 부담이 아니라 즐거움이라고 말하는 것은 아마도 우리 자신에게 너무 많은 것을 요구하는 것일 테다. 그 사람에게 유대감을 느껴서 내가 그에게 다가가고 또 그가 나의 시선을 잡아당긴다고 말하는 게 정확하겠다.

상식적 예의는 동일한 유대감을 안겨준다거나 그런 유대감에서 생겨나는 것이 아니므로—그것은 반드시 상대방의 얼굴을 보아야만 생겨나는 예의가 아니므로—대부분의 경우 상식적 예의를 부담으로 생각할 필요가 없다. 오히려 다른 사람 혹은 낯선 사람과의 유대감을 높이는 기회가 된다. 남들에게 미소 짓는 것, 남들을 위해 문을 열어주는 것, 상대방이 어려운 입장에 있을 때 사소한 방식으로 도와주는 것, 사람들에게 자그마한 선물을 건네주는 것 등은 때로는 모르는 사람과 세상을 공유하는 방식이다. 우리는 이 지구상에서 혼자가 아니며, 우리가 혼자인 양(물론 개자식은 예외지만) 행동할 필요도 없다. 혼자가 아님을 주장하는 방식이 의무와 부채라는 법률적 관점보다는 공유와 인정認定이라는 긍정적인 관점에서 구축되어야 한다. 내가 보기에 상식적 예의는 후자의 관점에서 더 잘 이해된다. 내말은 상식적 예의가 이런 식으로 이해되어야 할 뿐만 아니라, 상식적 예의를 실천하는 대부분의 사람들에게 이런 식으로 이해되어야 마땅하다는 뜻이다.

우리가 1장에서 만났던 이타주의의 주창자 피터 싱어는 많은 이타주의자가 죄책감이나 수치심에서가 아니라, 남들에게 헌신하려는 긍정적인 감정 때문에 움직이게 되었다고 생각한다. 그의 책《당신이 할 수 있는 최고의 선The Most Good You Can Do》에서 싱어는 사선 사업에 헌신하여 생활이 고양된 사람들의 사례를 들고 있다. 그는 자선 사업과 장기 기증이 더 많은 행복을 가져오고 자존감을 더욱 높여주었다는 연구 사례들을 제시한다. 그는 이렇게 썼다. "자존감의 가장 단단한 기반은 윤리적 생활을 영위하는 것이다. 다시 말해 이 세상을 더 좋은 곳으로 만들기 위하여 최대한의 노력을 경주하는 삶이다."[13]

여기에서 내가 주목하고자 하는 한 가지 핵심 아이디어는 도덕적 행동은 죄책감이나 부채의식 등 부정적인 감정에서 나오는 것이 아니라 헌신과 기여라는 긍정적인 감정에서 나온다는 것이다. 그러나 싱어가 열거한 사례들─낯선 사람에게 장기를 기증하는 것, 자신의 재산으로 남들에게 얼마나 선을 베풀 수 있을지 계산하는 것, 그런 계산으로만 사는 것은 아니지만 대부분 그런 계산에 따라 사는 것 등─은 우리 보통 사람들이 따라 하기는 어려운 것들이다. 물론 1장에서처럼 우리는 이런 질문을 던질 수 있을 것이다. 모든 사람이 자선 활동을 하고 그 누구도 예술적 창조, 암벽 등반, 자발성, 사랑 등에 열정을 쏟지 않는다면 세상이 지금보다 더 좋은 곳이 될까? 설사 우리 모두가 싱어가 말하는 '효율적 이타주의effective altruism'에 매진해서 세상이 더 좋게 된다고 할지라도 우리들 대부분은 그렇게 하지 않으리라는 사실은 엄연히 존재한다(이렇게 생각하는 것은 나뿐만이 아니라고 본다. 그렇지 않은가?).

그러나 이렇게 말한다고 해서 우리가 타인의 얼굴을 보는 것 혹은 상식적 예의(혹은 우리가 다음 장들에서 보게 될 다른 방식)를 행한 것이 아무런 긍정적인 감정 없이 이루어진 것이라는 말은 아니다. 어서 도덕의 부채를 해지워야겠다는 의무감보다는 우리의 유대감으로 일어난 행동인 것이다.

그런데 왜 이것이 중요한가? 왜 도덕의 법률적 관계보다 다른 사람들과의 유대감이 더 중시되는가? 여기에는 두 가지 이유가 있는데 하나는 주는 '행위'와 관련되고, 다른 하나는 주는 '사람'과 관련된다. 남들과 세상을 공유하겠다는 긍정적인 감정의 도덕의식을 갖고 있는 사람은 그것을 부담 혹은 지불해야 할 부채로 여기는 사람보다 더 도덕적으로 행동할 가능성이 높다. 부채의식은 씁쓸한 기분을 유도하고 씁쓸함은 도덕을 지속적으로 실천하는 원천으로는 그리 추천할 만한 것이 되지 못한다. 버스에서 나이 든 사람에게 자리를 양보하고, 딸의 스포츠 센터 회비 납부를 위해 딸의 계좌에 추가로 돈을 넣어주는 것은 내 머리 위에서 어른거리는 도덕률보다는 이들에 대하여 어떤 유대감이나 연결의식을 느끼기 때문이다.

긍정적인 것에 집중하는 두 번째 이유는 그것이 '나의 삶', 즉 주는 사람의 삶을 더 좋게 만들기 때문이다. 내가 하는 도덕적 행위의 수혜자는 나와 도덕의 긍정적 관계로부터 혜택을 얻는데 그것은 나도 마찬가지이다. 솔직히 말하자면 나는 내 인생이 더 나쁘게 되기보다는 더 좋게 되는 것을 훨씬 선호한다. 나는 주위에 있는 사람들에게 의무감을 느끼기보다 그들과 연결되어 있는 느낌을 갖고 싶다. 그런 연결된 느낌이 나의 도덕적 행위 속에 단단히 구축된다면 나는 그 행위를 더 잘 할 수 있게 된다.

이렇게 말한다고 해서 부채, 죄책감, 수치심 때문에 행동에 나서서는 결코 안 된다고 말하는 것은 아니다. 우리는 곧 부담스럽게 느껴지는 도덕적 의무에 직면할 수도 있고, 또 우리가 해서는 안 될 일을 해서 보상해야 하기 때문에 그런 의무를 느낄 수도 있다. 내 아이들이 어렸을 때, 나는 서재에서 느긋이 앉아서 재미있는 소설을 읽거나 친구와 술을 한잔하고 싶었지만 아이들의 운동회에 참석할 수밖에 없었다(하지만 아이들이 이제는 충분히 나이가 들었기 때문에 나는 재미있는 소설과 버번 위스키에 전보다 한결 쉽게 접근할 수 있다). 나는 또 어떤 사람에게 부당한 대우를 해서 그에게 사과해야 하는 어색한 입장에 놓인 적도 있었다(우리 모두는 그런 일을 겪지 않는가?). 도덕은 때때로 부담스럽고 또 괴롭기까지 하다. 그렇지만 우리가 다른 사람의 얼굴을 살펴봄으로써건, 상식적 예의를 통해서건, 기타 무수한 연결 관계를 통해서건 남들과 공유하는 마음에서 도덕적 행동을 한다면 우리의 도덕적 활동은 우리 자신이나 주변 사람들에게 더욱 풍성한 결과를 가져다줄 것이다.

배려
윤리학

근년에 들어와 생겨난 철학적 도덕 사상으로 의무나 의무 사항보다는 다른 사람들과의 관계를 중시하는 윤리학이 있다. '배려 윤리학care ethics' 혹은 '배려의 윤리학ethics of care'이라고 한다. 이것은 우리가 여기에서 다루게 될 접근 방법을 더 잘 이해하게 하므로 깊이 생각해볼 만한 가치가 있다. 또 일부 어려운 문제들도 생각해보게 하는데 그 문제들은 다음 장에서 다룰 것이다.

배려 윤리학은 페미니즘 철학자들의 저서에 그 뿌리를 두고 있으나, 가장 중요한 초기 연구서는 심리학자 캐롤 길리건Carol Gilligan의 저서 《다른 목소리로In a Different Voice》이다.[14] 길리건은 저명한 심리학자 로런스 콜버그Lawrence Kohlberg와 함께 작업했는데 콜버그는 심리학에서 하나의 표준으로 자리 잡은 도덕 발달 이론을 제시한 인물이다. 그의 6단계 이론에 의하면 사람들은 자기중심적 동기에서 출발해 대인관계를 거쳐서 원리에 바탕을 둔 행동으로 발전해나간다.[15] 콜버그에 의하면 대부분의 사람들은 도덕 발달의 가장 높은 단계에 도달하지 못하고 제4단계 '법과 질서'의 단계에 머문다. 이 점을 살펴보기 위해 그가 제시한 가장 고전적인 사례, 하인츠 딜레마heinz dilemma를 살펴보자. 길리건은 이 딜레마를 아주 다른 목적에 연결시킨다. 먼저 그 딜레마를 소개하면 이러하다.

하인츠는 심각한 질병을 앓고 있는 아내가 있다. 그의 아내는 하인츠가 경제적으로 감당하지 못하는 비싼 약을 먹어야 한다. 하지만 약국 주인은 성가 이하의 가격으로 그 약을 필려고 하지 않는다. 약국 주인은 하인츠가 감당할 수 있는 낮은 가격으로 약을 팔아도 여전히 이윤을 남길 수 있는데도 그렇게 하지 않으려 한다. 그래서 하인츠는 약국에 무단출입하여 그 약을 훔쳤다. 이 상황에서 과연 하인츠는 옳은 일을 한 것인가? 콜버그가 볼 때 이 질문에 대한 대답보다는 대답에 이르는 추론 과정이 더 중요하다. 그런 결론에 도달하기까지 어떻게 생각했는지가 더 중요한 것이다.

콜버그의 실험에 참여한 많은 사람은 이런 결론에 도달했다.

하인츠는 약을 훔쳐서는 안 된다. 훔치는 것은 잘못이기 때문이다.

이러한 대답은 그 사람을 '법과 질서'의 단계에 머무르게 한다. 여기서 상황을 좀 더 분명하게 밝히면, 하인츠가 잘못이라고 생각한 사람들에 의하면 그 문제는 법적인 것이 아니다. 물론 그것도 사람들의 추론에 일부 작용을 했겠지만 하인츠가 법을 위반했기 때문은 아니다. 그보다는 이런 추론을 했다.

훔치는 것은 도덕적으로 나쁘다. 하인츠는 훔쳤다. 그러므로 하인츠는 도덕적으로 잘못됐다.

이런 결론에 도달하는 데에는 일련의 원리가 작용했지만 그 원리들은 도덕 발달의 마지막 두 단계를 특징짓는 뉘앙스는 갖고 있지 못하다.

우리는 입국 서류 없이 미국에 들어온 이민자들에 대한 논의에서도 이와 같은 추론이 작용하고 있음을 볼 수 있다. 만약 누군가가 "불법 이민자를 그대로 머무르게 해야 하는가"라는 질문에 대하여 간단히 "그들은 불법이다. 그러므로 여기에 있어서는 안 된다"라고 대답한다면 그 사람은 콜버그의 제4단계에 있는 것이다. 이 경우 도덕과 법적인 '법과 질서'는 일치한다.

그러나 캐롤 길리건이 하인츠 딜레마를 여성들에게 제시했을 때 그녀는 특이한 것을 발견했다. 종종 여성들은 그 질문에 대답하지 않으려 하면서 대신에 그 사례가 제시되는 관점에 대하여 저항했다. 많은 여성은 제시된 그대로 사례를 판단하려고 하지 않고 다른 접근 방법이 없는지를 물었다. 가령 하인츠와 약국 주인이 서로의 상황을 이해하는 조건에서 다른 유익한 해결안을 찾을 수 없겠느냐는 것이었다. 길리건은 이렇게 논평했다. "여성의 심리는 대인관계와 상호의존을 크게 강조하는 쪽으로 움직이는 특징이 있다는 사실이 일관되게 발견되었다. 이것은 여성들이 좀 더 맥락을 중시하는 판단력과 남다른 도덕적 이해를 갖고 있음을 의미한다. 여성이 자아와 도덕에 대하여 다른 개념을 갖고 있음을 고려할 때, 여성은 생활 주기에 다른 관점을 제시하고 또 다른 우선사항에 입각하여 경험을 정리한다는 것을 알 수 있다."[16]

콜버그의 6단계에 의하면 이러한 접근 방식은 여성을 제3단계, 즉 대인관계의 단계에 위치시킨다. 대인관계의 단계에 있는 사람들은 원리에 관심을 갖기보다 그들이 인정하는 사람들과의 관계를 유지하려 하고 인정하지 않는 사람은 회피하려 한다. 대인관계 단계에는 원리들에 관심을 쏟기보다는 사람들이 현재 살고 있는 곳에서의 대인관계를 더 중시한다. 그러나 길리건이 본 바와 같이, 여성을 이런 식으로 분류하는 것이 그들이 문제에 접근하는 방식을 정확하게 짚어낸 것은 아니다. 여성들은 주위 사람들의 관점에 순응하는 것보다 어떤 상황 속에 있는 개인들 사이의 관계를 발전시키는 데 더 관심이 많았다. 이 여성들은 콜버그가 제안하려 했던 것처럼 원리의 수준으로 '올라가려고' 하기보다는, 다른 도덕적 공간을 차지하고 있다. 그 공간 속에서는 대인관계를 양성하는 것이 중심적인 도덕적 역할을 수행한다.

길리건이 볼 때 배려 윤리학은 도덕 발달의 열등한 형태가 아니며, 원리의 도덕을 성취하기 위하여 초월해야 하는 형태도 아니다. 도덕을 실천하는 대체 방법인데 그렇다고 해서 가치가 떨어지는 것도 아니고 원리 윤리학ethics of principles의 예고편도 아니다. 배려 윤리학은 도덕에 대응하는 또 다른 방식이고, 원리의 도덕과 나란히 설 수 있으며, 때로는 경쟁자 역할 때로는 상호보완하는 역할을 할 수 있다. 길리건은 배려 윤리학을 개발하면서 오로지 여성만이 이러한 윤리를 실천할 수 있다고 주장하지 않는다. 그녀는 남성과 여성 모두 실천할 수 있다고 생각한다. 그것이 여성의 특징이 된 이유는 여성들은 남들과의 관계를 중시하는 반면에 남성들은 그런 연결 관계에서 벗어나는 개인주의를 강화하면서 행동을 뒷받침하는 원리들을 추구하기 때문이다.

배려 윤리학을 선언하고 지지하는 철학자인 버지니아 헬드Virginia Held는 우리 인간이 언제나 상대방과의 관계 속에 있다는 점을 주목한다. 원리 윤리학은 이런 사실을 종종 놓친다. 원리 윤리학은 인간을 연결 관계가 전혀 없는 저마다의 개인으로 여기는 위험에 빠져 있다. 원리 윤리학에서 각 개인은 일련의 도덕적 원리로 무장한 채 상대방을 대하고, 그런 다음 우리 주위에 있는 사람들에게 그 원칙을 적용한다(최소한 우리들이 콜버그가 말한 높은 도덕 발전의 단계에 도달했다면). 그러나 우리는 그런 식으로 행동하지 않는다. 우리는 언제나 다른 사람들과 관계를 맺고 있고, 그들과 함께 이 세상을 헤쳐나간다. 헬드에 의하면 제대로 된 도덕 사상이라면 반드시 이런 사실을 고려해야 한다. 그래서 헬드는 이렇게 주장한다. "우리가 가족, 사회, 역사의 맥락 속에 놓여 있다는 것은 가장 기본적인 사실이다."[17]

우리를 사회적 맥락에서 단절된 개인, 혹은 행동으로 주위 사람들에게 원리를 적용시키는 개인 등으로 보는 것은 헬드 같은 철학자들이 볼 때 일의 순서를 잘못 파악한 것이다. 이렇게 말한다고 해서 원리들이 들어설 자리가 없다는 것은 아니다(우리는 이 문제를 곧 다시 다루게 될 것이다). 난시 이렇게 말하고 싶은 것이다. 우리의 도덕은 무엇보다도 다음과 같은 인식에서 생겨나야 한다. 우리의 행동으로 영향을 미치는 사람들은 우리를 둘러싸고 있는 사람들일 뿐만 아니라, 이미 일종의 관계를 맺고 있고 또 그 관계로 인해 우리의 정체성 확립에 도움을 주는 사람들이다.

나는 세 아이의 아버지이다(물론 그들은 더 이상 아이가 아니다. 하지만 어른이 되었다고 해서 그들을 아이 이외에 어떤 이름으로 부를 수 있겠는가? 후손? 그건 좀 이상하게 들린다). 세 아이와의 관계는 그저 특정 의무 사항을 실천하는 관계 이상의 것이다. 그 아이들은 단지 내 주위를 둘러싸고 있는 사람도 아니고, 내가 그들에게 무엇을 빚지고 있는지 알아내야 하는 존재도 아니다. 나는 내 아이들에게 의무감을 느끼고 있고, 다른 아이들에게서는 느낄 수 없는 방식으로 내 아이들과 연결되어 있다. 하지만 그 이상의 의미가 있다. 내 아이들은 나라는 사람을 형성하는 데 도움을 주었다. 아버지가 된다는 것, 좀 더 구체적으로 이 아이들의 아버지가 된다는 것은 나의 존재를 형성하는 데 도움을 주었다.

예를 들어 나의 큰아들은 경제학자이다. 나는 주로 정치적 스펙트럼의 왼편에 서서 여러 정치적 조직 활동을 한다. 지금 같은 시절엔 메아리의 방에 갇혀 있기가 쉽다. 동료, 인터넷, 특정 텔레비전 프로그램 등이 우리의 견해를 계속 뒷받침해주는 까닭에 우리는 다른 견해를 갖고 있는 사람들을 도저히 이해할 수 없는 자로 치부하게 된다. 나도 이런 유혹을 받았다. 그래서 많은 사람이 도널드 트럼프에게 투표해서 그를 대통령으로 당선시킬 수 있다는 가능성을 전혀 상상할 수가 없었다. 이런 생각을 하는 사람이 나뿐만이 아니라고 본다. 큰아들―그 아이도 트럼프를 지지하지 않는다―과 나는 경제와 정치에 대하여 오랜 시간 대화를 나누었는데 때때로 우리의 견해는 일치되지 않았다. 그러나 이러한 대화 덕분에 나는 세상을 경제적으로나 정치적으로 다르게 보는 시각을 갖게 되었다. 그런 대화가 없었더라면 알지 못했을 이 세상의 여러 시각들에 대하여 깊이 생각하는 감수성을 얻었다. 더 나아가 내 인생의 중요한 측면에서 내 생각과 행동에 어떤 특정한 뉘앙스를 부여할 수 있었다. 나는 이 점에 대하여 고맙게 생각할 뿐만 아니라 부분적으로 그로 인해 내 정체성 역시 영향을 받게 되었다는 점도 안다. 아이와의 대화가 현재의 나를 만드는 데 일정한 역할을 했다. 다른 두 아이도 내 인생에 중요한 영향을 미쳤다(내 딸은 모험심이 강하면서도 친절하다. 막내아들은 나보다 더 폭넓은 인생의 전망을 가지고 있다). 나는 이 책을 읽는 독자 중 자식을 둔 사람들도 그들 자신의 사례를 떠올릴 것이라고 본다.

헬드와 같은 철학자들에 의하면, 우리는 상당 부분 이와 같은 인간관계에 영향을 받으면서 우리의 정체성을 정립한다. 그래서 우리의 도덕 이론은 이런 관계를 반드시 고려해야 한다. 어떻게 하면 그렇게 할 수 있는가? 바로 우리와 관계를 맺고 있는 사람들을 배려하는 것이다. 그러나 이런 배려를 어떻게 볼 것인가 하는 문제와 관련하여 즉각 의문이 제기된다. 우리가 주변 사람들에게 제공하려는 배려라는 것은 무엇인가? 내 생각에 바로 여기에서 배려 윤리학과 로런스 콜버그 같은 사람이 생각하는 좀 더 개인주의적인 도덕은 서로 길이 엇갈린다. 만약 우리가 구체적 인간관계들에 의하여 부분적으로 우리의 정체성을 확립한다면, 그리고 우리의 도덕적 과제가 우리와 관계를 맺고 있는 사람들을 배려하는 것이라면, 그 배려가 우리의 관계라는 구체적 상황 밖에서 모습을 드러낼 수 있다고 말할 수 없다. 그리하여 일반적인 공식도 없고, 우리를 안내해줄 일련의 규칙도 없게된다. 우리는 우리 앞에 구체적 모습을 드러내고 있는 관계에 집중해야 한다.

이렇게 생각해볼 수 있다. 칸트에 의하면, 우리는 정언명령에 따라 행동해야 한다. 우리 주위에 누가 있는지, 우리의 생활을 공유하는 사람이 누구인지 등은 중요하지 않다. 우리의 의무는 우리가 살고 있는 특정한 세계와 분리되어 있다. 우리가 처해 있는 상황이 정언명령을 만들어내는 원재료가 된다.

예를 들어 내가 나의 중고차를 사려고 하는 사람에게 브레이크가 얼마나 낡았는지에 대하여 잘못된 정보를 주려고 한다. 그러면 나는 이 잘못된 정보가 자연의 보편 법칙이 될 수 있는지 자문해본다. 하지만 나와 그 중고차를 사려는 사람이 어떤 관계인지는 전혀 상관이 없다. 그 차를 사려는 사람이 내 친구인지, 사촌인지, 그 차를 이용하여 은행을 털려고 하는 사람인지, 너무 늙어서 그 차를 몰 수 없는 사람인지 등은 칸트주의자들에게는 전혀 관심의 대상이 아니다(사실 이것은 과하게 단순화한 것이다. 칸트주의자들은 이런 것들을 다 정언명령에 뭉뚱그려 넣을 수 있다고 주장할 것이다. 그러나 칸트주의자들이 구체적 인간관계에 민감해질수록 그들은 배려 윤리학자 같은 모습이 된다).

배려 윤리학자들의 경우, 그 문제에 대응할 때 가장 중요한 것은 인간관계의 특징이다. 그렇다고 해서 배려 윤리학이 일반적인 것은 전혀 다루지 않는다는 말은 아니다(헬드의 견해에 의하면). 헬드는 특정한 사람들을 위한 배려를 목록화하고, 감정을 거부하기보다 중시하고, 도덕적 추론은 추상적인 것일수록 더 좋다는 견해를 멀리하고, 개인적인 문제를 정치적 문제로 여기고, 사람들을 자율적인 존재라기보다 관계적 존재로 파악하는 것을 배려 윤리학의 핵심적 양상으로 여긴다.[18] 그런데 우리는 이러한 특징들이 인간관계 그 자체를 가리키고 있음을 볼 수 있다. 이런 특징들이 종합되어 윤리학의 전망을 형성하지만, 나와 타인과의 특별한 관계가 나의 도덕적 행동이 발생하는 배경이 된다는 사실을 피해 갈 수 없다. 나의 도덕적 관계는 그러한 인간관계 자체에서 생겨나는 것이다.

이런 관계들은 단지 의무의 관점에서만 고려할 필요는 없다. "생활 속에서 구체적으로 어떤 사람들과 관계가 맺어질 것인가"라고 물으면서 반드시 이렇게 물어볼 필요는 없다. "나는 그들에 무엇을 빚지고 있는가?" 사실 우리가 앞에서 살펴본 바와 같이, 도덕의 법적인 관점에서 좀 더 적극적인 관점으로 나아가면, 이렇게 묻고 싶어질 것이다. "이 관계를 어떻게 가꿔갈 것인가?"

이것은 대인관계를 제대로 살피게 한다. 그 관계를 어떤 특정한 방식으로 행동해야 하는 부담스러운 것으로 생각하는 것이 아니라 나 자신의 일부로 여기면서 나를 개발할 수 있는 기회로 보는 것이다. 물론 의무가 우선시되는 때도 있다. 아내가 급히 마감해야 할 일로 아주 바쁠 때 대신 식료품 가게에 가거나, 아이를 운동 학원에서 픽업하지 않을 남편이 있겠는가? 혹은 부부가 막 잠자리에 들려고 하는데 친구가 전화를 걸어와 차가 고장 나서 노변에서 대기 중인데 좀 데리러 와달라고 간절히 호소하면 어떻게 거절할 수 있겠는가? 배려 윤리학은 부채와 의무의 개념을 인정한다. 그러나 부채와 의무가 전통적 도덕 이론들처럼 주도적인 사고방식의 틀을 형성할 필요는 없다는 것이다.

우리는 이것을 매슈 스티븐슨과 데릭 블랙의 사례에서 엿볼 수 있다. 스티븐슨은 새로운 인간관계를 열 수 있는 기회를 보았다. 하지만 어떻게 발전할지 그 방향을 미리 예측할 수는 없었다. 그것은 유대인과 반유대주의자 사이에서 벌어질 수 있는 좀 더 깊은 인간관계를 마련할 기회였다. 물론 그 전에 둘 사이에 전혀 관계가 없었던 것은 아니었다. 두 사람은 같은 대학에 다니는 학생이었고 서로를 알고 있었다. 그러나 스티븐슨은 상대방을 배려하는 매너를 발휘하면서 두 사람의 관계가 블랙의 공식적 입장과 적대감에 바탕을 두지 않은 다른 어떤 것이 되기를 바랐다. 블랙 또한 백인 우월주의에 의문을 품고 있던 중에 스티븐슨의 식사 초대를 받아들였다.

하지만 이 모든 것에는 독자가 이미 발견했을지도 모르는 복잡한 사정이 있었다. 배려하는 인간관계와 거기서 나오는 도덕적 태도는 개인적인 것이었다. 다시 말해 일련의 일반적 원리들로 환원될 수 있는 것이 아니었다. 또한 그 관계는 우리 인간이 타인에게 갖고 있는 공감에만 의지하여 뿌리를 내릴 수 있는 것도 아니었다. 우리는 이미 조금 전에 이 문제를 살펴보았다. 때때로 우리는 우리가 사랑하는 사람에 대해서도 의무감으로 행동하는 경우가 있다. 이 점에 대해서 좀 더 말할 것이 있다. 때때로 상대방에 대한 배려에서 나오는 행동이 공감을 넘어서 정반대 방향으로 나아갈 수 있다. 우리는 상대방에 대한 공감보다는 의무감으로 행동할 때가 있을 뿐만 아니라, 공감을 거스르며 행동해야 할 때도 있는 것이다. 아이가 양치와 목욕을 거부할 때에도 부모는 아이에게 반드시 양치를 해야 하고 목욕을 해야 한다고 고집한다. 또 부모가 아이를 훈육해야 할 때도 있다. 이런 것들은 아이에 대한 공감을 거스르는 것이다(아이가 불평을 많이 한다면 그런 공감은 좀 더 쉽게 극복될 수 있다). 갚지 않을 것이 분명한데 친구가 당신에게 돈을 빌려달라고 한다. 그 친구가 결국 죄책감을 느끼게 되고 더 나아가 친구관계가 망가지는 것보다는, 비록 지금 이 순간 불편하지만 그 친구에게 돈 빌려주기를 거부하는 게 더 좋을 것이다. 배우자의 음주, 낭비, 공격성, 게으름 등을 비난하게 되면 부부관계에 가장 어려운 순간이 올 수도 있다.

이게 다가 아니다. 더 큰 사회적 목적을 위해 상대방에 대한 공감을 저버려야 할 때도 있다. 만약 어떤 친구가 당신의 도덕적 원칙에 위배되는 범죄를 저질렀다면, 그를 보살펴주기보다는 경찰에 신고해야 한다. 친구가 배우자나 애인을 배신한다면, 비록 우정에 금이 가는 한이 있더라도 그 배신을 공개적으로 알리는 것이 더 좋을 때가 있다. 또 그보다 덜 까다로운 상황에서도, 친구관계나 연인관계에서 나오는 배려를 더 중요한 사회적 목적을 위해 희생해야 할 때도 있다.

어떤 사태는 이것보다 더 심각할 수도 있다. 내가 10년간 근무한 피츠버그에는 유명한 사회 활동가가 있었다. 그녀의 이름은 몰리 러시Molly Rush인데 당신도 아마 들어보지 못했을 것이다. 가정주부인 그녀는 최초의 플라우셰어즈Plowshares(쟁기의 보습) 운동의 멤버로 참가했다. 이 조직의 운동원 8명은 핵무기 시설에 무단침입하여 탄두彈頭를 두드리는 상징적 시위를 했다. 그것은 칼을 부러뜨려 쟁기의 보습으로 만들라는 성경의 가르침을 연상시키는 동작이었다. 몰리 러시는 피츠버그 가톨릭 좌파의 핵심 요원이었고 발전적 변화에 헌신하고 싶어 하는 사람들을 위하여 현명한 조언을 해주었다. 그녀는 정치적 지원이 필요한 이는 물론 정서적 격려를 필요로 하는 사람들이 있으면 빠짐없이 현장에 나타나 응원해주었다. 그녀는 플라우셰어즈 운동으로 투옥되어 수십 년을 감옥에서 보낼지도 모르는 위험을 겪었고, 진보 공동체의 시위에 빠짐없이 참여했다. 그래서 그녀가 즐기고 싶었던 풍성한 가정생활을 유지하는 능력은 상당히 훼손되었다. 하지만 그러한 희생은 그녀의 가족을 위한 것이기도 했다. 그렇게 해야 그녀의 아이들이 더 안전한 미래를 향유할 수 있기 때문이다.[19] 그녀로서는 배려와 원칙에 대한 헌신이 서로 갈등을 일으키는 경우였다. 특히 배려가 가족관계와 얽혀 있을 때 전형적으로 발생하는 사례였다.

그리하여 우리는 여기서 이런 질문을 던지게 된다. 배려하는 관계의 맥락 안팎에서 공감과 원칙은 무슨 관계인가? 혹은 지금 이 순간에 논의되고 있는 관점에서 보자면, 공감과 이성은 어떻게 균형을 잡아야 하는가? 이것은 오랜 세월에 걸친 논쟁이었고 그 결과, 우리가 이미 살펴본 바와 같이 배려 윤리학이 등장했다. 배려 윤리학은 오늘의 논의 사항으로 되돌아왔다. 최근에(이 글을 쓰고 있는 시점에) 〈뉴욕 타임스〉는 '도덕적 관계에서 이성 혹은 공감을 믿어도 될까'라는 칼럼을 게재했다.[20] 배려 윤리학자는 이 문제를 피해 갈 수 없다. 당연히 헬드는 이 문제를 회피하지 않았다. 그녀는 배려와 그녀가 말한 '정의正義'를 함께 논의하면서 이렇게 썼다. "내가 보기에 정의와 배려라는 가치는 서로 관련된 도덕적 고려 사항들을 환기시킨다. 그런데 정의와 배려에서 나오는 고려 사항들은 서로 다르다. 현실의 실천에서는 보통 정의와 배려를 모두 포함해야 하지만 적절하게 우선순위가 달라야 한다."[21] 헬드는 정의를 공감과 갈등을 일으키는 원리에 가까운 것으로 규정했다. 배려하는 인간관계 속에서 또 그 너머에서 우리는 때때로 공감이나 배려보다는 의무감으로 행동하기를 요구받는다. 그렇다면 우리는 이 둘 사이에서 어떻게 균형을 잡아야 할까?

여기에는 심각하게 다루어야 할 철학적 문제들이 있는데, 헬드는 그 문제들을 상대로 씨름하려고 한다. 하지만 그렇게 하는 것은 우리의 일이 아니다. 우리는 공감만으로는 충분하지 않을 때 사람들 사이에서 품위 있게 살아가는 방법이라는, 좀 더 평범한 문제를 다루어야한다. 우리는 이 장에서 얼굴을 맞대는 대면관계와 상식적 예의에 따르는 배려를 살펴보았다. 그리고 그 배려를 가능한 한 의무나 죄책감보다는 남들을 대하는 적극적 인간관계에 바탕을 둔 도덕적 틀에 배치시키려고 애썼다. 그러나 우리는 때때로 급박한 도덕적 이유 때문에 배려나 그에 관련된 공감을 거스르는 행동을 해야 하는 상황에 놓인다. 이런 갈등을 다루는 방법을 생각해볼 길이 어디 없을까?

상상력
발휘하기

이러한 갈등을 다루는 일반적인 처방 같은 것은 없다. 그것은 특정한 배려의 관계를 다루는 방법이 없는 것과 마찬가지다. 그러나 우리는 갈등을 다루는 법을 살펴보는 전반적인 틀 같은 것은 제공할 수 있다. 그렇게 하기 위해서 우리에게 친숙한 단어인 '상상력'을 소개하고 싶다. 우리는 이 단어를 아주 다양한 방식으로 사용한다. 상상하는 것은 어떤 이미지를 불러일으키거나, 어떤 사안이 진실이 아닌데도 진실이라고 생각하거나, 실제로 벌어질 수도 있고 벌어지지 않을 수도 있는 상황을 생각 속에 배치하는 것이다. 그렇게 하여 그 상황의 진상은 무엇이고 어떻게 대응해야 하는가를 궁리한다. 또는 자기 자신을 타인의 입장에 대입시켜서 그 사람이 어떤 것을 체험하고 있는지 생각해보는 것이다. 상상력이라는 단어를 사용하면 이런 것들 중 여러 가지를 대입시킬 수 있지만, 그중 어떤 하나로 환원되지는 않는다. 내가 여기서 추구하는 상상력은 깊은 성찰을 의미하는데, 주로 다음 세 가지를 곰곰이 생각하는 것이다. 배려란 무엇인가? 어떤 원리들이 배려와 관련이 되는가? 그 원리들 중 어떤 것이 더 중요한가? 상상력은 공감과 생각을 동원하여 다른 사람이 무엇을 원하고 필요로 하는지, 그들의 필요와 소망이 어떤 특정 상황에서 통할 수 있는 것인지 성찰하는 것이다.

보다 전통적인 이론가들이 볼 때, 이런 종류의 상상력은 불필요하거나 상관이 없는 것이다. 여기에 상상력이 개입할 여지가 전혀 없다는 것은 아니다. 예를 들어 공리주의자는 어떤 행동의 가능한 결과들의 무게를 달아서 그 상대적 선을 파악하기 위해 상상을 한다. 칸트주의자들은 상황의 어떤 측면이 가장 두드러져 보편 법칙이 될 수 있겠는지 생각한다.[22] 덕 윤리학자는 상황이 분명하지 않을 때에는(가령 지금 우리가 고려하고 있는 상황이 그런 종류이다) 상상력을 발휘하면서 주어진 상황에서 어떤 덕목이 가장 합당한지 살펴본다.

여기서 동원된 상상력은 이처럼 다르다. 그 상상력은 내가 어떻게 행동해야 하는지 불분명한 상황, 상대방의 얼굴이나 내가 남들과 맺는 관계가 충분한 지침이 되지 못하는 상황과 같은 얼굴을 맞대는 대면 상황에서 벌어진다. 물론 사람들의 얼굴이 전혀 지침이 안 된다는 것은 아니다. 이것이 전통적 도덕 이론들과 핵심적으로 다른 부분이다. 그러니까 상대방의 얼굴이 일으키는 공감, 상식적 예의가 요구하는 것, 그 이상의 것을 고려해야 할 필요가 있다. 나는 좀 더 합당한 도덕적 방식으로 이런 난처한 상황들을 헤쳐나가기 위하여 특정한 형태의 상상력을 동원하는 것이다. 이런 식으로 상상하면서 나는 남들에 대한 나의 공감을 진지하게 생각할 뿐만 아니라 공감이 나를 이끌어가는 곳에는 다른 방향으로 원리들이 작동하지는 않는지 살피게 된다.

이미 살펴본 바와 같이, 나는 다른 원리들을 생각하면서 특정 상황에서는 공감을 거스르는 쪽으로 행동할 수도 있다. 하지만 거스르지 않을 수도 있다. 원리와 공감의 무게를 동시에 달아보았더니 저울이 오히려 공감 쪽으로 더 기울어지는 것일 수도 있고, 아니면 무게를 달아보았더니 공감을 거스르며 행동해야 한다는 결론이 나왔으나, 공감이 너무나 강력하여 내가 그 상황에서 제기할 수 있는 다른 고려 사항들을 모두 압도하는 경우일 수도 있다. 철학자 수전 울프Susan

Wolf는 이에 대하여 유익한 사례를 제공한다. 그녀는 우리에게 이렇게 요구한다. 이런 사례를 한번 생각해보라.

한 여인의 아들이 범죄를 저질러서 그녀는 아들을 경찰로부터 숨겨줄 것인가 말 것인가를 결정해야 한다. 아들은 체포될 경우 엄청난 고통을 당할 것이다. 하지만 그가 체포되지 않는다면 무고한 사람이 그 범죄를 뒤집어쓰고 유죄 판결을 받아 투옥될 것이다.[23]

우리는 깊이 생각할 때도 있고 상상할 때도 있는데, 우리의 유대감이 너무나 강력하여 우리가 가야 한다고 생각하는 곳을 가지 않게 된다. 전통적인 도덕 이론가들은 울프가 우리에게 상상해보라고 요구하는 사례는 물론이고, 우리의 모든 이야기를 거부한다. 그들은 그 사례에서 울프가 내린 결론에도 반대할 것이다.

그 어머니는 도덕적 승인의 문제가 더 이상 결정적 사항이 되지 못하는 지점에 도달했다.[24]

그들은 다른 사례들에서도 어떻게 행동해야 할까를 결정하는 것은 공감적 고려 사항들이 아니라, 원리 혹은 덕이 되어야 마땅하다고 생각한다. 먼저 원리를 결정하는 데 공감이 일정한 역할을 할 수는 있겠지만, 결국 주도적 역할을 해야 하는 것은 원리라고 보는 것이다. 즉 상상력이 아니라 이성이 결정해야 한다는 것이다.

우리가 여기서 논의한 상상력을 발휘할 경우, 이런 상황의 결정적 측면—다른 사람의 얼굴을 보며 느끼는 공감이든, 헬드가 말하는 배려든, 주도적 결정을 내리는 이런저런 도덕 원리든—은 미리 결정될 수 있는 게 아니다. 이것은 왜 그런가 하면 우리가 이 책에서 틀을 잡고자 하는 품위 있는 생활에서, 원리들이 지침은 될 수 있으나 반드시 결정적 구속력을 가지고 있는 것은 아니기 때문이다. 도덕적 성찰을 강요받을 때, 우리는 그 상황을 먼저 생각하고 상황을 지적인 도덕철학의 문제로 축소시키지 않으면서 그것이 우리에게 무엇을 요구하는지 고려한다. 결국 우리는 그 상황의 일부인 것이다. 우리의 공감, 우리의 대인관계, 우리의 존재 방식은 기계의 톱니들처럼 그 상황과 맞물려 있다. 그래서 우리는 깊이 생각하면서 어떤 것이 상관 있는지 고려하며 최선을 다하여 행동한다. 그것은 어떤 도덕 이론에 부응하느냐 못하느냐의 문제가 아니라 그 상황으로부터 한 걸음 물러서서 어떤 것이 가장 중요한 고려대상인지 마음속에서 깊이 생각해본 다음, 우리가 할 수 있는 한 최선을 다하여 행동에 나서는 것이다.

얼굴을 맞대는 대면 관계에서 이메일 같은 비대면 관계로 시선을 돌려보면, 우리는 이러한 종류의 상상력이 발휘되는 것을 목격할 수 있다. 우리는 이메일, 문자 등을 할 때 상대방의 얼굴을 보지 못하며 그들의 동작을 읽을 수 없고 그들의 인간성을 직접 느끼지 못한다. 그렇지만 그들과 나눈 대화의 단어들 속에 흔적들이 남아 있다. 거기에는 우리와 의사소통을 하는 어떤 사람이 분명 존재하는 것이다. 우리가 그들의 얼굴을 보지 못해 감동을 받지 못한다면, 얼굴을 상상하면서 감동을 받을 수도 있다. 그 상상된 얼굴은 우리의 관심을 촉발한다. 이것은 우리가 지금껏 논의해온 상상력까지는 아니지만 그쪽 방향으로 한 걸음을 뗀 것이다. 상상된 얼굴로부터 어떤 공감이나 배려가 생겨날 수 있고, 비록 느슨한 것이라고 해도 그것이 우리를 사로잡는다.

이메일의 경우 우리가 상대방 앞에 있는 것이 아니므로 우리의 즉각적 반응은 불필요하다. 우리는 그 순간 곧바로 행동에 나서지는 않으면서 한 걸음 뒤로 물러나 어떻게 반응할 것인지 자신에게 물어본다. 이것은 원리들에 대한 성찰의 문을 열어준다. 물론 이메일은 대부분의 경우 이런 성찰을 필요로 하지 않는다. 우리는 이메일로 만남의 시간과 장소를 정하고 사내 문서를 배포하고 새로운 회사 정책에 관한 문건을 읽을 때, 어떻게 반응할 것인지 걱정할 필요가 없다. 그러나 때때로 다른 상황도 벌어진다. 가령 어떤 동료가 당신의 업무 분야가 아닌 프로젝트에 대하여 도움을 요청해온다. 멀리 떨어진 곳에 사는 친척이 당신의 집을 방문하여 며칠 묵어도 되겠느냐고 물어온다. 철학 분야에서 나는 정기적으로 학생들로부터 이메일을 받는다. 그들은 내가 봉직하는 대학의 학생도 아니고 또 내가 잘 알지 못하는 학생들이다. 그들은 자신들의 논문을 읽고 논평을 해달라고 요청한다. 그들을 물리치는 것은 쉬운 일이다. 여러 가지 변명거리들이 준비되어 있다. 이메일과 가상 세계들이 만들어내는 공간성의 거리는 다양한 변명을 제공한다(그것은 또한 남용의 기회도 제공하는 듯하다. 어떤 사람을 직접 만난 경우보다 이메일상에서는 남의 부탁을 거절하기가 훨씬 쉽다).

그러나 거리가 제공하는 유혹으로부터 한 걸음 물러서서 우리가 받은 이메일의 반대편에 누군가가 존재하고 있다는 사실을 떠올리면 우리가 무엇을 해야 하는지, 어떻게 반응해야 하는지 풍부하게 상상할 수가 있다. 이것은 종종 공감뿐만 아니라 원리도 개입시킨다. 그러나 우리에게 혜택을 요구하는 모든 낯선 사람, 지인, 멀리 떨어진 곳에 있는 친척들에게 공감하면서 행동해야 한다면 우리는 일상 생활을 제대로 영위하기가 어려울 것이다. 그렇게 하면 우리는 거의 성인의 수준에 오를 것인데, 이 책은 품위 있음을 다루고 있지 성인이 되는 길을 다루지는 않는다. 우리가 이메일 반대편에 어떤 사람이 있다는 것을 생각하면, 우리는 그 사람에게 빚진 것 혹은 빚지지 않은 것을 곰곰이 따져보게 될 것이다. 우리는 원리와 이성에 호소한다. 그리고 우리는 공감과 이성 사이에서 풍부한 상상력을 발휘하면서 균형을 잡는다. 그러면 어떤 부탁들은 들어줄 만하고 어떤 것들은 그렇지 못하다는 것을 발견할 것이다. 내 책을 읽고 그 책에 대하여 짧은 논문을 보내온 학부생은 회답을 받을 만한 자격이 있다. 내가 지난 여러 해 동안 충분히 그럴 이유가 있어서 일정한 거리를 유지해온 먼 친척이 내가 사는 도시에 들르는 날에는 불행하게도 내가 출장을 나갈 예정이라는 답변을 들을 것이다. 우리는 이런 상황들—대면 접촉은 아니지만 여러모로 그와 비슷한 상황들—에서 품위 있음에 맞추어 상상력을 발휘한다.

그러나 대면 접촉으로부터 훨씬 멀리 떨어진 경우를 상상해보자. 실제든 가상이든 내가 상호작용하지 않는 사람들이 있다. 이들은 아주 먼 땅에서 사는 사람들이다. 내게서 공간적으로 멀리 떨어져 있는 사람들 말이다(사실 대다수의 사람들이 그러하다). 내가 특별한 노력을 하지 않는 한, 앞으로 만날 일이 없고 또 만날 것 같지도 않은 사람들이다. 그리고 아직 태어나지 않았지만 앞으로 존재할 사람들이 있다. 내게서 시간적으로 멀리 떨어져 있는 사람들이다(기후 변화에도 불구하고, 이들이 공간적으로 떨어져 있는 사람들보다 훨씬 많다). 앞으로 살펴보겠지만 내가 하는 행위는 그들의 생활 방식에 영향을 미칠 수 있고 그들의 정체성에도 영향을 줄 수 있다.

이런 사람들과 나의 도덕적 관계는 어떤 것이 될 수 있을까? 나는 어떻게 하면 그들에게 품위 있게 행동할 수 있을까? 내가 앞으로 만날 일이 없고 또 만날 것 같지도 않은 사람들을 위해 극단적 이타주의를 실천하고자 나 자신의 목표, 대인관계, 내 인생의 중요한 프로젝트들을 희생시키지 않을 거라면 나는 이들에 대해서 도덕적으로 어떤 방향을 잡아야 할까? 이런 질문들을 깊이 생각한다는 것은 사람들의 얼굴이 내게 행동하기를 일깨우는 것, 주변의 공간을 공유하는 사람들에 대한 상식적 예의, 우리의 가상적 접촉 등으로부터 한 걸음 뒤로 물러서서 바라보는 것이다. 그것은 일련의 새로운 고려 사항들을 우리 앞에 펼쳐 보인다. 그 고려 사항들은 우리가 지금껏 논의해온 것들로부터 완전히 단절될 수는 없으며(결국 나는 내가 모르는 사람들의 얼굴 이미지를 떠올릴 수 있다) 그렇다고 해서 완전히 똑같은 조건들 속에서 고려될 수 있는 것들도 아니다.

3장

도덕의 원 넓히기
: 더 멀리 떨어져 있는 타인들

Widening the Circle
: More Distant Others

지구상에는 수십억 명의 사람이 살고 있고 기후 변화가 허용하는 한 앞으로 수십억 명이 더 생겨날 것이다. 나는 그중에서 많은 사람을 만나지는 못할 것이며 이는 당신도 마찬가지이다. 그들은 영원히 우리에게 익명의 존재로 남을 것이다. 기껏해야 극소수가 뉴스 기사로 혹은 이메일이나 소셜 미디어의 이름으로 등장할 것이고 어쩌면 그들의 사진이 함께 게재될 수도 있다. 그러나 우리가 그들과 얼굴을 맞대는 일은 없을 것이고 더 나아가 직접 만나는 일도 없을 것이다. 우리가 앞 장에서 살펴본 새로운 도덕의 틀은 이러한 사람들과 맺을 도덕적 관계와는 거의 상관이 없다. 슬픔에 빠진 그들을 위로할 일도 없고, 그들을 저녁식사에 초대할 일도 없고, 심지어 그들이 방 밖으로 나갔을 때 그들의 커피 컵을 냅킨으로 덮어줄 일도 없다. 시간상 우리로부터 멀리 떨어져 있는 사람에 대하여 말해보면, 그들이 세상에서 활약하게 될 무렵에 우리는 더 이상 이 지구상의 사람들이 아닐 것이다.

그렇지만 우리는 공간과 시간상으로 우리에게서 멀리 떨어진 사람들과 도덕적 관계를 맺고 있다. 우리는 일상생활을 영위하면서 그들을 고려해야 할 필요가 있다. 대부분의 사람들은 날마다 접촉하는 사람들과 이처럼 멀리 떨어진 사람들에게 똑같은 배려를 해줄 필요는 없다고 생각한다(우리는 이 문제를 곧 다루게 될 것이다). 그렇지만 그들은 나름대로 가치 있는 사람들이고 또 우리의 주목(설사 일시적인 것이라 할지라도)을 받을 만한 대상이다. 결국 그들은 우리와 똑같은 인간이다. 만약 아직 그런 상태를 획득하지 못했다면 앞으로 그렇게 될 것이다. 이러한 사실은 우리가 각자의 인생의 길을 헤쳐나가는 동안 우리에게 무언가를 요구하는 듯하다. 우리는 그들을 '우리'의 동료 멤버로 여겨야 한다. 설사 그들을 어느 종류의 '우리'에 포함시킬지 막연하더라도 말이다. 바로 이 때문에 버지니아 헬드는 배려 외에 정의도 고려해야 한다고 말했다. 우리가 직접적인 관계를 맺지 않거나 맺을 수 없는 사람들에게 그와 관련된 정의를 보여야 한다는 것이다.

이 장에서 우리는 공간과 시간상으로 멀리 떨어져 있는 사람들— 앞으로 만날 일도 없고 아직 지구상에 존재하지 않는 사람들—과의 도덕적 관계를 다룰 것이다. 우리는 이런 사람들을 배려할 때 어떤 품위가 필요한지 살펴볼 것인데, 이 문제와 관련하여 그들을 공간상 멀리 떨어진 사람과 시간상 멀리 떨어진 사람의 두 유형으로 나누는 게 좋겠다. 공간상 멀리 떨어진 사람은 현재 우리와 함께 이 지구상에서 살고 있으나 만날 일은 없는 사람이다. 그들은 인생의 여정에서 우리의 동반자이지만 우리의 길은 그들이 걸어가고 있는 길과 교차할 일이 없고 더 나아가 우리는 그 길이 어떻게 생겼는지도 알지 못한다. 그렇지만 그들은 거기서 우리와 함께 있고 혹은 우리가 거기서 그들과 함께 있다. 그들은 그곳에 존재하면서 우리의 현재 행위 혹은 잠재적 행위가 영향을 미치고 있거나 미칠 수도 있는 삶을 영위해 나가려고 애쓴다. 우리는 주변의 가까운 사람들을 배려하느라 그들을 무시해버릴 수도 있다. 그러나 대부분의 사람들이 그런 방식은 도덕적 품위의 수준에 미달한다고 생각한다. 그렇다면 "어떻게 해야 그 수준에 도달할 수 있는가?"라고 물을 수 있다. 우리는 어떻게 해야 멀리 떨어져 있는 사람들에게 완전히 이타적이지는 못하지만, 품위 있는 태도를 유지할 수 있을 것인가?

시간상 멀리 떨어진 사람은 두 그룹이 있다. 우리보다 앞선 사람들과 우리 뒤에 오는 사람들이다. 앞서 간 사람들에 대해서 나는 할 말이 별로 없다. 우리 선조들과의 도덕적 관계는 품위 있음의 문제라기보다는 개인적 혹은 종교적 고려 사항이라고 생각한다. 선조들에 대한 존경심과 그런 마음으로부터 흘러나오는 행동은 나의 행동이 선조에 어떤 영향을 끼치는지와는 별 상관이 없고 내가 선조들에게 느끼는 개인적 혹은 종교적 관심과 더 상관이 있다(그러나 그들이 사망한 후에 내가 그들을 대하는 방식은 그들의 명성에는 영향을 미친다. 사람의 명성은 사후에도 남아 있기 때문이다). 이와는 대조적으로 내 뒤에 오는 사람들에게 나의 행동은 영향을, 그것도 의미심장한 영향을 미칠 수 있다.

물론 돌아가신 분에 대하여 불경 혹은 무례의 태도를 보일 수도 있다고 말하는 분도 있으리라. 하지만 나는 그런 것들은 도덕적 품위보다는 개인적 소신 혹은 문화적 관습의 문제라고 생각한다. 우리는 돌아가신 분에 대하여 불경한 태도를 취하면 불안감을 느끼기도 하고 망자를 추모하는 의식에 참여해야 한다는 의무감을 느낀다. 그렇지만 내가 여기서 말하고자 하는 품위는 우리 주변에 있든 아니면 멀리 떨어져 있든 간에 우리의 행위로 영향을 끼칠 수 있는 사람들의 삶과 관련된 것이다.

공간상 멀리 떨어진 사람과 시간상 멀리 떨어진 사람을 구분하는 것은 다소 인위적으로 보일지도 모른다. 내가 하는 행동 중에는 현재 지구상에서 같이 살고 있는 사람들(공간상 멀리 떨어진 사람)과 나중에 태어날 사람들(시간상 멀리 떨어진 사람)에게 동시에 영향을 미치는 행동도 있을 것이다. 만약 내가 기후 변화를 일으키는 행위에 참여한다면, 그것은 지금 지구온난화의 희생자에게 유해한 영향을 미칠 뿐만 아니라, 아직 태어나지 않았지만 나중에 태어날 사람들의 환경에 영향을 미칠 수 있다. 만약 내가 대형 SUV 차량을 구입해 혼자 타고 다니거나 실내온도를 겨울에 너무 높이거나 여름에 너무 낮춘다면(비록 너무 사소하여 무시할 정도이기는 하지만) 지구온난화에 대처해야 하는 사람에게 비참함을 가중시킬 뿐만 아니라 아직 태어나지 않은 이들이 해결해야 할 장기적인 환경 문제에 영향을 미칠 수 있다. 이 경우에 나의 행위는 공간상 멀리 떨어진 사람과 시간상 멀리 떨어진 사람 모두에게 영향을 미친다.

이렇게 두 그룹으로 구분하는 것은 그럴 만한 가치가 있다. 우리는 시간상 멀리 떨어진 사람을 다룰 때 그 이유를 더 충분히 논의하면서 그 깊은 의미를 발견하게 될 것이다. 여기서 간단히 말해보자면, 나의 행위는 앞으로 어떤 사람이 태어날지에 영향을 미칠 수 있지만 이미 태어난 사람들에게는 영향을 미치지 못한다. 그렇지만 내가 지구온난화를 막으려는 노력을 한다면 그것은 현재 지구상에 존재하는 사람들에게 행동의 모범이 될 수 있다. 그렇게 하여 결과적으로 그들이 낳을 아이들에게도 영향을 미치게 된다. 앞으로 살펴보게 되겠지만, 내가 하는 행위에 따라서 아주 다른 사람이 태어날 수 있는 것이다. 그리하여 내가 아직 태어나지 않은 사람들과 맺는 도덕적 관계는 이미 지구상에 살고 있는 사람들과의 도덕적 관계와는 다른 것이 된다.

공간상의
거리

이미 지구상에 살고 있는 사람들과의 도덕적 관계를 고려할 때, 시작부터 주목해야 할 작지만 복잡한 문제가 있다. 내가 그들을 위해서 해줄 수 있는 것들이 많다는 것이다(만약 내가 멀리 떨어진 사람들과의 관계를 대면관계로 바꾼다면 내가 그들과 '함께' 할 수 있는 일이 많다는 것이다). 나는 그 행위들을 약간 임의적이기는 하지만 두 가지 유형으로 나눈다. 첫 번째 유형은 더 좋은 단어가 없어서 '자선행위'라고 부르겠다. 나는 이 단어가 편안하지는 않다. 왜냐하면 이 단어는 내가 남들에게 도덕적으로 빚진 것 이상으로 혹은 그 너머로 나아가고 있음을 의미하기 때문이다. 나 스스로가 자선행위를 한다고 생각하는 것은 나를 도덕적으로 우월한 사람 혹은 1장에서 언급한 바와 같이 이타주의자로 여기는 것일 수도 있기 때문이다. 하지만 나는 이런 의미로 자선행위라는 단어를 사용하지 않는다. 그 대신에 자선행위를 품위 있는 사람이 앞으로 개인적으로 만날 일이 없는 사람들에게 해야 할 필요가 있는 행위 정도로 이해해주기 바란다.[1] 우리가 직접 접촉하는 사람들로부터 도덕의 원을 넓힐 때 자선은 우리가 남들에게 보여주려 하거나 보여주어야 하는 것이다. 자선benevolence이나 자비 charity는 잘 구분이 되지 않는데, 자선행위는 자비의 한 가지 필수 형태라고 생각해볼 수도 있을 것이다.

우리는 자선행위를 소위 정치적 개입과 대비해볼 수 있다. 정치적 개입은 어떤 특수한 개인을 위해서가 아니라 다수의 개인들이 살고 있는 사회적, 정치적, 경제적 구조에 영향을 미치기 위해 개입하는 행위를 말한다. 나는 정치적 개입으로 특정 제도 내에서 개인들의 삶을 향상시키는 방식으로 그들에게 직접 손을 내미는 것이 아니라 그 제도 자체를 바꾸려는 것이다. 이러한 개입은 반드시 그런 것은 아니지만 개인적이기보다는 집단적이다. 나는 혼자서 혹은 집단으로 시위를 할 수 있고, 로비나 캠페인을 벌일 수가 있다. 그러나 정치적 효과를 발휘하는 것은 대체로 집단행동이다. 그렇지만 나는 남들을 직접적으로 돕는 행위와 제도적 상황에 개입하여 남들을 간접적으로 돕는 행동을 구분하려 한다. 제도적 수준에서의 정치적 개입은 개인들을 직접 상대하는 자선행위와는 뚜렷이 구분되는 문제들을 제기한다. 그래서 나는 정치적 개입은 5장으로 미루어두었다가 거기서 좀 더 자세히 다루려 한다. 2장, 3장, 그리고 4장에서 다루는 문제들은 우리를 정치적 개입의 문턱까지 안내할 것이다.

이미 앞에서 말한 것처럼 이런 구분은 다소 임의적이다. 독자들 중에는 즉각 자선행위와 정치적 개입 둘 다 참여하는 사례를 떠올리는 이들이 있을 것이다. 만약 내가 정치적 억압에 저항하는 단체에 돈을 기부한다면, 그것은 자선행위인가 아니면 정치행위인가? 한편으로 그 기부는 더 나은 삶을 살려는 특정한 개인들에게 도움이 된다. 그런 면에서 자선행위처럼 보인다. 다른 한편으로 그 기부는 제도적 구조를 바꾸기 위한 것이므로 정치적 개입처럼 보인다. 혹은 이런 경우도 있을 수 있다. 내가 개인들의 삶을 향상시키기 위해 돈을 기부했는데 그 결과 그들의 생활수준이 높아져서 억압적인 제도적 구조에 정치적으로 저항하는 일에 나서게 되었다면, 정치적 개입이 사실상 나의 기부 목적이 되지 않을까?

하지만 우리의 논의를 위해서 첫 번째 사례를 정치적 개입으로 규정하겠다. 기부가 제도의 변화를 목적으로 이루어졌기 때문이다. 그리고 두 번째 사례는 자선행위로 보려고 한다. 먼저 개인에게 기부가 되었고 그다음에 간접적으로 정치적 지향이 이루어졌기 때문이다. 그러나 이런 구분에 좀 더 끈덕지게 도전해오는 사례들도 있을 수 있다. 그 사례들을 '성치적 사신행위' 혹은 '자선적 성격의 정치행위'로 규정하고 양쪽에서 얻을 수 있는 결론을 내리라고 권하고 싶다.

먼저 자선행위로 시선을 돌리면 우리는 즉각적인 문제에 직면한다. 1장에서 이미 지나가듯 살펴본 것인데, 여기서는 총체적으로 다룰 것이다. 도덕은 모든 사람을 동등하게 대우해야 한다는 것을 전제로 삼는가? 좀 더 정확하게 말해서 모든 사람의 이익을 동일한 것으로 간주해야 하는가? 왜 복도 건너편에 있는 직장 동료의 두통이 저 멀리 떨어진 대륙에 살고 있는 사람의 두통보다 더 나의 관심사가 되어야 하는가? 물론 내가 아스피린 두 알을 가지고 있는데 복도 건너편에 있는 동료에게 가져다주는 것이 비행기에 태워서 멀리 떨어진 사람에게 전하는 것보다는 간편할 것이다. 그러나 이것은 도덕의 문제가 아니고 편의의 문제일 뿐이다. 만약 내가 원격치료를 할 능력이 있다면 복도 건너편 동료 못지않게 멀리 떨어진 대륙의 사람에게도 똑같은 의무감을 느껴야 하는 것이 아닐까?

그러면 이제 복도 건너편에서 두통을 앓는 동료와 다른 대륙에서 굶고 있는 사람을 서로 비교해보자. 그리고 내가 복도 건너편 동료를 위해 아스피린을 사줄지 아니면 굶고 있는 사람에게 음식을 제공하기 위해 돈을 쓸지 선택할 수 있다고 해보자. 그렇다면 굶고 있는 사람의 이익이 복도 건너편의 두통을 앓는 동료나 나 자신을 위한 한

잔의 카푸치노보다 더 중요하지 않은가? 물론 여기에는 예외 사항도 있을 것이다. 우리가 이미 살펴본 바와 같이 내 가족에게 더 의무감을 느낄 수도 있다. 내 가족에게 암묵적으로든 명시적으로든 약속을 한 터라 반드시 지켜야 하는 입장일 수도 있다. 하지만 이런 예외 사항들을 제외한다면, 나는 가까이 있든 멀리 있든 모든 사람에게 동일한 도덕적 배려를 해야 하는 게 아닌가? 모든 사람이 똑같이 그런 대우를 받을 가치가 있지 않은가?

바로 이것이 피터 싱어가 그의 논문 〈기근, 풍요, 도덕〉에서 주장한 바이다. 이 주장은 셸리 케이건Shelly Kagan에 의해 더욱 강력하게 지지된 것이기도 하다. 케이건은 그의 저서 《도덕의 한계Limits of Morality》에서 본질적으로 도덕이 우리에게 요구할 수 있는 것에는 한도가 없다고 주장했다. 특히 우리가 다른 사람들과 맺고 있는 개인적 관계와는 무관하게 모든 사람을 똑같이 소중하게 여겨야 한다고 말했다. 그러니까 우리가 엄격한 불편부당의 도덕에 따라 행동해야 한다는 것이다. 케이건은 우리 모두는 불편부당하게 행동해야 할 이유를 가지고 있다는 전제에서 출발한다. 그다음, 문제는 이러한 전제에 대한 예외 사항, 가령 우리에게 가까운 사람 혹은 공간적으로 가까운 사람에게 편파적으로 행동해야 할 사유가 있느냐는 것이다.

그는 이러한 예외 사항들을 지지하는 다양한 논증들을 검토한 끝에 그 논증들이 모두 근거가 없다는 것을 발견했다. 예를 들어 우리가 누군가는 불편부당의 도덕에 맞추어 행동하지 않아도 되는 선택권을 가져야 한다고 주장한다면, 다시 말해 누군가가 주기적으로 자기 자신의 이익을 위해 행동할 수 있다면, 그것은 온갖 종류의 도덕적 남용으로 이어질 것이다. 그러나 케이건은 이렇게 묻는다. "내가 늙은 삼촌 앨버트를 살해함으로써 백만 달러를 상속받게 된다고 해 보자. 내가 돈을 절실히 필요로 하는 상황이므로 그를 살해하지 않았을 때의 손해가 삼촌을 살해하는 동기를 정당화하는가?"[2] 케이건이 볼 때 이러한 선택권은 그 자체로 옹호될 수 없는 것이다. 선택권은 다양한 뉘앙스를 가질 수 있다. 그래서 케이건은 책의 전편을 통하여 이러한 뉘앙스에 대하여 장황한 반대 논증을 펴면서 다음과 같은 결론을 내린다. "철저하게 불편부당한 도덕 이외에 옹호 가능한 선택권은 있을 수가 없다."[3]

이러한 견해에 대하여 철학자 수전 울프(우리는 앞 장에서 이 철학자를 간단히 언급한 바 있다)는 반론을 제기한다. 어느 면에서 그녀는 싱어와 케이건에 동의한다. 도덕은 모든 사람을 똑같이 대우하는 불편부당한 것이 되어야 마땅하다. 그러나 다른 면에서 울프는 이 두 사람과 의견을 달리한다. 싱어와 케이건은 도덕이 최고의 가치―그러니까 우리의 행동 방식을 결정하는 궁극적 기준―라고 보는 반면에, 울프는 그렇게 보지 않는다. 다른 고려 사항도 감안해야 한다는 것이다. 간단히 말해서 도덕을 위반하는 것이 언제나 나쁜 것은 아니다. 물론 도덕만 생각한다면 그러한 위반은 언제나 나쁘다. 그러나 다른 측면도 감안한 전반적인 관점에서 보면 언제나 나쁜 것은 아니라는 말이다. 우리가 2장에서 다루었던, 죄를 지은 아이를 둔 어머니의 사례를 상기해보라. 그 어머니는 도덕적 승인의 문제가 결정적 사항이 아닌 지점에 도달했다. 울프는 그 어머니가 그 상황에서 부도덕하게 행동했다는 것을 부인하지 않는다. 그러면서 울프는 그것을 "도덕성과 사랑의 요구 사이의 갈등으로 파악해야 한다"고 말하고서 이렇게 부연한다. "나는 그 어머니가 아들을 경찰로부터 숨긴 것은 부도덕하다는 불편부당주의자들의 의견에 동의한다. 그렇지만 이런 특별한 경우에 부도덕하게 행동하고, 부도덕하게 행동하는 것을 고려하려는 의지가 존경과 존중을 받을 만한 성격과 양립할 수 있다고 생각한다."[4]

울프는 도덕과 함께 인간의 존재를 지탱하는 다른 가치들도 있다고 주장한다. 그 가치들은 불편부당의 도덕 속으로 편입되지는 못하지만, 우리의 존재에 의미를 부여하는 것이므로 도덕적 가치들과 함께 병립할 수 있는 것으로 간주되어야 한다는 것이다. 이것은 우리가 1장에서 살펴보았던 아이디어이다.

나는 이 문제에 관하여 울프의 견해에 대체로 동감한다.[5] 그러나 싱어와 케이건이 옳고 내가 틀렸다고 가정해보자. 도덕적으로 모든 사람을 똑같이 대우해야 할 뿐만 아니라 도덕적 고려 사항이 내 인생의 우선순위가 되어야 한다고 가정해보자. 그러면 기아 구호 단체에 돈을 기부하는 대신에 아스피린을 제공하는 것은 내가 그릇된 일을 하는 것이 된다. 내 성향과 이익을 희생시켜야 하고, 모든 사람의 이익을 똑같이 대우해야 하므로 배려 윤리학자들에게 양해를 구하면서 내가 중요시하는 인간관계를 희생시켜야 한다. 내가 이렇게 행동해야 한다고 가정할 때, 과연 그렇게 행동하고 싶은 의욕이 있을까? 아니, 없다.

나는 나 자신을 도덕적으로 미심쩍은 사람이라고 생각하지 않는다. 그러나 그렇게 극단적인 이타주의적 방식으로 행동하는 나를 상상하기가 어렵다. 이제 솔직히 고백하는 바이지만, 나는 도덕적 성인이 아니다. 나는 이 책을 읽는 대부분의 독자들 그리고 더 나아가 대부분의 보통 사람들과 비슷한 사람이다. 나는 하루 대부분의 시간을 올바르게 행동하려고 애쓴다. 그러나 나의 자그마한 쾌락보다 더 중대한 문제가 걸린 다른 사람들을 위해 나의 쾌락을 모두 희생해야 한다고 생각하지는 않는다. 나는 약간의 희생은 할 수 있지만 성자 수준의 희생은 하지 못한다.

이것이 사실이긴 하지만 나는 또다시 대부분의 사람들과 마찬가지로, 멀리 떨어져 있는 사람들이 나의 자선행위에 무슨 도덕적 요구를 하든 그런 요구들 중 일부는 들어줄 마음의 준비가 되어 있다. 내가 알지 못하고 앞으로 만날 일이 없을 법한 사람들을 위하여 무언가를 해줄 마음의 준비를 해야 한다고 생각하고, 또 실제로 준비되어 있다. 만약 이것이 사실이라면 내가 현재 하고 있는 것을 정확히 담아내고 더 나아가게 만드는 사고방식 같은 것은 없을까?

이 문제를 깊이 생각하기 위해 우리는 아주 기본적인 출발점에서 시작해야 한다. 내가 이 글을 쓰고 있는 상황을 고려할 때 이 출발점은 겉보기보다 더 긴급한 측면을 갖고 있다. 그것은 우리와 아주 무관했던 적이 전혀 없었다. 이 기본적인 출발점은 우리에게서 멀리 떨어진 세상의 다른 곳에서 어떤 일이 벌어지고 있는지 파악하는 것이다. 나는 여기서 '멀리 떨어진'을 이국적인 어떤 것을 가리키는 의미로 사용하지 않았다. 기본적인 논지는 우리의 직접적인 주변 환경을 벗어난 곳에 살고 있는 사람들의 생활이 어떠한지 발견하자는 것이다. 만약 어떤 사람이 인디애나주의 시골 지역에서 살고 있다면, 그는 시카고는 물론이고 카트만두Kathmandu, 다카르Dacar, 키토Quito 같은 곳의 생활을 알아둘 필요가 있다. 하지만 도덕적 관계를 개발한다는 우리의 논지에 집중하기 위해서는 단 하나의 출발점이 있어야 하는데, 그 점은 곧 다루게 될 것이다.

그런데 우리의 주변 환경과는 멀리 떨어져 있는 세상의 다른 지역에 대해서 알아보는 것이 왜 그리 긴급한 문제가 되는가? 미국에 사는 사람들, 그리고 선진국에 사는 사람들은 '틈새 문화niche culture' 혹은 '틈새 문화권niche cultures'이라고 명명할 수 있는 환경에 갇혀 있다. 사람들은 일정한 뉴스 프로그램, 책, 영화 등이 보편적 문화의 통화通貨로 유통되는 공통의 문화common culture에 사는 것이 아니라 같은 마음을 가진 사람들만 참여하는 소규모 문화 속에 칩거하고 있다. 물론 이런 문화가 전적으로 나쁘다는 말은 아니다. 예전 같았으면 빛을 보지 못했을 문화적 아이템들이 그것들을 즐기는 일반 대중을 만나고 있다. 이제 틈새 문화에서 판로를 열어주었기 때문에 외국 영화, 전위 소설, 논쟁적인 역사서, 분류하기 어려운 음악 등이 더 많은 관중과 청중을 만나고 있다. 더욱이 이런 틈새 문화가 있기 때문에 주류 문화의 판로를 장악하고 있는 사람들은 그들이 싫어하는 뉴스나 문화적 아이템들을 질식시키지 못한다.

그러나 이런 틈새 문화에도 부작용의 측면들이 있다. 그중 대표적인 것은 기존에 갖고 있던 의견들이 계속해서 강화된다는 것이다. 만약 당신 주위의 모든 사람들이 당신에게 동의한다면, 당신은 자신의 의견을 깊이 생각해볼 가능성이 적어지고, 불편한 사실들을 대면하지 않으려 하고, 당신의 신념에 도전하는 사람들을 멀리하게 된다. 이런 상황에서는 당신의 의견을 교정해주는 사람이 아무도 없으므로 당신은 잘못된 것을 믿기 시작할 가능성이 있다. 당신의 세상에서는 마찰을 일으키는 것이 없으므로 그 어떤 것도 당신이 믿고 있는 것에 도전하고 나서지 않는다. 진리에 대한 헌신이 없다면 눈이나 귀에 거슬리는 것은 간단히 처리되어버린다. 그것들은 존재를 부정당하거나 아니면 그릇된 것으로 치부되어버린다.

틈새 문화 속에 사는 것은 우리가 직접 접촉하지 않는 사람들과 관련하여 품위 있는 삶을 살아가는 데 분명한 어려움을 준다. 만약 우리가 그들과 도덕적 관계를 맺고 어떻게든 그들의 삶에 도움을 주려면, 우리는 그들의 삶에 대하여 알 필요가 있다. 그들의 삶이 어떻게 영위되는지 알기 위하여 우리의 거품 밖으로 나가야만 한다.

어떤 사람은 세계에 대하여 배우는 것이 그렇지 못한 것보다 낫기 때문에 모든 종류의 삶에 대하여 아는 것이 좋다고 말할 것이다. 동의한다. 그러나 여기에서의 문제는 자아발전이 아니라 자선행위이다. 자선행위는 세계에 관한 전반적인 교육을 필요로 하는 것이 아니라 우리의 자선행위가 도움이 되는 세계의 특정 지역에 대한 이해를 필요로 한다. 그러나 특정 지역 한 군데 이외의 다른 지역들을 알지 못한다면 어떤 것이 유익한지 알지 못할 것이라는 반응이 나올 수도 있다. 또다시 동의하는 바이다. 그러나 여기서 문제는 자선행위를 극대화하려는 것보다 우리가 자선행위를 잘할 수 있는 방법을 찾자는 것이다. 세계의 여러 지역에서 남들이 살아가는 생활을 탐구하는 것은 그 방법을 찾는 데 도움을 줄 것이나, 품위 있는 삶을 살아가는 데 반드시 필요하다고 보이지는 않는다.

물론 어떤 사람은 "자선행위의 대상을 세계의 단 한 지역에만 집중하는 것이 과연 '필요'한가"라고 질문할 수도 있을 것이다. 그것은 필요하지 않다. 어떤 사람들은 그들의 자선행위의 폭을 넓히면서 세상의 여러 지역에 대하여 알기를 '원할' 수도 있다. 그러나 관심 대상을 한두 지역으로 좁히는 데에는 다음 세 가지 이유가 있다.

첫째, 관심 지역을 좁히는 것은 어떤 특정 집단의 사람들의 삶을 개선시킨다는 개인의 목적의식을 고취한다. 플로리다 남부에는 농장 노동자들이 있다. 정확하게 말하자면 토마토를 따는 노동자들이다. 그들은 지난 20여 년 동안 엄청난 착취, 화학물질 중독, 심지어 노예

노동에 시달리며 힘겹게 살아왔다. 그들에 대해서 알게 되었을 때 아내와 나는 그들을 변호하기 위해 조직된 단체인 '이모칼리 노동자 연합coalition of immokalee workers'이라는 단체에 돈을 기부했다.[6] 나는 돈을 기부하기 전에 그들에 대해서 많은 것을 알고 있었다. 그리고 돈을 기부한 이후에는 그 단체의 활동을 면밀히 추적했고 심지어 내가 봉직하는 대학의 신문에 그 단체가 조직한 전국적 보이콧 운동에 관한 칼럼을 게재했다. 나는 그들의 고통에 대하여 깊은 참여의식을 느꼈고 그들이 성공하기를 간절히 바라는 마음을 갖게 되었다. 내가 지나가듯이 알고 있는 정의를 위한 다른 투쟁들보다 더 깊은 관심을 쏟게 되었다. 이것은 자선행위라기보다 정치적 개입의 한 사례이지만, 세계의 다른 지역들에서 가난을 해소하고, 교육 자료를 제공하고, 질병을 퇴치하려는 자선행위 프로젝트에 참가한 사람들도 이런 깊은 참여의식을 느낄 것이라고 확신한다.

둘째, 이 두 번째 이유는 첫 번째 것과 관련이 있다. 우리는 직접 만나면 남들의 개성을 더 잘 인식하게 되고 또 그들도 살아가야 할 삶이 있는 존재라는 것을 더욱 생생하게 느끼게 된다. 세계의 특정 지역에 사는 사람들에 대해서 알게 되면 비록 직접 만나지 않더라도 우리가 그들과 가까이 있다는 느낌을 갖게 된다. 그런 정보가 없었더라면 그들의 생활은 다소 어두운 빛 속에 잠겨 있었을 것인데 우리는 그런 정보 덕분에 그들의 생활을 더 잘 알게 된다. 나는 이모칼리 노동자들에 대해 더 잘 알게 되면서 그들의 이름을 알고, 그들의 사진을 보고, 그들의 고통과 승리에 관한 글을 읽었고 그리하여 그들의 개인적, 집단적 역사를 파악하게 되었다. 이러한 정보는 내가 1장에서 소개한 아이디어, 즉 모든 사람은 살아가야 할 삶이 있다는 아이디어를 강화시켰다. 세상의 특정한 지역과 그곳에 살고 있는 사람들에게 집중함으로써 그 아이디어는 더욱 명쾌해졌다.

셋째, 어떤 특정 지역에 집중하는 이유는 도덕적 관계를 죄책감이나 의무감의 소치가 아니라 보다 적극적인 표현의 문제로 만들려는 것이다. 내가 어떤 특정 지역의 특정한 사람들에게 참여의식을 느껴서 그들이 살아 있는 존재로 인식되면, 내가 그들에게 하는 자선행위는 내가 그들의 고통을 덜어주기 위해 무엇인가 해야 한다는 의무감이나 정신적 판단이 아니라, 그들과의 연대의식에서 나온 것으로 느껴진다. 앞 장에서 나왔던 용어를 사용하자면 나는 자선행위를 하는 사람들을 '배려'하게 되는 것이다. 내가 그들을 배려하면서 나와 그들 사이의 도덕적 관계는 진정으로 그들을 도와주고 싶다는 욕구에 더 깊숙이 뿌리를 내리게 된다. 그들의 곤경에 대한 죄책감이나, 누군가 무언가를 해야 한다는 무심한 판단이나, 내가 가진 것 중 얼마를 내놓아야 하는가 하는 계산과는 무관한 것이 된다.

앞에서 이야기한 것과 마찬가지로, 긍정적인 도덕적 감정은 필요나 의무의 느낌을 전적으로 대체하는 것은 아니다. 이미 앞에서 살펴보았듯이, 가장 가까운 인간관계에서도 전적인 대체는 벌어지지 않는다. 부모가 아이들을 축구 경기에 데려가거나 학교 연설대회 혹은 친구의 생일 파티에 데려가고 싶은 마음이 들지 않을 때도 있다(과연 부모가 그런 것들을 적극적으로 해주고 싶어 하는 때가 있었던가?). 그것은 단지 해치워야 할 일인 것이다. 그러나 이런 것들도 순전히 의무의 문제만은 아니다. 부모에게 유의미한 지속적인 관계의 맥락 속에서 벌어지기도 하는데, 그런 관계는 중요한 방식으로 그들의 삶에 활기를 준다. 멀리 떨어져 있는 사람들에 대한 자선행위는 직접적으로 삶을 공유하는 사람들과의 약속만큼이나 의미가 있지는 않겠지만, 자선행위를 덜 부담스럽고 더 축복받은 것으로 만들어주는 의미가 없다고 할 이유도 없는 것이다.

지금까지 우리는 자선행위를 베풀 수 있는 세계의 다른 지역에 대하여 정보를 얻는 문제를 논의해왔다. 그러나 자선행위가 구체적으로 어떻게 구성되는지에 대해서는 논의하지 않았다. 하지만 그에 앞서서 자선행위라는 아이디어에 제기될 수 있는 반론을 잠시 생각해보기로 하자. 그들은 이렇게 물을 것이다. 왜 멀리 떨어져 있는 사람들에게 자선을 베풀어야 하는가? 내가 그런 행위를 하고 싶은 의사가 없는데도 자선행위를 해야 한다는 것은 무슨 소리인가? 내가 주위 사람들 말고 멀리 떨어진 다른 사람들에게 자선행위를 해야 할 도덕적 필요가 있다는 말인가? 내가 직접적으로 얼굴을 맞대는 관계의 사람들에게 더 집중하는 것이 낫지 않은가?

이 반론에 답변할 때 먼저 알아두어야 할 것은 문제삼는 사람 너머로까지 이러한 반론이 쉽게 확대될 수 있다는 것이다. 만약 내가

"멀리 떨어진 사람들을 배려하는 게 왜 필요한가"라고 묻게 되면, 그 것은 곧 이어서 "가까운 곳에 있는 사람들을 배려하는 것이 왜 필요한가"라는 질문으로 확대된다. 내가 그렇게 할 의사가 없는데도 왜 그들에게 무언가를 주어야 하는가? 왜 얼굴을 맞대고 만나는 사람들에게 도덕적으로 행동해야 하는가?

여기에는 아주 깊은 질문이 들어 있는데 전통적 도덕철학의 "왜 도덕적이어야 하는가?"라는 범주에 들어가는 질문이다. 그것이 흥미로운 질문이라는 전제(나는 이런 전제에 대하여 회의적이다)하에, 여기서는 답변하지 않도록 하겠다. 그 대신에 당신은 가까운 주변 사람들에게 도덕적으로 품위 있게 행동하는 것을 중요하게 여긴다고 전제하겠다. 우리는 우리가 만나는 사람들을 존중하는 마음으로 대해야 하고 그들도 나름대로 살아가야 할 삶이 있다는 사실을 인식해야 한다. 우리는 이 세상을 살아가면서 그 사실을 항시 유념해야 한다. 달리 말해서, 당신은 내가 앞 장에서 거론한 아이디어들을 낯설다거나 난처하다고 생각하지 않는다.

이러한 인식하에 보면 멀리 떨어진 사람들에게 자선행위를 하는 이유는 다음 두 가지 아이디어 사이에서 균형을 잡으려는 시도이다. 첫 번째 아이디어는 멀리 떨어진 곳에 있는 다른 사람들도 인간이고, 우리와 마찬가지로 그들 나름의 삶을 사는 존재들이라는 것이다. 반면에 우리는 멀리 떨어진 사람들에 대하여 우리 주위의 가까운 사람을 대하듯이 관심을 가지고 대하지는 않는다. 이 첫 번째 아이디어는 우리가 이미 살펴본 바와 같이, 도덕의 주춧돌이다. 두 번째 아이디어는 우리의 생각에 활력과 영감을 불어넣어준다. 그것은 내가 말하는 도덕적 품위를 전통적 도덕 이론들의 극단적 이타주의와 구분해준다. 이 두 아이디어를 잘 종합한다면, 우리는 주위의 가까운 사람들뿐만 아니라 멀리 떨어져 있는 사람들에게도 어느 정도 자선행위를 해야 한다는 필요에 도달하게 된다.

그러나 이 질문을 정반대로 뒤집는 방법도 있다. 내가 앞 장에서 다루었던 노숙자 겸 독립적인 자영업자의 경우를 한번 생각해보자. 내가 그 노숙자에게 돈을 주지 않고 노숙자 지원 단체에 돈을 기부하는 것도 하나의 방법이 될까? 물론 나는 그에게 1달러를 주었다. 하지만 내가 달러를 모아서 25달러나 50달러쯤 되었을 때 그 돈을 노숙자 지원 단체에 기부한다면 어떻게 될까? 그것이 더 좋은 방법이 아닐까? 나는 직접 얼굴을 본 그 노숙자가 그 돈을 현명하게 사용할지 아니면 노숙자 지원 단체에 보낸 그 돈이 노숙자를 좀 더 효율적인 방식으로 도와줄 수 있을지 알지 못한다. 그러니 대면하여 자선행위를 하는 것보다 차라리 그 노숙자를 지나쳐버리고 우리가 지금 여기서 논의하고 있는 그런 자선행위를 하는 게 더 낫지 않을까?

나는 이런 질문들에 대하여 즉답이 있다고 생각하지 않는다. 만약 우리가 노숙자를 만날 때마다 그냥 지나쳐버린다면 우리는 더욱더 냉정한 사람이 되는 게 아닐까 하는 생각이 든다. 그러나 나는 이것에 대해 그 어떠한 증거도 가지고 있지 않다. 그러나 우리가 도덕적으로 품위 있는 사람이라면 이런 결정을 내릴 것 같지는 않다. 만약 노숙자 지원 단체에 기부하는 것이 노숙자에게 직접 주는 것보다 더 나은 것으로 알려져 있거나 혹은 그 반대라면, 그 정보를 바탕으로 행동하는 것이 가장 좋을 것이다. 그러나 우리가 여기서 지향하는 목표는 도덕적 품위이다. 노숙자에게 직접 돈을 주거나 노숙자 지원 단체에 기부하는 것은 둘 다 가치 있는 일이다. 자선의 가장 좋은 형태에 대하여 무지한 우리 자신을 질책하는 것보다 때로는 이것, 때로는 저것, 가끔은 둘 다 하는 것이 더 기분 좋고 도덕적 품위에도 합당한 일이다.

자선행위에 관해
생각하기

멀리 떨어져 있는 사람들에 대한 자선행위는 무엇으로 구성되고, 그 행위는 어디까지 확대될 수 있는가? 첫 번째 질문에 답하자면, 자선행위는 시간과 재원 이렇게 두 가지로 구성된다. 우리의 도움으로 혜택을 얻는 사람들을 지원하려면 시간을 들여야 한다. 그러한 지원의 전형적인 형태는 자원봉사다. 옥스팜Oxfam(옥스퍼드에 본부를 둔 세계적 빈민 구제 기구—옮긴이)을 위하여 전화를 걸어주거나, 편지봉투를 채워넣는 일(아직도 편지봉투를 쓰는 사람이 있는가?), 모금 파티를 여는 일, 매년 크롭 헝거 워크CROP Hunger Walk 행사에 참여하는 일, 다른 동네에 가서 노숙자들의 식료품을 봉투에다 담아주는 일, 난민들을 돕기 위하여 집집마다 방문하며 기부를 받는 일, 이와 같은 자원봉사를 하는 사람들은 그들이 결코 만날 일이 없는 사람들을 위하여 자선행위에 참여하고 있는 것이다.

하지만 이런 일을 한다고 해서 그들이 도와주는 사람을 지속적으로 연구해야 하는 의무가 있는 것은 아니다. 하지만 이런 일을 하기 전에 자원봉사자는 자신이 어떤 일에 헌신하는지 확실히 알아둘 필요가 있다. 우선 자신이 사기극의 희생자가 아닌지 확인할 필요가 있고 어떤 구체적인 문제에 자신의 시간을 바치는지 분명하게 알아야 하는 것이다. 더욱이 우리가 이미 살펴본 바와 같이, 어떤 문제에 대해서 지속적으로 정보를 확보하게 되면 그 사람은 자신이 도움을 주는 사람들에게 지속적인 유대감을 느끼게 된다. 그들의 일을 그들의 삶 속으로 통합시켜서 자선행위를 더욱 꾸준히 하게 된다.

꾸준함은 자원봉사의 전형적 특징 중 하나이다. 나는 정치적 조직 활동을 많이 하는데, 이 문제는 5장에서 자세히 다룰 것이지만 여기서도 관련이 있다. 나는 사람들에게 효율성의 관건은 꾸준함이라고 자주 말해주었기 때문이다. 자선행위에 얼마나 많은 시간을 쏟든 간에 무엇보다 꾸준하게 하는 것, 그것을 지속적인 생활의 일부로 여기는 것이 중요하다. 이렇게 하면 더욱 유익한 결과를 낼 수 있고 또 자원봉사가 개인의 정체성을 구성하는 한 부분이라는 강력한 느낌을 갖게 된다. 자원봉사는 신체 단련처럼 처음에는 외부적인 것 혹은 부담스러운 것으로 느껴지는 수고에서 시작된다. 그러나 생활의 루틴이 된다면 계속 해야 하는 지루한 일이 아니라 자기 정체성의 근원이 된다. 물론 지겨운 부분도 있다. 날마다 신체 단련하는 것을 학수고대하는 사람이 어디 있을까? 하지만 꾸준히 하다 보면 그런 지루함이 더 이상 무의미하고 힘든 일이 아닌 게 되고 더 큰, 더 의미 있는 헌신의 한 부분이 된다. 의무나 의무감의 발로가 아니라 어떤 개인의 정체성을 표현해주는 도덕이 되는 것이다.

꾸준함은 시간보다 재원을 내놓아야 할 때 좀 더 어려운 문제가 된다. 하지만 아주 바쁜 사람의 경우는 그 난이도가 정반대이다. 물론 가장 흔하게 내놓는 재원은 돈이지만 이것만이 유일한 재원은 아니다. 예를 들어 식품 구호 단체는 돈보다 음식을 기부해달라고 요청한다. 그러나 돈은 재원 기부의 가장 흔한 통화이다. 사람들은 정기적으로 돈을 기부하지는 않는다. 아주 긴급한 문제, 가령 지진, 쓰나미, 정치적 소요가 촉발한 인도주의적 위기 등의 문제에 접할 경우에 우리는 돈을 내놓고 싶어진다. 그러나 어떤 특정 기부 운동에 지속적으로 돈을 내놓지 못할 이유도 없다. 특히 어떤 기부 운동에 지속적인 관심을 갖고 있으면 더욱 그러하다. 팔레스타인, 애팔래치아산맥, 캐나다의 원주민 지역 같은 곳들의 교육, 음식, 문화적 표현을 위하여 돈을 기부하는 것은 지속적으로 이어질 수 있다. 이러한 노력들은 기부자가 해당 지역의 주민들이 겪는 어려움을 더 잘 알게 될수록 강화되는 경향이 있다. 또한 많은 단체가 은행 계좌에서 정기적으로 이체되게 하는 정기 기부 제도를 실시하고 있다.

시간과 돈이 멀리 떨어져 있는 사람들에 대한 자선행위의 표준적 형태라면, 이것들을 어느 정도 내놓아야 할까? 자선의 적절한 수준은 어느 정도이고 그것을 어떻게 계산할 것인가? 여기서 필요한 것은 어떤 틀이나 공식이 아니라(그런 틀이나 공식을 좋아하는 사람들은 그것들이 아무 문제가 없다고 보지만), 기부자 자신의 성실성이다. 나는 어느 정도의 돈과 시간을 내놓을 수 있는가? 나는 어떤 것을 합리적인 범위 내에서 할 수 있는가? 남들에게 유익을 안겨주면서도 내 인생에 의미를 부여하는 방식으로 자선행위를 내 인생에 편입시키려면 어떤 노력을 해야 하는가? 품위와 다른 사람들의 삶에 대한 나의 헌신은 나를 어디로 이끌고 갈 것인가? 이와 같은 질문들에 답변하기 위해서는 어떤 이론을 적용할 게 아니라 우리 각자의 삶과 그 속에서 자선행위가 수행하는 역할을 깊이 생각할 필요가 있다. 이러한 고찰에서 가장 중요한 것은 정직함이다. 우리가 누구인지, 무엇을 할 수 있는지, 우리가 다른 문제들에 비하여 어떤 특정한 문제에 더 마음이 끌리는 것은 무엇 때문인지 등에 대하여 정직해져야 한다.

우리에게서 시간적으로 멀리 떨어져 있는 사람들로 화제를 돌리기 전에, 우리가 5장에서 자세히 다루게 될 문제를 미리 개요만 말해보기로 하자. 사람들이 어려움을 겪고 있는 대부분의 상황에서 자선행위는 그리 중요한 게 아니라고 주장하는 자들이 있다. 그들은 정말로 요구되는 것은 자선행위가 아니라 정치적 변화라고 말한다. 그들은 문제의 뿌리는 재원의 희소함이 아니라 불의한 정치 구조에 있으므로, 자선행위보다는 정치적 저항을 시급히 해야 한다고 주장한다. 불공정한 정치적 구조가 전복되지 않는다면, 도움을 받는 사람들은 또 다른 궁핍한 사람들로 대체될 것이다. 그러한 도움이 필요한 상황이 바뀌지 않았기 때문이다.

이와는 정반대의 입장을 취하는 사람들도 있다. 정치적 저항은 유토피아적이고 비효율적이라는 것이다. 멀리 떨어져 있는 미래의 변화에 집중하기보다는 지금 여기에 존재하고 있는 사람들을 지원하고 구호하는 것이 더 좋지 않은가? 특정한 개인들을 도와주는 구체적 변화가 억압적 사회 구조라는 풍차에 돌진하는 것보다 더 효율적이다. 현재의 사회 구조는 없어지지 않고 그대로 있을 뿐만 아니라 앞으로도 변하지 않고 계속 그대로 있을 가능성이 높기 때문이다.

나는 여러 정치적 캠페인에 참여해왔기 때문에 첫 번째 견해에 동조하는 편이다. 하지만 두 번째 견해도 나름 일리가 있다. 사람들이 반드시 동조하리라고 기대하지는 않지만, 나의 개인적 입장은 이러하다. 이와 같은 논의는 전반적인 수준에서는 결정될 수 없고 구체적 상황들 속에서만 논의될 수 있다. 남아프리카공화국에서 인종차별 정책이 거의 종식될 무렵에, 정치적 저항에 대한 지원이 가장 효율적인 정치 참여의 길인 것처럼 보였고, 실제로 그랬음이 판명되었다. 다른 경우에, 가령 캐나다 북부의 원주민이 처한 곤경에 대해서는 자선행위가 가장 효과적인 지원의 형태이다. 아무튼 자선행위냐 정치적 저항이냐는 여전히 활발한 논제로 남아 있다. 이것은 사람들을 갈라놓을 뿐만 아니라 그 사람들의 시향과 세상에 대한 희망을 보여주는 논제이다. 나는 그 문제를 여기서 해결할 수가 없다. 어쩌면 일반적 수준에서는 해결이 불가능할 것이다. 하지만 우리에게 동의하지 않는 사람들의 장점을 (우리가 차지하고 있는 틈새 문화 때문에) 심각하게 생각하는 법 없이 이쪽 혹은 저쪽에 가담하는 대부분의 사람들에겐 한번 깊이 생각해볼 만한 문제이다.

시간상의
거리

앞으로 태어날 사람들을 생각하면서 그들과의 도덕적 관계에 대하여 물어보면, 다소 막연하고 방향이 없다는 느낌이 든다. 우리가 '관계'라는 렌즈를 확대하기만 하면 멀리 떨어져 있는 사람들과의 도덕적 관계는 그리 까다롭지 않다. 우리가 알고 있었지만, 이미 사망한 사람들과의 도덕적 관계도 그리 어렵지 않다. 우리들은 돌아가신 조부모나 숙모의 기억을 훼손하는 행위를 부끄럽게 여긴다. 만약 내가 친구들 앞에서 외할머니를 조롱한다면 그러한 태도는 나를 불안하게 만들 것이다. 애매하거나 불편한 관계를 맺었던 부모를 사람들

앞에서 농담의 대상으로 삼는 것 역시 그런 말을 하는 사람을 불안하게 만들 것이다. 그러나 우리가 장차 태어날 사람들에게 시선을 돌린다면 도덕적 관계라는 것이 좀 막연해진다.

이처럼 감이 잡히지 않는 데는 분명한 이유가 있다. 미래의 사람들은 아직 태어나지 않았기 때문이다. 엄밀하게 말해보면 미래의 사람이라는 것은 없다. 당신이 이 문장을 읽고 있는 동안에 세상이 갑자기 사라지지 않는 한 새로운 사람들이 태어난다. 그리고 당신은 이 문장을 막 읽었으므로 전에 지상에 있지 않았던 사람이 이제 지상에 태어났다. 그래서 현재 이 순간의 사람이 존재할 뿐, 아직 미래의 사람이 존재하는 것은 아니다. 만약 미래의 사람이 존재하지 않는다면 우리는 어떻게 그들과 도덕적 관계를 맺을 것인가? 아직 거기에 있지 않은 사람을 위하여 어떻게 우리 자신을 도덕적으로 표현할 수 있을까?

당연한 일이지만 이러한 질문은 복잡한 문제들을 내포한다. 그 문제들에 접근하기 위하여 두 번째로 분명한 사실부터 시작해보자. 아직 미래의 사람은 존재하지 않지만, 우리가 하는 행위들이 그들에게 영향을 미치리라는 것은 확신할 수 있다. 그것이 사소한 영향이 될 수도 있지만, 오늘 우리의 행위는 우리가 행동한 후에 혹은 우리가 죽은 후에 태어난 사람들에게 영향을 미친다. 이러한 영향은 우리가 대면관계를 맺는 사람들뿐만 아니라, 우리가 만나지도 들어보지도 못할 사람들에 대해서도 마찬가지이다.

이 시대의 중요한 문제들 중 하나인—나를 포함하여 일부 사람들은 가장 중요한 문제라고 생각한다—인간이 환경에 미치는 영향에 대해 깊이 생각하면, 훗날 태어날 익명의 사람들에게 우리는 피치 못할 영향을 미친다는 것은 더욱 분명해진다. 과학을 진지하게 생각하는 사람들 사이에서 인간의 행위가 환경에 심각한 영향을 미친다는 것은 부인할 수 없는 사실이다. 그리고 그 영향은 우리 뒤에 올 사람들에게까지 파급된다. 바로 이것이 시간상 멀리 떨어진 사람들과 맺는 도덕적 관계의 가장 중요한 문제이다.

그들은 우리에게 직접적인 영향을 미치지 못하지만(그들은 간접적으로만 영향을 미칠 수 있는데, 가령 우리가 그들을 우리 삶을 구성하는 한 요소로 간주할 때가 그러하다) 우리는 그들에게 커다란 영향을 미친다. 그래서 우리가 그들과 도덕적 관계를 맺는다는 것은 언어의 남용이 아니다. 비록 그들과의 관계가 다소 일방적이어서 '그들과의 관계'라 기보다 '그들에 대한 관계'라고 해야 타당하겠지만 말이다. 아무튼 자선행위 또한 일방적 관계라고 할 수 있지만, 그래도 우리는 그것을 서슴지 않고 관계라고 부른다. 미래 세대와의 관계가 자선행위와 다른 점은 그들이 아직 존재하지 않는다는 점이다. 그러나 미래 세대가 있고 또 우리의 행위가 그들의 삶에 영향을 미친다는 이 두 가지 분명한 사실을 고려한다면, 그런 다른 점은 다소 희석이 될 것이다.

우리가 환경에 미치는 영향과 그것이 미래 세대에 미치는 효과를 생각할 때 자원 고갈, 환경 오염, 기후 변화 이 세 가지 사항이 우리의 관심사가 된다. 우리는 기후 변화를 가장 심각한 사안으로 여기고 이에 집중할 것이지만, 다른 두 가지 사항도 잠시 생각해볼 필요가 있으며 실제로 이 두 가지는 기후 변화와 연결되어 있다. 자원 고갈은 재생 불가능한 자원을 마구 사용하면서 발생한다. 예를 들어 지구상에는 화석 연료의 양이 일정하게 정해져 있다. 열대 우림은 일부 지역에만 집중되어 있는데 거기에는 나양한 종들이 서식한다. 우리가 이런 것들을 남용하여 파괴한다면, 우리가 죽은 후에 이 지상에 오는 사람들에게 남아 있는 것이 별로 없게 된다. 반대로 우리가 그 자원들을 많이 아껴서 미래 세대에 물려준다면 그들은 넉넉히 즐길 수가 있다.

그러나 이런저런 방식으로 재생될 수 있는 자원들의 경우에는 고갈이 발생하지 않는다. 잘 관리된 숲을 일정 부분 베어낸다면, 같은 종류의 씨앗을 새로이 심음으로써 이를 대신할 수 있다. 만약 우리가 사슴을 사냥한다면, 사냥 시즌의 수렵 한도를 설정하거나 사냥을 아예 금지하는 보호 구역을 설정하여 사슴의 개체수를 일정하게 확보할 수 있다. 그러나 우리가 열대 우림의 넓은 지역을 파괴한다면, 그 속에서만 서식하는 식물과 동물의 종을 파괴하게 되고 그것들을 다시는 재생시킬 수가 없다. 그래서 재생되지 않는 자원을 보존하는 것이 아주 중요하다. 고갈이 발생하면 우리는 그 자원을 회복할 수 없다. 따라서 자원들 중에서 대체 불가능한 것은 특별히 신경 써서 보존해야 한다. 그 속에 서식하는 종들뿐만 아니라(우리는 다음 장에서 이 문제를 다룰 것이다), 미래 세대를 위해서도 그렇게 하는 것이 반드시 필요하다.

환경 오염은 사람들이 해로운 물질을 환경 속에 도입할 때 발생한다. 환경 오염은 자원 고갈과 뚜렷하게 구분이 되지 않는다. 해로운 물질이 제한된 자원을 파괴한다면 환경 오염이 자원 고갈로 이어지는 것이다. 그렇지만 그 둘은 같은 것이 아니다. 예를 들어 미국 서부에 사는 사람들은 플라스틱을 너무 많이 사용한다. 그리하여 대양에는 떠도는 플라스틱 섬들이 점점 많아지고, 그 해역의 수중 생물들에게 피해를 입힌다. 수로에 유해 물질을 흘려보내거나 공기 중에 유해 가스를 배출하는 회사들은 환경 오염 행위를 하고 있는 것이다. 이러한 문제를 해결하려면 개인의 도덕적 참여가 필요할 뿐만 아니라 단합된 정치적 행동도 필요한데, 이 문제는 나중에 더 자세히 다루게 될 것이다. 우리는 개인 수준에서도 우리가 발생시키는 낭비를 잘 의식하여 그것을 제한할 수 있다. 이렇게 하면 우리의 다음 세대뿐만 아니라 현재 지상에서 살고 있는 사람들에게도 좀 더 깨끗한 지구를 남겨줄 수 있는 것이다.

그러나 내가 여기서 집중하고자 하는 문제는 환경에 관한 것으로 자원 고갈이나 환경 오염보다 더 심각한 위협을 안겨주고 있는 문제이다. 그것은 소위 지구온난화 혹은 기후 변화의 도전이다. 나는 여기서 '기후 변화'라는 용어를 사용하겠다. 지구온난화는 여러 가지 결과를 불러일으키고 여기에는 일부 지역을 급속히 냉각시키는 문제가 포함되기 때문이다. 예를 들어 대양이 따뜻해지면 담수가 바다에 흘러들어갈 때 열염분순환(소금물의 순환)에 영향을 줄 수 있는데, 이것은 차례로 영국 같은 북쪽 지역의 기온을 내려가게 하는 효과를 발생시킨다.

우리는 치명적인 가뭄에서 파괴적인 폭풍에 이르기까지 이미 기후 변화의 효과를 목격한 바 있다. 물론 특정한 날씨를 기후 변화 탓으로만 돌리기는 어렵다. 역사가 전개되는 동안 무수한 날씨의 변화가 발생했기 때문이다. 그러나 나는 다음의 논의에서 두 가지 사항은 분명한 사실이라고 가정한다. 첫째는 지구가 점점 뜨거워지고 있다는 것이고, 둘째는 이 지구온난화가 인간의 행위와 관련이 있다는 점이다. 기후 변화의 문제를 추적하는 데 어느 정도 노력을 기울이는(가령 신문을 읽는) 사람들에게 이 두 가지 사항은 틀림없는 진실이기 때문에, 여기서 이것을 길게 설명할 필요는 없다고 본다. 그렇다면 남는 문제는 기후 변화의 관점에서 개인적 도덕의 역할은 무엇인가 하는 문제이다.

철학자 스티븐 가디너Stephen Gardiner는 그의 저서 《완벽한 도덕적 폭풍우A Perfect Moral Storm》—이 제목은 베스트셀러인 서배스천 융거Sebastian Junger의 《완벽한 폭풍우The Perfect Storm》에서 따온 것으로, 이 책은 1991년에 미국과 캐나다 해안에서 여러 기상학적 사건들이 충돌한 일을 다루었다—에서 기후 변화를 정면에서 다루기 어렵게 만드는 세 가지 사실들을 자세히 설명했다.

첫째, 부자들이 기후 변화에 가장 많은 영향을 끼치지만 그로부터 가장 많은 이득을 취하고 있으므로 그 문제를 해결하려는 동기가 유발되지 않는다. 더욱이 그로부터 가장 많은 피해를 입는 가난한 사람들은 그것을 바꿀 힘이 없다.

둘째, 이것은 우리가 여기서 다루려는 문제와 직접적인 관련이 있다. 기후 변화의 수혜자는 현재 세대인 반면에 그에 대한 대가를 지불하는 사람은 미래 세대이거나 자라나는 세대이다. 또 이들은 상당수가 아직 태어나지도 않았다. 기후 변화의 피해를 감당해야 하는 사람들은 그것을 만들어낸 사람들이 알지 못하는 익명의 사람들이다.

셋째, 현재의 도덕 이론들은 기후 변화를 제대로 다룰 수가 없다. 세대 간 정의라는 문제에 대하여 취약할 뿐만 아니라 불확실성을 다루는 방식도 미비하기 때문이다. 기후 변화로부터 혜택을 보는 사람들의 동기 부족에 더하여 이 문제를 다루는 방식에 대해 이론적 장애마저 존재하고 있다.[7]

우리가 시민적 품위를 추구한다면 기후 변화의 효과에 대하여 민감하게 반응해야 한다. 그것이 아직 태어나지 않은 사람들에게 영향을 미친다는 점을 감안하면 더욱 그러하다. 우리가 멀리 떨어져 있는 사람들의 삶을 상상하는 것처럼 미래 세대의 삶도 상상해볼 수 있다. 가령 홍수로 집을 잃어버린 사람들, 지속적인 심한 가뭄으로 고생하는 사람들, 최악의 경우 경작지 부족으로 먹을 것이 충분치 못한 사람들을 상상해볼 수 있다. 이런 것들을 생각하면 기후 변화의 피해를 예방하기 위해 더 이상 그와 관련된 행위를 하지 말아야겠다는 동기가 유발된다. 기후 변화의 효과를 감당해야 하는 미래 세대와 우리 사이의 도덕적 관계라는 구체적 문제로 시선을 돌리기 전에 미래 세대에 우리가 끼치는 영향이 얼마나 큰지 보여주는 복잡한 문제 하나를 잠시 생각해보기로 하자.

이 문제는 최근에 작고한 철학자 데릭 파핏Derek Parfit이 처음 제기했다. 그 문제를 살펴보기 위해, 그가 맨 처음으로 제시한 예를 살펴보자.[8] 14세 소녀가 아이를 낳을 생각을 하고 있다. 그녀는 그것이 나쁜 생각이라는 조언을 받는다. 나이가 좀 더 들고 아이에게 더 좋은 생활을 제공할 수 있을 때까지 기다리는 것이 더 좋지 않을까? 중학교에 다니면서 아이를 낳는다면 학교를 중퇴해야 할 것이고, 좋은 직장을 얻지 못할 것이며, 아이를 함께 키울 수 있는 배우자를 만나는 길도 크게 제한될 것이다. 기다리면 좀 더 건강한 환경을 마련해줄 수 있는 상황에서 지금 당장 아이를 낳겠다는 것은 그 아이에게도 부당한 일이 아니겠는가?

그러나 이런 조언에도 불구하고 소녀는 본인의 계획을 실천하여 임신을 했다. 그리고 예상했던 것처럼, 태어난 아이는 어려운 생활을 하게 되었다. 그러나 만약 당신이 그 자라난 아이에게 "너는 차라리 태어나지 않는 것이 더 좋다고 생각하느냐"라고 묻는다면 그 아이의 대답은 "아니요"일 것이다. 그 아이의 삶이 어렵기는 하지만 살아갈 가치가 있는 것이다. 그는 자신의 삶을 다른 아이에게 양도하고 싶은 생각은 없을 것이다.

그런데 여기에 곤란한 문제가 하나 있다. 만약 그 소녀가 충분히 기다렸다가 임신을 했다면 마침내 태어난 아이는 틀림없이 더 나은 삶을 누렸을 것이다. 그러나 그렇게 기다렸다가 태어난 아이는 이 아이(14세에 출산한 아이)가 아니고 다른 아이일 것이다. 그리고 이 아이는 아무리 삶이 어렵더라도 가치가 있다고 생각하기에 14세 소녀, 즉 어머니의 결정을 더 선호할 것이다. 더욱이 소녀가 기다렸더라면 태어날 수도 있었던 아이는 실재하는 아이가 아니다. 태어날 수도 있었던 아이라는 것은 없다. 그 아이는 실제로는 그 어디에도 존재하지 않는다. 그러니 어머니의 결정으로부터 영향을 받을 수 있는 유일한 아이는 실제로 태어난 아이뿐이다. 그리고 영향을 받을 수 있는 또 다른 사람은 14세 소녀, 즉 아이의 어머니이다. 소녀가 이 아이의 탄생을 후회하리라고 보기는 어렵다. 만약 이것이 사실이라면, 임신하기로 마음먹은 소녀의 결정이 왜 잘못된 것이란 말인가?

이 사례에서 우리는 난처하면서도 아이러니한 도덕적 입장에 빠진 자신을 발견하게 된다. 14세 소녀는 자기 계획을 그대로 밀고 나가서 도덕적으로 부적절한 행동(어린 나이에 임신하는 것)을 도덕적으로 선량한 행동으로 만든 것 같다. 또한 지금 와서 되돌아보니 기다리지 않은 것이 차라리 잘된 것처럼 보인다. 그리고 소녀의 결정에 영향을 받는 당사자(태어난 아이)는 소녀가 그렇게 행동하는 것을 선호했다. 그러니 왜 그녀가 기다렸어야 하는가?

개별적 사례의 딜레마를 살펴보았으므로 이제 범위를 환경 문제로 넓혀 보기로 하자(파핏은 구체적 사례로 기후 변화가 아니라 오염의 문제를 들었다). 우리가 환경에 미치는 영향을 전혀 신경 쓰지 않기로 했다고 가정해보자. 우리는 휘발유를 많이 잡아먹는 대형 승용차를 굴린다. 우리는 에너지 수요를 위하여 계속 석탄에 의존한다. 우리는 값이 싼 고기를 계속 소비하고 그로 인해 공장식 축산을 장려하고 그 결과 이 농장은 다량의 메탄가스를 공기 중에 배출한다. 우리는 비행기가 사용하는 연료는 걱정하지 않고 마음대로 세계 어디든 비행기를 타고 다닌다. 또 우리의 탄소 사용량을 저감하려는 시도도 하지 않는다. 우리가 계속 이런 식으로 행동한다면 틀림없이 기후 변화에 영향을 미칠 것이다. 그리고 우리 뒤에 오는 사람들은 그 해로운 결과를 고스란히 감당해야 한다.

그런데 여기에 한 가지 문제점이 있다. 만약 우리가 이런 식으로 행동한다면 우리 뒤에 오는 사람들은 우리가 기후 변화에 민감하게 반응하며 조심했을 때에 비해 다른 사람이 되어 있을 것이다. 왜? 우리가 다르게 행동했더라면 다른 사람을 낳았을 것이기 때문이다. 아기는 특정한 유전자 구성과 출생 전의 환경을 가지며 어떤 특정한 시기의 양성의 성적 결합의 결과물이다. 앞의 14세 소녀의 사례가 보여주었듯이, 기후 변화가 심한 시기에 임신하여 태어날 아이는 그렇지 않은 시기에 임신한 아이와는 다른 아이가 될 것이다. 따라서 우리가 환경 문제에 조심하지 않고 무관심하게 행동한다면 우리는 아주 다른 아이를 얻게 된다.

그런데 환경에 대한 우리의 무관심으로 인해 그들의 삶이 아주 어려워진다고 해도 우리의 후손들 스스로가 그들의 삶이 살 만한 가치가 있는 것으로 생각한다고 가정해보자. 그들은 태어나지 않는 것보다는 그래도 이 세상에 태어나는 것을 더 좋아할 것이다. 그렇다면 우리는 환경에 대해 계속된 우리의 무심한 행동이 정당화된다고 생각할 것인가? "우리의 환경 무관심에 영향을 받는 사람들은 태어난 사람들뿐이고, 그들은 아예 태어나지 않는 것보다는 태어나는 것을 더 원하고, 또 그들이 탄생할 수 있는 유일한 방법은 지금처럼 우리의 환경 무관심을 통하는 것뿐이니까"라고 우리의 무관심을 정당화할 수 있는가?

철학자 파핏은 이 문제에 대하여 부분적인 대답을 내놓았다. 그런 어려운 시나리오 속에 있는 특정한 사람들을 덜 신경 쓰고, 그 대신에 그 시나리오 속의 다른 사람들(그리고 잠재적인 사람들)을 위해 해줄 수 있는 선善을 더 신경 쓰라는 것이다.[9] 이 까다로운 문제에 대하여 내가 주목하게 되는 것은 그 문제를 어떻게 해결할 것인가 하는 방안 이외에도, 우리의 행동이 미래 세대의 삶에 영향을 미친다는 것은 무슨 의미인가 하는 문제도 있다는 것이다. 우리가 하는 모든 행동은 그들에게 영향을 미칠 가능성이 있고 심지어 누가 태어날 것인가 하는 문제에도 영향을 미친다. 우리의 행동은 장차 태어날 사람들과 긴밀히 연결되어 있다. 이런 의미에서 우리는 공간적으로 멀리 떨어져 있는 사람들보다 시간적으로 멀리 떨어진 사람들과 더 긴밀히 연결되어 있다.

그런데 공간적으로 멀리 떨어져 있는 사람들은 지금 이 순간 우리와 함께 지구를 공유하고 있다. 나중에 올 사람들은 아직 존재하고 있지 않다. 사실 아직 존재하지 않는 '사람들'이 있다고 말하는 것도 좀 기이하다. 앞으로 태어날 사람들이 있고, 이 세상에서 살아갈 사람들이 있기는 하지만, 지금 이 순간 미래 세대에 속하는 사람은 단한 명도 없다. 이런 의미에서 우리는 미래 세대보다는 공간상 멀리 떨어져 있는 사람들과 더 긴밀히 연결되어 있다.

그렇지만 우리가 미래 세대에게 미칠 영향이 훨씬 더 심대할 것이다. 우리가 결정하는 것이 그들이 살아가는 방식 그리고 그들의 정체성 등에도 영향을 미칠 수 있다. 그들은 아직 존재하지 않으므로 우리의 행동에 대하여 반응하지 못하는 반면에, 우리의 행동들은 그들이 살아가야 할 삶과 깊이 연결되어 있다.

기후 변화에 관한 우리의 태도와 행동은 이런 관점에서 보아야 한다. 우리의 행동이 앞으로 태어날 사람에게 영향을 미치고, 그들의 삶이 어떤 형태가 될 것인지에 대해서도 영향을 미친다. 우리가 환경에 대해서 책임 있게 행동한다면 태어나지 않을 사람들은 불평할 거리가 없을 것이다. 반대로 실제로 태어난 사람들은 환경을 보호하기 위한 우리의 행동으로부터 혜택을 받을 것이고, 그들의 존재는 부분적으로 그런 관심의 결과물이라고 할 수 있을 것이다.

여기에는 좀 더 이야기가 있다. 기후 변화는 그 어떤 문제보다도 미래 세대에게 긴급한 문제이다. 그것은 미래 세대에게 대재앙이라는 악영향을 줄 가능성이 있다. 우리는 지금 이 순간에도 가뭄, 폭풍우, 해수면 상승, 열파熱波, 그레이트배리어리프(오스트레일리아 퀸즐랜드 북쪽 해안 앞바다에 있는 산호초 군락—옮긴이) 같은 자연 서식지의 파괴 등의 형태로 그런 대재앙의 예고편을 보고 있다. 앞으로 몇 세대만 더 지나면 세상은 지금보다 훨씬 살기 어려운 곳이 될 가능성도 있다. 이런 긴급한 문제는 도덕적 책임의식을 강조하고 있고 그 때문에 우리는 품위 있는 삶을 살아가는 방식에 대하여 좀 더 깊이 생각해야 한다.

도덕적 품위를 생각하면서 우리는 극단적 이타주의의 경직된 태도를 피하려고 애써 왔다. 의무나 의무감의 관점에서 이 문제를 살펴보기보다는 우리 주위의 사람들과, 멀리 떨어져 있어서 만날 일이 없는 사람들과의 도덕적 관계를 어떻게 설정하고 또 행동해야 할 것인지를 물어왔다. 우리는 제약이나 죄책감보다는 사람들 사이의 기회와 관계에 더 초점을 맞추었다. 그러나 몇몇 아주 긴급한 상황은 우리에게 의무와 의무감을 강조하는 전통적 도덕 이론으로 되돌아갈 것을 요구한다. 그런 화급한 긴급성 때문에 우리는 도덕철학의 역사 속에 다루어진 요소들을 다시 도입할 필요가 생겼다. 사실 지금껏 우리는 도덕적 품위의 관점에 입각하여 필수적 의무와 의무감을 부분적으로 멀리 떼어놓을 수 있었던 것이다.

내가 보기에 기후 변화는 긴급성을 가진 문제이다. 그것은 우리에게 단호히 행동할 것을 요구한다. 효과를 거둘 수 있는 대부분의 행동은 정치적 행동인데, 우리는 이 문제를 5장에서 다시 다루게 될 것이다. 하지만 그런 문제들 중 일부는 개인적 도덕의 문제이기도 하다. 기후 변화의 문제를 완화하기 위해 우리가 일상생활에서도 할 수 있는 것들이 있다. 그런 것들을 철저히 이행한다면 장차 태어날 미래 세대에게 도움을 줄 수 있다. 따라서 우리가 합리적인 범위 내에서 그런 행동들을 할 수 있다면, 반드시 그것들을 해야 한다. 우리는 그렇게 해야 할 의무가 있고 그것은 우리의 필수적 의무 사항이다.

우리가 할 수 있는 일로 시선을 돌리기 전에 전통적 도덕 이론의 어휘를 꺼내게 만드는 질문을 먼저 제기해야 한다. 현재 지구상에서 우리와 함께 살고 있는 사람들의 굶주림은 긴급한 문제가 아닌가? 우리가 아직 태어나지 않은 미래 세대를 걱정한다면, 지금 현재 지상에서 함께 살고 있는 사람들의 극심한 가난도 해결해야 할 도덕적 의무가 있는 게 아닌가? 미래 세대를 위해서 희생할 각오가 있다면 왜 현재 우리와 함께 이 지상에 있는 사람들에게는 그렇게 하지 않는가?

우리는 이러한 도전에 대하여 다음 두 가지 방식으로 대응할 수 있다. 첫째, 기후 변화의 영향은 너무나 막대하기 때문에 극단적 이타주의가 다른 문제들에 요구하는 긴급성과는 비교가 되지 않을 정도로 화급한 문제이다. 내가 여기서 냉담한 사람처럼 보이지 않기 위해 내 입장을 좀 더 분명히 밝혀야 한다고 생각한다. 물론 가난과 기아는 중요한 문제이고 우리는 그것들을 종식시키는 데 기여해야 한다. 그것이 사선행위의 요짐이기도 하다. 그러나 인류의 목숨 대부분이 아주 위태로워지는 훨씬 더 긴급한 상황이 있다. 기후 변화는 해변 도시들을 모두 쓸어가버리고, 현재의 환경을 대부분 파괴하고, 지구의 많은 지역을 살 수 없게 만들고, 그 과정에서 대량의 기아와 빈곤을 수반하는 정말로 무서운 위협이다. 허리케인 카트리나 같은 폭풍우가 예가 될 수 있다면, 우리는 이미 이런 종류의 대재앙을 목격했다. 기후 변화의 위협은 그 규모가 너무나 어마어마하다. 이런 긴급성을 인식하게 되면 그 문제를 여러 종류의 자선행위와는 뚜렷하게 구분되는 도덕적 범주에 집어넣게 된다.

만약 내가 이 문제를 잘못 알고 있다면 또는 이 문제에 대한 과학계의 합의가 잘못된 것이라면 그때는 하나의 철학적 문제로 기후 변화에 반응하게 될 것이고, 우리의 반응은 자선행위와 비슷한 위상을 갖게 될 것이다. 그리하여 공간적으로 멀리 떨어져 있는 사람들에 대한 도덕적 관계와 유사해질 것이다. 그러나 이 책을 읽는 독자들은 나와 비슷한 생각을 할 것이고, 과학계의 합의는 주목할 만한 가치가 있다고 볼 것이다. 그래서 이 긴급한 문제에 대한 대응이 필수적 의무의 성격을 띤다고 결론을 내릴 것이다.

둘째, 이러한 결론은 두 번째 반응을 이끌어낸다. 개인들이 극단적 이타주의를 포용하지 않고서도 품위의 한계 내에서 도덕적으로 행동하는 것도 가능하다. 개인 수준에서 할 수 있는 것들도 많이 있다. 우리는 연비가 좋은 소형차를 몰고 다닐 수 있다. 공장식 축산으로 나오는 고기를 덜 먹을 수도 있다. 앞에서 말했지만 공장식 축산은 엄청난 메탄가스를 공기 중에 배출하고 있다(우리는 또 별도로, 동물을 학대하는 사육장에서 나온 고기를 사지 않을 수도 있다. 우리는 이 문제를 다음 장에서 다루게 될 것이다). 그렇게 할 여력이 있는 사람들은 탄소 상쇄carbon offsets를 사들여서 탄소 족적carbon footprint의 효과를 완화할 수도 있다.

탄소 상쇄는 개인이 환경 보존의 목적으로 기여하는 돈을 말하는데, 개인이 배출한 온실가스에 대하여 보상의 차원에서 내놓는 돈이다. 몇 년 전에 나는 출장길에 비행기를 타면서 나오는 온실가스에 대하여 상쇄해야 한다고 확신하게 되었다.[10] 나는 인터넷에 들어가 내가 어느 정도 상쇄해야 하는지 계산했고 그런 상쇄를 사들일 수 있는 이름 있는 곳이 어디인지 알아보았다. 그 결과 이제 나는 말리Mali에 있는 사람들과 협력하는 단체에 돈을 기부하게 되었다. 말리 사람들은 나무를 덜 때는 데다가(숲을 보호하고) 연기를 덜 배출하는(이산화탄소의 배출을 억제하고 집에 있는 사람들이 폐병에 걸릴 위험을 줄여주는) 난로를 만들고 있었다.

이러한 노력을 하는 사람은 나 혼자만이 아니다. 온실가스 배출을 줄이는 게 어려운 여러 사람이 그들의 탄소 족적을 계산한 다음에, 이런저런 방식으로 탄소 상쇄를 하기 위해 돈을 내놓고 있다.

만약 내가 극단적 이타주의자였다면 비행기 타는 것을 거부했을 것이다. 하지만 그러면 나의 일과 생활에 엄청난 제약을 가하게 될 것이다. 나는 여행을 좋아하고, 내가 여행 중에 만난 사람들은 내 생활이 의미 있는 방식으로 풍요로워지는 데 도움을 준다. 하지만 이것이 이야기의 전부는 아니다. 만약 내가 철저한 이타주의자였다면, 비행기 타는 것을 그만두었을 뿐만 아니라 이 세상을 더욱 살 만한 곳으로 만들기 위하여 탄소 상쇄 또한 사들였을 것이다. 그런데 나는 탄소 상쇄는 사들였지만 비행기를 타는 것을 그만두지 않는다. 그리하여 내 계산이 정확하다면, 나는 탄소 배출에 관해서는 무승부이다. 나는 그 돈을 다른 곳에 쓰고 싶지만 그래도 탄소 상쇄에다가 사용해야 한다는 의무감을 느꼈던 것이다. 나로서는 그것이 도덕적 품위의 요구 사항이다.

온실가스를 배출한 것을 상쇄하기 위해 탄소 상쇄를 사들일 능력이 안 되거나 사들이지 않으려 하는 사람들은 항상 있을 것이다. 바로 이 부분에서 정치적 변화의 중요성이 대두하게 된다. 우리들 중 많은 사람이 개인적으로 기후 변화에 기여하고 있지만 가스를 배출하는 회사들, 공장식 축산, 연비가 낮은 자동차의 생산, 비록 줄어들고 있다지만 석탄 사용 등 우리 경제의 구조상 개인들이 기후 변화에 기여하는 것을 완전히 피해 가기는 어렵다. 만약 이러한 구조가 바뀌지 않는다면, 개인들의 노력만으로는 온실가스가 공기 중에 유입하는 것을 막지 못할 것이다. 따라서 기후 변화를 바로잡는 부담을 기후 변화의 영향을 완화시킬 능력이 안 되는 사람에게 부과하면 안 된다. 특히 기후 변화의 부정적인 영향에 노출되어 가난해진 사람들에게는 그런 부담을 지워서는 안 된다. 기후 변화에서 혜택을 보는 사람들은 대체로 생활에 여유가 있는 사람들이다. 따라서 그 문제를 바로잡는 데 더 큰 의무감을 느껴야 마땅하다.

우리가 도덕의 원을 너 넓히기 전에 이제 마지막 문제가 하나 남아 있다. 우리는 이 장에서 공간적으로 멀리 떨어져 있는 사람들에 대한 자선행위와, 시간적으로 멀리 떨어져 있는 사람들에 대한 의무를 논의해왔다. 그렇다면 그 두 문제 사이에서 어떻게 균형을 잡을 것인지에 대한 문제가 남는다. 그 두 가지를 상당한 수준까지 다 해낸다는 것은 어렵다. 특히 도덕적 품위 있음의 한계 내에서는 더욱 그러하다. 내가 탄소 상쇄에 돈을 내놓았다면, 말라리아와 사상충증의 박멸, 쓰나미와 지진의 예방, 가난한 지역에서 고아들을 위한 대피 시설 마련 등에 내놓을 돈은 자연히 적어지게 된다. 그렇지만 이런 것들도 그들 나름으로 긴급하고 중요한 문제들이다. 그렇다면 우리 뒤에 오는 미래 세대의 필요와 현재 우리와 함께 지구상에 살고 있는 사람들의 필요 사이에서 나는 어떻게 균형을 잡아야 하는가?

나는 앞에서 기후 변화는 다른 많은 문제들보다 더 긴급하고 시급한 문제라고 주장한 바 있다. 그러나 이 문제의 중요성은 인정하면서도 나의 주장에 동의하지 않는 사람들도 있을 것이다. 예를 들어 그들은 수백만 인구의 빈곤화나 자연 재해에 대한 대응을 지구온난화라는 좀 멀리 떨어져 있는 현상보다 훨씬 더 중요하다고 생각할 수 있다. 또는 기후 변화의 긴급성은 인정하면서도 이런저런 현대적 비상사태에 네 마음이 이끌려서 이런 문제들에 돈을 내놓으려고 할 수도 있다.

또 어떤 사람들은 미래에 고통받을 사람들보다 현재 고통을 받는 사람들에게 무언가를 해주고 싶은 입장일 수도 있다. 의사는 의료적 재난 상황에 처한 사람에게 기술이나 지식을 기부할 수 있는데 이것은 그 의사가 다른 문제의 해결을 위해 봉사하려던 생각과 갈등을 일으키게 된다. 혹은 엔지니어라면 쓰나미를 몰고 온 지진에 의해 발생한 2011년 후쿠시마 다이이치 원전 사고에 지식을 기부하고 싶을 것이다. 혹은 기후 변화의 문제를 철저히 부인하는 나라에 사는 사람이라면 다른 현대적 참사에 돈이나 재능을 기부하는 것이 훨씬 효율적일 것이다(이 글을 쓰고 있는 지금, 미국은 기후 변화의 효과를 줄기차게 부인하는 대표적 국가인데, 지구온난화에서 혜택을 보는 사람들일수록 그 문제를 바로잡는 데 소극적이라는 스티븐 가디너의 주장을 증명해주고 있다).

의견 불일치, 감정의 관여, 현실적 제약 등의 이유로 인해 많은 사람이 기후 변화에 대응하는 것보다는 이런저런 형태의 자선행위를 더 부담 없게 생각한다. 물론 자선행위도 해야 할 필요가 있다. 아무리 기후 변화가 긴급한 문제라고 해도 모든 사람이 모든 형태의 자선행위를 중단하고 그 문제에 매달려야 한다는 뜻은 아니다. 자선행위를 하든 기후 변화의 효과를 중단시키려 하든, 둘 중 어느 것을 선택할 것인지는 개인의 이력, 방향성, 지리적 위치, 재원 등의 요소에 달려 있는 것이다.

그러나 우리의 시간과 돈을 기부하기로 결정했다면 반드시 알아야 할 사항이 하나 있다(이것은 대부분의 사람들이 어느 정도 알고 있는 것이기도 하다). 우리가 다른 사람들과 대면관계를 맺고 있는 것도 사실이지만, 우리는 또한 세상의 시민이라는 것이다. 우리는 앞으로 만날 일이 없는 사람들과 이 지구를 함께 나누어 쓰고 있고, 또 우리가 세상을 떠난 이후에 이 세상에 올 사람들이 있다는 것을 고려해야 한다. 우리가 일상생활을 영위하는 동안 도덕의 원은 직접 만나는 사람들 너머로 확대된다. 이러한 사실 때문에 우리는 남들과 유대관계를 맺게 되고, 가끔 우리의 일상적 활동범위를 넘어서는 것들에 대해서도 의무감을 느끼게 된다. 우리는 만날 일이 없는 사람들, 더 나아가 결코 눈으로 볼 수 없는 사람들과 도덕적 관계를 맺는다.

이것은 나쁜 것이 아니다. 부담스러운 이타주의보다는 도덕적 품위의 관점에서 우리의 삶에 접근한다면 종종 일상생활의 사소한 일들에서 벗어나 세상의 발전에 기여하는 우리 자신을 발견할 수 있을 것이다. 우리는 피터 싱어가 주장하는 '효과적 이타주의'가 너무 먼 곳에 있는 다리 혹은 잘못된 방향으로 놓인 다리라고 생각하지만, 이 세상에 공헌하는 것은 삶의 의미를 높여준다는 싱어의 통찰은 경청할 만하다. 우리는 세계의 시민이 되기 위하여 반드시 이타주의자가 되어야 할 필요는 없다. 하지만 그 시민권을 얻으면 남들에게만 혜택

을 주는 것이 아니다. 우리 주변 사람들하고만 살아갈 때에는 얻을
수 없는 즐거움과 의미를 누릴 수 있다.

지금까지 우리의 도덕의 원은 우리 주변의 사람들에서 우리가 만
날 일이 없는 사람들까지 확대되었다. 그 원 안에 들어 있는 자들은
모두 인간이었다. 그러나 인간 이외에 이 세상의 다른 존재들 중 상
당수는 지각 능력이 있고 심지어 인지 능력도 갖추고 있다. 우리가
가능한 한 공장식 축산으로 나오는 고기를 멀리하여 기후 변화에 기
여하는 것을 피하는 것과 같은 행동들은 다른 존재들에게 혜택을 줄
것이다. 하지만 우리가 기후 변화를 다룬 관점은 순전히 인간의 번영
과 고통에 관련된 것이었다. 다음 장에서 우리는 도덕의 원을 다른
방향으로 넓혀서 비인간 동물들에 대한 품위는 무엇이며, 그것을 어
떤 식으로 생각하고 실천해야 하는지 구체적 방법을 논의할 것이다.

4장

도덕의 원 넓히기
: 비인간 동물들

Widening the Circle
: Nonhuman Animals

나는 고양이와 함께 산다. 좀 더 전통적인 방식으로 말하면 우리는 고양이 한 마리를 소유하고 있다. 사람이 살아 있는 동물, 그것도 꽤 영리한 동물을 '소유'한다는 생각은 최근 들어 엄밀하게 재고되고 있는데 이것은 당연한 일이다. 한때는 인간을 재산(노예)으로 여기던 때도 있었는데 이제 세계 대부분의 지역에서 그런 관행은 야만으로 치부되고 있다. 완전히 똑같지는 않지만 이와 유사한 이유로 지능이 있는 동물을 소유한다는 생각은 최근에 정밀 검사를 받고 있다. 그래서 나는 이렇게 말하고 싶다. 나는 고양이와 함께 산다.

그러나 이렇게 말한다고 해서 정확한 표현은 아니다. 그것은 고양이가 우리의 생활공간을 공유하면서 집 안에서 산다는 뉘앙스를 풍기기 때문이다. 하지만 그는 그런 식으로 살지 않는다. 새미라는 이름의 그 고양이는 우리 집 밖에서 산다. 아니, 밖에서 살기도 하고 가끔 안에서 살기도 한다. 그는 뒤뜰에 있는 버려진 나무 위의 집에 들어가기도 하고, 자그마한 베란다에서 뛰어놀기도 하고, 하루에 두 번 아침과 저녁에 우리 집 안으로 들어와 밥을 먹고는 다시 자신의 드넓은 야외 거주지로 나가곤 한다. 그리고 우리 동네를 자기 집처럼 편히 여긴다.

새미가 집 밖에서 살게 된 것은 내가 고양이에게 알레르기 반응을 보이기 때문이다. 그러나 심한 알레르기는 아니다. 끼니때 새미가 집 안팎을 드나드는 정도는 그런대로 견딜 수 있다. 하지만 새미가 아예 집 안에 들어와서 산다면 하루 종일 내 코와 눈과 온몸을 마치 새미처럼 긁어대야 할 것이다. 그러니 새미가 마당에서 사는 것이 우리 모두에게 편안하다.

왜 고양이 알레르기도 있는 사람이 고양이를 기를까 의아할 것이다. 나 또한 처음엔 그랬다. 어느 날 아내와 아이들이 동물 보호소를 다녀오더니 새끼 고양이 한 마리를 데리고 왔는데, 이름은 새미라고 했다. 나로서는 놀라운 일이었는데, 나는 고양이에 알레르기가 있을 뿐만 아니라 별로 좋아하지도 않았기 때문이다. 사실 나는 전반적으로 반려동물을 좋아하지 않는다. 물고기가 작은 어항에 있고, 사료를 주거나 어항의 물을 갈아줄 책임만 없다면 물고기를 기르는 것 정도는 괜찮다. 그러나 내가 앉아 있고 싶은 곳 가까이에 살아 있는 동물이 어슬렁거린다는 것은 그리 매력적인 생각이 아니었다. 그래서 나 자신도 어느 날 새미가 우리 집에 나타났을 때 나도 독자처럼 다소간 의아한 생각을 품었던 것이다.

나는 반려동물을 좋아하지 않고 자연과도 가능한 한 거리를 두려고 하지만 상당한 수준의 채식주의자이다. 집에서는 철저하게 채식을 지키고 있지만 외식을 하게 되면 생선은 먹는다. 채식주의자가 되기까지는 여러 해가 걸렸다. 20대, 30대, 40대에 무수히 시도했지만 실패했다. 그러다가 내 몸의 신진대사가 마침내 느려져서 고기를 먹고 싶은 욕구가 없어졌고, 때때로 치즈버거를 먹고 싶다는 가벼운 충동을 느낄 뿐이다. 그래서 나는 채식주의자이면서도 비인간 동물들을 별로 좋아하지 않는 사람이다(그렇다고 해서 내가 모든 인간 동물을 좋아한다는 뜻은 아니다).

나는 이 점에 대해서 여러 번 질문을 받았다. 다른 동물들에게 별로 유대감을 느끼지 못하는 사람이 가능한 한 동물을 먹지 않으려는 것이 모순까지는 아니어도 어떤 사람들에게는 상당히 의아한 모양이다. 그런 질문에 대한 나의 짜증 섞인 대답은 이러하다. 내가 싫어하는 사람들이 많이 있다. 그렇다고 해서 내게 그들의 살을 먹고 싶은 욕망은 없다. 그러나 좀 더 정확하게 말해보자면, 내가 채식주의를 지향하는 이유는 평범한 것이다. 동물에게 잔인하게 대하지 말자. 특히 공장식 축산의 행태는 환경에 나쁜 영향을 미친다. 나름 번창하는 삶을 구가할 수 있는 생물을 죽이는 것은 혐오스러운 일이다. 나는 채식주의를 설교하지는 않는다. 채식주의자가 되려다 무수히 실패한 내가 채식주의를 설교하려 하다니 당치도 않은 일이다. 내게 채식주의는 그저 품위 있게 살기 위한 한 방법일 뿐이다. 내가 별로 좋아하지 않는 사람들 사이에서도 말이다.

비인간 동물에 대하여 품위를 지킨다는 것은 정말 까다로운 문제이다. 물론 뚜렷한 이상은 있다. 더 많은 사람이 채식주의자vegeterian

가 되는 걸 넘어 완전한 채식주의자vegan가 되어야 한다. 우리들이 힘을 합친다면 공장식 축산을 퇴출시킬 수 있다. 그러나 좀 더 나은 환경에서 식용으로 키우는 동물들의 경우, 상황이 더 복잡하다. 만약 우리 모두가 채식주의자라면 이런 동물들은 아예 존재하지도 않았을 것이고 그들로서는 즐거울 수 있는 삶을 누리지도 못했을 것이다. 반면에 이런 동물들이 일단 존재하게 되면 고기를 먹는 즐거움을 위해 그 동물을 죽여도 된다는 아이디어는 더 정당화하기 힘들 것이다. 그러나 많은 사람에게 채식주의 혹은 완전한 채식주의는 원칙적이고 도덕적인 매력이 있지만 실천하기는 어려운 것이다.[1] 조금 전에 말했던 것처럼, 채식주의자가 되려고 힘들게 노력해온 사람으로서, 또 공장식 축산과 거래하는 가게의 달걀과 치즈를 먹는 것이 나의 기준에 비추어 도덕적으로 위태롭다는 것을 아는 사람으로서, 나는 이 이야기를 하고 있다.

그렇다면 우리는 비인간 동물들과의 도덕적 관계에 있어서 어떻게 이타주의가 아니면서도 그런대로 품위 있는 방식을 수립할 것인가? 채식주의, 더 나아가 완전한 채식주의가 너무 아득한 목표라고 생각된다면, 비인간 동물에 대한 우리의 도덕적 관계나 의무를 어떻게 설정해야 할 것인가? 어떻게 하면 우리가 할 수 있는 범위 내에서 도덕적 기준을 지키고, 그러면서도 동물들이라는 존재가 기계가 아니라 살아가야 할 삶이 있는 생물임을 인정해줄 수 있겠는가? 채식주의가 동물을 존중하는 유일한 방법인가, 아니면 다른 길이 있는가?

이런 질문들을 다루기 전에 많은 동물이 기계와는 아주 다르다는 점을 잠시 생각해보기로 하자. 최근의 연구들은 여러 비인간 동물이 복잡한 정서적, 지적 능력을 가지고 있음을 밝혀냈다. 그 능력은 우리 인간이 자랑스럽게 여기는 정서적, 지적 능력에 비해서도 손색이 없는 것으로 알려졌다. 코끼리들은 그들 중 한 마리가 죽으면 깊은 슬픔을 표시했고 그들 나름의 장례의식도 갖고 있었다. 침팬지는 나무에서 떨어지면 주위를 두리번거리면서 남들이 보지 않았는지 살핀다고 한다. 침팬지가 무안함이란 정서를 갖고 있다는 뜻이다. 새들은 놀라운 기억력을 갖고 있다. 어떤 새들은 음식물을 저장해놓은 장소 여러 군데를 명확하게 기억할 수 있다. 돌고래는 언어를 구사하는 것 같은데, 일부 과학자들은 그 언어를 해독하려고 애쓰고 있다.

도덕적
개별주의와 동물

이런 점을 감안하여 동물들에 대한 도덕적 관계를 논의하는 도덕철학자들은 이렇게 주장한다. 인간이든 비인간이든 각각의 동물은 그 나름의 정서적, 지적 수준을 가지고 있으므로 그 동물을 그에 알맞게 개별적으로 대우해야 한다고. 이런 견해를 '도덕적 개별주의'[2]라고 한다. 이 사상을 이해하기 위하여 우리는 먼저 두 명의 다른 인간인 갑과 을의 사례를 살펴보기로 하자. 갑은 뛰어난 지성의 소유자이다. 반면에 을은 뇌를 다쳐서 지능이 5세 아이의 수준이다. 당신은 이런 갑과 을을 만난다면 누 사람을 동일하게 대우하시 않을 것이다. 을에게 미적분 문제를 풀라고 하거나 체스를 함께 두자고 도전하지 않을 것이다. 반면에 뛰어난 지성을 지닌 갑에게 단순한 카드놀이를 하자고 제안하지도 않을 것이다. 그런 제안은 말이 되지 않을 것이다. 이처럼 능력이 서로 다른 사람들이 많고 당연히 그들을 대할 때는 그 능력을 감안해야 한다. 도덕적이든 아니든 우리의 대인관계는 각자가 소유하고 있는 정서적, 지적 능력에 따라 달라져야 한다.

예를 들어 우리가 갑을 유치원 수준의 지적 자극밖에 없는 환경에 강제로 배치한다면 우리는 그를 도덕적으로 학대하는 것이 된다. 반면에 을을 유치원 수준의 환경에 두지 않고 대학 강의실에 강제 배치한다면 그는 혼란스럽고 방향감각을 잃어버리며 겁을 먹게 될 것이다. 도덕적 개별주의는 각 개인의 능력에 따라 우리의 도덕적 신호를 맞추라고 한다.

그런데 이제 을을 영리한 비인간 동물, 가령 침팬지와 비교해보자. 물론 둘의 삶은 다르다. 침팬지의 관심을 끄는 사물이 반드시 을의 관심을 끈다고는 할 수 없다. 반면에 중복되는 점도 많다. 예를 들어 이들은 장난감 블록을 가지고 노는 것을 좋아한다. 둘 다 대화는 못하지만 의사소통은 할 수 있다. 그리고 더욱 중요하게는 이들의 정서적, 지적인 삶의 풍성함의 수준은 상당히 유사하다. 유사한 능력을 갖고 있고, 경험의 풍부함 또한 마찬가지이다. 풍성하다고는 하지만 그 수준은 갑에 비하면 상당히 낮을 것이다. 그들의 정서적, 지적인 삶은 더 단순하다.

만약 그들의 삶이 이처럼 유사하다면 무엇이 그들을 도덕적으로 다르게 대우하는 것을 정당화하는가? 예를 들어 침팬지에게는 고통스러운 실험을 해도 되고 을에게는 하면 안 되는 이유는 무엇인가?(을의 가족에게 미치는 영향은 논외로 하자.) 침팬지도 을 못지않게 심한 고통을 당하지 않겠는가? 좀 더 날카롭게 말해보자면 우리는 을에게도 침팬지에게 하는 짓을 해야 하지 않겠는가?

도덕적 개별주의자는 이와 관련하여 이렇게 주장한다. 여기에 차이가 있다면 두 인간과 침팬지 사이의 차이가 아니라 갑과 나머지 둘, 즉 을과 침팬지의 차이가 있을 뿐이다. 경험과 능력의 관점에서 볼 때 침팬지와 을은 갑을 상대할 때보다 그들끼리 상대할 때 더 유사성이 많다. 그러니 침팬지와 을은 같은 도덕적 수준에 있고, 그래서 우리가 그 둘을 상대로 맺는 도덕적 관계는 동일한 수준 혹은 아주 유사한 수준이 되어야 하지 않겠는가?

여기서 우리는 그 둘 사이에는 커다란 도덕적 차이가 있다고 말하고 싶어진다. 까놓고 말해보면, 갑과 을은 사람이지만 침팬지는 동물이지 않은가. 이것으로 충분한 도덕적 설명이 되지 않는가? 을은 우리들 중의 한 사람이라는 사실이 그들에 대한 우리의 도덕적 관계에서 중요한 고려 사항이 되지 않는가? 앞 장에서 공간적으로 우리에게서 멀리 떨어진 사람은 우리 가까이 있는 사람들과 똑같은 도덕적 대우를 받을 수는 없다고 하지 않았는가? 그렇다면 다른 종의 존재도 우리에게서 그저 다른 방식으로 멀리 떨어서 있는 것이라고 보아야 하지 않을까?

도덕적 개별주의자들은 문제를 거꾸로 뒤집는다. 우리가 지난 장에서 살펴보았듯이, 피터 싱어 같은 사상가들이 볼 때 물리적 거리는 중요하지 않다. 바로 옆에 있는 사람이나 저 멀리 떨어져 있는 사람이나 똑같이 도덕적 의무가 있다는 것이다. 도덕적 개별주의자들이 볼 때(피터 싱어도 이들 중 한 사람인데), 물리적 거리는 도덕적으로 중요한 것이 아니기 때문에 물리적 거리의 비유는 통하지 않는다. 그렇다면 뇌를 다친 사람이 인간이라는 사실 때문에 그에 대한 우리의 도덕적 관계가 중요해지는가 하는 문제가 남는다. 여기서 도덕적 개별주의자들은 그 사실은 중요하지 않다고 말한다. 뇌를 다친 사람이 우리들 중의 한 사람이기 때문에 침팬지보다 더 도덕적 관심의 대상이 된다는 주장에 대하여 도덕적 개별주의자들은 종차별주의speciesism라는 별로 유쾌하지 못한 명칭을 붙인다.

종차별주의가 인종차별주의 혹은 성차별주의처럼 들릴 수 있는데도 이 용어를 쓰는 까닭은 그들의 의도가 바로 그것이기 때문이다. 우리들 중 대부분의 사람이 인종차별주의와 성차별주의를 혐오스러운 것으로 보듯이, 도덕적 개별주의자들은 종차별주의도 그런 식으로 보아야 한다고 주장한다. 우리는(혹은 우리들 중에 그렇게 생각하는 사람들은) 무엇 때문에 인종차별주의와 성차별주의를 잘못된 것이라고 생각하는가? 인종차별주의와 성차별주의는 누가 '우리들과 같은 사람'인가 하는 임의적인 기준을 바탕으로 남들에게 다른 도덕적 관계를 들이대는 사상이다. 인종차별주의자는 누군가가 같은 인종(그게 어떻게 규정되든)이라고 하면 그 때문에 우리들 중의 한 사람이 되어 전면적인 도덕적 관심을 받을 자격이 있다고 생각한다. 성차별주의자는 누군가가 남성이라고 하면 그 때문에 우리들 중의 한 사람이 되어 충분한 도덕적 위상을 부여받는다고 생각한다. 그러나 우리들 중 많은 사람이 이미 알고 있듯이 인종과 성(혹은 젠더)은 임의적인 도덕 기준이다. 다른 인종, 성, 더 나아가 다른 경제 계급에 속한 사람, 다른 성적 취향이나 신체적 능력을 지닌 사람들도 모두 우리들 중의 한 사람으로서 우리의 전면적인 도덕적 관심을 받을 자격이 있다.

이렇게 말한다고 해서 모든 사람을 똑같이 대우해야 한다는 뜻은 아니다. 전면적인 도덕적 관심을 받을 자격이 있다는 것이 언제나 똑같은 대우를 받을 자격이 있다는 뜻은 아니다. 내가 사람들을 다르게 대해야 하는 무수한 이유들이 있다. 내가 아스피린 두 알을 가지고 있는데 두 사람을 만났다고 하자. 마침 한 사람은 두통을 앓고 있고, 다른 사람은 그렇지 않은데 모두에게 각각 아스피린 한 알씩을 건네준다면 그들에게 똑같은 도덕적 관심을 베푼 것이 아니다. 두통이 있는 사람만 아스피린이 필요하고 다른 사람은 필요하지 않다. 마찬가지로 어떤 사람이 한 사람을 학대했고 두 번째 사람은 그렇게 하지 않았다면, 그 두 사람을 모두 처벌하는 것은 전면적인 도덕적 관심의 처사가 되지 못한다. 마찬가지로 뇌를 다친 사람과 뛰어난 지능을 가진 사람이 다른 대우를 받아도 여전히 똑같은 도덕적 관심을 누릴 수 있다. 하지만 여기에도 복잡한 문제가 있는데 곧 살펴보게 될 것이다.

만약 인종, 성, 젠더가 우리들 중의 한 사람을 말하는 임의적인 기준이라고 한다면, 왜 종 또한 그런 기준으로 보지 않는가? 생물학적 사실 또한 피부 색깔, 성, 젠더처럼 임의적인 것이 아닌가? 다른 종의 생물이 전면적이고 풍요로운 삶을 누릴 능력이 있다면, 왜 그 종이 전면적이고 풍요로운 삶을 누릴 능력이 있는, 뇌를 다친 사람보다 관심을 덜 받아야 하는가? 도덕적 개별주의자들은 종이라는 임의적 특성이 결국 인종차별주의와 성차별주의의 연장이라고 보면서 이런 주장을 한다. 물론 이렇게 말한다고 해서 우리가 방금 살펴본 바와 같이 침팬지를 우수한 지성을 갖춘 사람과 똑같이 대우해야 된다는 것은 아니다. 침팬지를 공직에 입후보하게 하거나 침팬지에게 투표권을 부여함으로써 전면적인 도덕적 배려를 보여주자는 것이 아니다. 단지 침팬지의 능력을 인정하고 그에 알맞게 도덕적으로 배려하자는 것인데, 이 경우는 뇌를 다친 사람을 대우하는 것과 비슷하게 될 것이다.

그러나 여기서 어떤 사람은 이렇게 물어올지 모른다. 어떤 생물이 어떤 종 소속인지 안다는 것은 그 생물의 능력을 이해하는 데 중요한 사항이 아닌가? 내 앞에 있는 동물이 침팬지, 개, 혹은 고양이라면 그 사실 자체가 그 동물을 어떻게 해야 하는지에 관한 지침이 되는 것이 아닌가? 특정한 종의 구성원들은 전형적으로 유사한 능력과 필요를 가지고 있으니 그들의 종을 안다는 것은 그들을 대하는 나의 도덕적 태도에 중요한 사항이 아닌가?

앞의 문장에서 중요한 단어는 '전형적으로'이다. 특정한 종의 구성원들은 전형석으로 혹은 통상적으로 특정한 성질과 능력을 가지고 있고, 그것이 그들을 대하는 우리의 도덕적 반응이나 관계에 영향을 미친다. 그러나 그 종의 모든 구성원이 전형적인 것은 아니다. 만약 비전형적이라면 통상적인 반응과는 다른 식으로 그 구성원에게 반응해야 한다. 우리는 이미 이것을 뇌를 다친 사람의 경우에서 살펴보았다. 그 사람은 인간이라는 종의 전형적인 성인 구성원으로 대우받을 수 없는 것이다. 만약 어떤 침팬지가 특별한 지적 호기심을 보인다거나 어떤 개가 통상적 수준 이상의 충성심을 발휘한다면, 우리는 그 침팬지와 개를 다르게 대우해야 한다고 생각한다. 따라서 도덕적 개별주의자들이 볼 때, 전형적인 것은 남들과의 도덕적 관계에서 경험 법칙으로 활용될 수 있다. 그러나 궁극적으로 도덕적 관계를 결정하는 것은 개별 동물의 특징과 능력이 되어야 한다.

여기서 어떤 사람은 이렇게 불평할 것이다. 그렇다면 도덕적 개별주의자의 관점에서 본다면, 경험의 풍부함에 대한 의존이 종의 개념 자체를 대체하는 것이 아닌가? 만약 종이 남들에 대한 대우 혹은 남들과의 도덕적 관계를 결정하는 임의적 방식이라면, 경험의 풍부함도 마찬가지 아니겠는가? 그것 또한 종의 구성원만큼이나 변덕스러운 것이 아닌가? 왜 어떤 생물이 다른 생물에 비해 더 풍부한 경험을 했다는 사실이 도덕적 관계를 다루는 기준이 되어야 하는가? 좀 더 곤란한 문제로, 왜 그것이 어떤 생물이 남들보다 더 좋은 혹은 더 나쁜 대우를 받는 지침이 되어야 하는가?

이러한 질문에는 한 가지 대답이 있는데 그것은 우리를 도덕적 개별주의의 아주 난처한 측면으로 인도한다. 우리는 경험의 풍부함을 통해 어떤 생물이 어떤 능력이 있는지 알아보고 그에 따라 반응한다. 우수한 지성을 갖춘 사람을 대하듯이 뇌를 다친 사람에게 반응하는 것은 쓸모없는 일이다. 왜냐하면 뇌를 다친 사람은 우수한 지성인의 풍부한 경험을 갖고 있지 않기 때문이다. 그는 우수한 지성인의 생활 속 의미를 높여주는 여러 행동들에 참여하지 못하고 또 즐기지도 못한다. 뇌를 다친 사람은 그런 지적 활동과 관련된 실망감, 실패 혹은 좌절을 지성인처럼 느끼지 못한다. 그렇다고 해서 그가 고통을 아예 모른다는 소리는 아니다. 뇌를 다친 사람이나 침팬지나 모두 고통을 느낀다. 하지만 그들은 특정 유형의 고통만 느끼고 다른 것들은 느끼지 못한다. 이에 반하여 고도의 지성을 갖춘 사람은 더 풍부한 경험을 할 수 있고 그래서 더 큰 고통을 느끼게 된다.

바로 이 지점에서 도덕적 개별주의가 약점을 드러내기 시작한다. 다른 동물들에 대한 도덕적 관계가 그 동물들의 특징이나 능력에 바탕을 두어야 한다는 것은 그리 논쟁적이지 않다. 그러나 더 풍부한 경험을 가진 생물이 더 큰 범위의 고통을 느낄 수 있다고 말하는 것은 상당한 논쟁을 불러일으킨다. 그런 동물들이 더 큰 쾌락과 의미를 추구한다는 사실에서 그런 추론이 나왔다고 하더라도 말이다. 또한 도덕적 개별주의의 틀 내에서 더 큰 혹은 더 작은 고통을 느끼는 능력이 더 좋은 혹은 더 나쁜 도덕적 대우를 받는 지침이 되어야 한다고 말하는 것은 더욱 심각한 논쟁을 불러일으킨다. 이것을 좀 더 노골적으로 다음과 같이 표현해볼 수 있다. 의학 실험이든, 더 큰 사회적 목적을 위한 희생이든, 아니면 방치이든, 우리가 침팬지에게 하려고 하는 무엇이든지 뇌를 다친 사람에게는 기꺼이 할 수가 있으나 뛰어난 지능을 갖춘 사람에게는 그렇게 할 수가 없다.

이런 논쟁적인 입장은 도덕적 개별주의 사상과 '고통은 나쁘고 더 많은 고통은 더 나쁘다'라는 아주 평범한 생각이 결합되어 나온 것이다. 물론 우리는 남들과 도덕적 관계를 맺을 때 그들의 고통을 예방하려고 애써야 한다. 그리고 우리는 앞의 두 장에서 그러한 관계를 추구하는 것의 한계를 살펴보았다. 만약 우리 앞에 두 가지 행동 노선이 있는데 하나는 더 많은 고통으로 향하고, 다른 하나는 더 적은 고통으로 향한다면 일반적으로 우리는 후자를 선택할 것이다(물론 많은 예외가 있다). 가령 우리가 이런 상황에 놓였다고 해보자. 한 생물이 다른 생물보다 고통을 견디는 능력이 더 강하다. 그런데 이 두 생물 중 하나를 희생시켜야 한다. 다른 모든 조건들이 동일하다면 우리는 고통을 덜 느끼는 생물을 희생시킬 것이다. 만약 의학 실험을 받아야 하는 두 불행한 대상자가 뇌를 다친 사람과 고도의 지성을 갖춘 사람이라고 해보자. 뇌를 다친 사람은 신체적 고통은 물론이고 그에 따른 정서적 고통을 느끼겠지만, 고도의 지성을 갖춘 사람은 신체적 고통을 느끼는 건 물론이고 그가 참여했던 프로젝트의 손실이나 장래의 인생 궤도에 대한 불안으로 더욱 극심한 정신적 고통을 겪을 것이다. 이것은 실험 대상으로 뇌를 다친 사람을 선택할 충분한 이유가 된다.[3]

하지만 우리들 중 많은 사람은 이런 결론을 받아들이기가 어렵다. 지성인의 고통이 뇌를 다친 사람의 고통보다 더 중요하다는 것은 우리의 상식에는 어긋나는 주장이다. 더욱이 우리가 침팬지에게 하듯이 이런 사람을 상대로 의학 실험을 기꺼이 하려는 것은 우리의 도덕적 본능에도 심각하게 역행한다. 어떤 사람이 뇌를 다쳐 정신 능력이 떨어진다고 해서 그 가련한 사람을 의학 실험에 적극 내맡기겠다는 사람들이 과연 어디에 있겠는가? 이 모든 일은 아주 불공정하게 보이는 것이다.

그러나 도덕적 개별주의자의 관점에서 이 문제를 해결하는 길이 있다. 지금까지 우리는 이 문제를 이렇게 봐왔다. 당신이 침팬지에게 기꺼이 하려 하는 일은 뇌를 다친 사람에게도 기꺼이 해야 한다. 그런데 여기서 정반대로 이렇게 말해볼 수 있다. 당신이 뇌를 다친 사람에게 하기 싫어하는 것을 침팬지에게 하는 것도 마땅히 싫어해야 한다. 그러면 대부분의 도덕적 개별주의자들의 입장에 상당히 가깝게 다가가게 된다. 그들은 뇌를 다친 사람에게 의학 실험을 하라고 권장하는 게 아니라, 침팬지에게 그런 실험을 하는 것을 끝내야 한다고 주장하는 것이다. 예를 들어 피터 싱어는 〈영장류 프로젝트〉의 창시자들 중 한 사람인데 고릴라, 침팬지, 보노보, 오랑우탄 등 영장류의 생명과 자유, 고문에서의 해방 등을 보장하는 법률의 제정을 추구하고 있다.[4]

더욱이 도덕적 개별주의는 영장류와 뇌를 다친 사람 이상을 보호하려 하고, 영장류에 대한 실험을 금지시키는 것 이상을 추구한다. 우리가 고통을 예방해야 하고, 선택을 해야 한다면 고통을 덜 받는 쪽을 선택해야 한다는 원칙을 한번 생각해보자. 이 원칙이 우리의 식습관과 무슨 관계가 있는가? 만약 우리가 고기를 먹기로 선택한다면, 우리는 동물들 특히 공장식 축산으로 사육되는 동물들의 엄청난 고통을 방조하는 것이 된다(우리가 지난 장에서 살펴본 바와 같이 우리는 기후 변화도 알게 모르게 방조하고 있다. 우리는 이 문제를 약간 다른 형태로 곧 논의하게 될 것이다). 우리가 고기를 먹지 않는다면 우리는 얼마나 많은 고통을 당할 것인가? 별로 많이 당하지 않는다. 사람들은 채식주의자가 되는 방법을 배울 수 있다. 그리고 지난 5~6년 동안 아주 맛이 좋은 고기 대용식이 많이 나와 있다(아주 다행스러운 일이다). 도덕적 개별주의자의 관점에서 보자면, 고기를 먹는 것은 절대 정당화될 수 없다. 특히 공장식 축산으로 만들어낸 고기는 더 나쁘다. 고기를 먹지 못해서 생기는 육식 동물의 고통은 우리 인간이 먹어치우는 동물의 고통에는 결코 비교할 바가 되지 못한다.

나로서는 불행하게도 육식에 해당하는 이야기가 여러 낙농품에도 그대로 적용된다. 만약 내가 도덕적 개별주의의 관점에 철지히 순응하려면 나는 실제로 완전한 채식주의자가 되어야 한다. 나는 도덕적 개별주의자는 아니지만—앞으로 살펴보겠지만, 이러한 관점에서 얻을 것도 아주 많긴 하다—내가 낙농품을 소비하는 것을 도덕적 실패라고 생각한다.

만약 우리가 이 문제에 대하여 철저한 철학적 태도를 견지하려고 한다면, 더 많은 고통보다는 더 적은 고통을 취하는 원칙을 문제 삼을 수 있을 것이다. 예를 하나 들어보겠다. 내가 많은 사람에게 거스러미와 같은 경미한 고통을 줄 수 있다고 해보자. 또는 단 한 사람에게 신장 결석 수준의 엄청난 고통을 안길 수 있다고 해보자(나는 과거에 신장 결석을 앓은 적이 있었다. 나는 그 전에는 고통이 무엇인지 알았다고 생각하지 않는다). 그리하여 거스러미로 고통받는 사람들의 고통의 총합이 신장 결석을 앓는 사람이 겪는 고통의 총합보다 크다고 해보자. 그 두 가지 고통 중 선택을 해야 한다면 나는 그 한 사람에게 신장 결석 수준의 고통을 허용해야 할까? 분명 그렇지 않을 것이다. 그렇다면 더 적은 고통을 취한다는 원칙은 언제나 적용되는 것이 아니다. 그러나 이는 우리의 경우에는 해당되지 않는다. 우리는 그런 상황을 직면하고 있는 게 아니다. 그래서 우리는 그 원칙을 경험 법칙으로 밀고 나갈 수 있다.[5]

도덕적 개별주의자의 주장이 옳다면, 우리는 완전한 채식주의자가 되어야 하고 또 우리가 현재 하고 있는 의학 실험을 상당수 그만두어야 한다. 동물들의 고통을 사전 예방하기 위하여 실시되는 특정 동물들에 대한 의학 실험들만이 정당화될 수 있을 것이다. 하지만 그런 실험들은 현재 진행되고 있는 것들 중에서 극소수에 지나지 않는다. 그리하여 도덕적 개별주의자의 관점은 결국 비인간 동물들과의 도덕적 관계가 거의 이타주의적 관계가 되는 쪽으로 우리를 유도한다. 그렇다면 우리는 도덕적 개별주의자가 되어야 할까?

품위는 도덕적 개별주의를 요청하는가?

우리가 도덕적 개별주의자가 되어서는 안 되는 여러 가지 이유들이 있는데, 그중 일부는 철학적인 것이고 다른 일부는 실제적인 것이다. 하지만 나는 이런 이유들 때문에 우리가 도덕적 개별주의의 핵심적 통찰—많은 동물이 살아가야 할 삶이 있고, 그런 삶이 여러 방식으로 좌절을 당하면 그들은 고통을 느낀다—로부터 고개를 돌리게 된다고 보지 않는다. 이것을 살펴보기 위하여 잠시 비판적 반론을 검토해보기로 하자.

한 가지 반론은 이러하다. 실제 생활에서 우리는 사람과 동물을 다르게 취급한다. 우리가 다른 종의 동물에게 할 수 있는 일들이 있는 데, 그런 일들을 아주 제한적인 수준에서라도 인간에게 한다면 우리 는 아주 불쾌하게 생각할 것이다. 이것은 반드시 어떤 사람에게 고통 을 가하거나 죽이는 것과 관련되는 것은 아니다.[6] 우리는 뇌를 다친 사람이나 알츠하이머병을 앓고 있는 사람에게 바닥에 내려놓은 밥 그릇에 밥을 먹으라고 하지는 않는다. 설사 그 당사자가 그런 대접 을 모욕이나 문제라고 생각하지 않는다 하더라도 그렇게 하지 않는 다. 상대방이 그것을 인식하든 못하든 사람을 그런 식으로 대하는 것 은 인간의 존엄성을 무시하는 것이라고 생각한다. 여기서 그런 대우 는 그런 사람들의 이해관계에 위배된다고 불평할 수 있을 것이나 그 런 불평은 도덕적 개별주의자에게는 통하지 않는다. 심각한 뇌손상 을 입은 환자나 중증 알츠하이머 환자의 경우에 다른 사람들이 그 환 자들에게 일부러 고통을 주지 않는 한, 그런 식으로 대접하는 것은 그 환자들의 이해관계에 위배되지도 않고 그들을 고통스럽게 하지 도 않을 것이다. 심지어 그것을 모욕이라고 생각하지도 않을 것이다. 그러나 우리는 그 환자들에게 바닥에 내려놓은 밥그릇에다 밥을 먹 으라고 하는 것은 그 사람들에게 심한 모욕을 주는 것이라고 생각한 다. 소위 '인간의 존엄성'에 모욕을 가하는 것이라고 느낀다.

또 다른 좀 더 노골적인 사례를 들어보자. 우리는 일반적으로 시신 을 불경하게 대하지 않는다. 그 시신을 한때 점유하고 살았던 사람이 거기 있지 않아도 경의를 표시하는 것이다. 시신의 경우 무시를 당하거나 고통을 받는 사람은 아무도 없지만, 우리는 그것을 하나의 사물, 혹은 더 이상 쓸모가 없기에 내던진 물건 정도로 대우해서는 안 된다고 생각한다. 그래서 어떤 사람들은 이렇게 주장한다. 도덕적 개별주의자들의 말이 사실이라면, 우리가 어느 정도 존경하는 마음을 가지고 시신을 대해야 하는 의무를 합리적으로 설명할 수가 없다.

우리는 이런 사례들을 얼마나 진지하게 받아들여야 하는가? 일부 도덕적 개별주의자들은 이런 주장을 편다. 시신의 경우, 그것을 특별하게 대우하는 것은 그 시신에 깊은 도덕적 의무를 느껴서라기보다 문화적 잔재로 전해지기 때문이라는 것이다. 예를 들어 다른 문화권에서는 시신에 대하여 서구와는 다른 태도를 보인다.[7] 우리가 시신을 공손하게 대하는 것은 '고인이 어떤 식으로든 아직도 그 시신 안에 들어 있으니 시신을 무시하는 것은 고인을 무시하는 것'이라는 환상에 바탕을 둔 것이라고 주장할 수도 있다. 그러나 뇌손상 환자나 알츠하이머 환자의 상황은 좀 달라서 도덕적 개별주의자들에게 좀 더 곤혹스러운 문제가 될 수 있다. 그런데, 정말로 얼마나 곤혹스러운 것일까?

우리가 인간에게는—그것이 맞지 않는다는 것을 알지 못하는 인간에게조차도—맞지 않으나, 동물에게는 적용할 수 있는 대우 방식들이 있다고 가정해보자. 하나의 엄격한 철학적 문제로서, 이것은 절대적 원리로서의 도덕적 개별주의를 크게 훼손시킨다. 그러나 동물들도 살아가야 할 삶이 있고 그 삶 속에서 고통을 당하지 말아야 한다는 핵심 아이디어를 훼손하지는 않는다.[8] 그것은 도덕적 개별주의의 핵심 사상을 정면 공격하는 것이 아니라 그 사상의 가장자리를 야금야금 물어뜯는 것처럼 보인다. 예를 들어, 의학 실험의 경우를 살펴보자. 도덕적 개별주의자들은 침팬지와 비슷한 지능 수준이나 경험을 갖고 있는 사람에게 하기 꺼려지는 것은 침팬지에게도 해서는 안 된다고 주장한다. 여기서 '인간의 존엄성'이라는 아이디어가 인간과 침팬지를 분리시키는가? 우리는 이 인간의 존엄이라는 개념을 이런 사례들로부터 도입해와서 의학 실험상의 침팬지와 뇌손상 인간을 구분하는 데 활용할 수 있을까? 도덕적 개별주의자들은 그런 아이디어의 도입을 별로 탐탁지 않게 생각할 것이다.

도덕적 개별주의에 반대하는 또 다른 반론이 있다. 이 반론은 그 사상의 핵심 통찰을 훼손하지는 않지만, 여기서 한번 고려해볼 만한 가치가 있다. 그 이유는 부분적으로 이 책을 읽고 있는 여러 독자들에게 이미 벌어진 일이기 때문이다. 나는 유사한 경험을 가지고 있는 모든 동물들과 동일한 도덕적 관계를 맺을 수가 없다. 왜냐하면 나는 기술적 관점에서 볼 때 나의 소유인 고양이에게 더 큰 의무감을 느끼기 때문이다. 새미는 내가 여느 고양이들과는 다른 도덕적 관계를 맺고 있는 생물이다. 나는 새미에게 먹을 것을 주어야 한다. 그렇지만 동네의 다른 고양이들에게는 그렇게 할 의무가 없다. 하지만 고양이들은 때때로 이 문제에 대하여 다르게 생각하는 것 같다.

이런 다른 도덕적 관계는 단지 법적인 관계인 것만은 아니다. 내가 소유한 것으로 여겨지는 고양이에게 먹을 것을 주는 행위와 관련하여 어떤 법적 요구 사항이 있는지 나는 알지 못한다. 동물에 대한 잔인함이나 유기 같은 행위에는 법적인 문제가 있을 것이다. 그렇지만 그것은 문제가 되지 않는다. 이런 법적인 의무 사항이 없다 하더라도—이에 대한 나의 무지가 그 증거다—내가 고양이 급식을 중단했다면 도덕적 품위 없음을 저지른다는 느낌이 들었을 것이다. 주위에 급식해줄 사람이 없을 때 내가 고양이에게 먹을 것을 주지 않는다 해도 그런 느낌이었을 것이다. 인정하기 싫지만, 고양이에게 죄책감을 느꼈을 것이다.

여기서 말하고자 하는 아이디어는 이런 것이다. 동물들과의 특정한 관계는 도덕적 의미를 내포한다.[9] 그렇다면 나는 똑같은 정도의 경험을 가지고 있는 모든 동물들과 동일한 도덕적 관계를 맺을 수가 없다. 이것은 내가 '소유한' 동물들에게 진실일 뿐만 아니라 내가 관계를 맺는 다른 동물들에게도 그러하다. 예를 들어 우리 집 뒷마당의 베란다를 좋아하고 또 거기에 우리가 새미를 위해 내놓는 음식을 좋아하는 들고양이가 있었다. 얼마 후에 그 고양이는 우리 집 뒷마당의 주민이 되었다. 들고양이는 새미의 공간을 침해하지는 않았고 새미가 식사를 끝낸 후에 나머지를 먹었다. 새미가 그렇게 하게 했다. 들고양이는 어디에서 해를 보고 누울지, 언제 놀아야 할지 등 중요한 문제의 결정은 모두 새미에게 맡겼다. 이 상황에서 새미가 먹을 것만 밖에다 내놓는다면 그것은 도덕적 태만이 될 것이다. 그렇게 하는 것이 야비하거나 또 아주 심한 것은 아니지만 뭔가 도덕적으로 품위 없는 것이 될 터였다. 우리는 이 들고양이의 먹을 것을 마련하는 데 거의 돈이 들지 않았고 또 그 고양이는 추가분을 내줄 것을 기내해왔다. 만약 밥그릇에다 추가로 음식을 얹지 않았더라면 나는 잘못했다는 느낌이 들었을 것이다.

그렇지만 이런 도덕적 관계는 상황에 따라 바뀔 수도 있는 것이었고 실제로 그렇게 되었다. 첫 번째 들고양이가 나타난 지 몇 달 후에 두 번째 들고양이가 새끼들을 데리고 우리 집 마당에 나타났다. 그러나 이 두 번째 고양이는 공동의 급식에 필요한 서열의식을 인정하지 않았다. 그 고양이는 새미를 밥그릇에서 쫓아버리고 자신과 새끼들을 위해 음식을 독차지했다. 우리는 새미의 체중이 빠지는 것을 목격했다. 다이어트가 우리 고양이의 건강을 해치지는 않을 테지만, 그런 식의 다이어트는 체중 조절 방식으로 그리 권장할 만한 것이 아니었다. 그래서 우리는 급식 방법을 바꾸었다. 우리는 음식 그릇을 집 안에 마련해놓고 새미만 들어와서 먹게 했다. 우리는 다른 고양이들은 집 안으로 들이지 않았다. 그렇게 하면 마당에서 벌어졌던 일이 그대로 반복될 테니까 말이다. 이렇게 하여 우리는 첫 번째 들고양이를 먹일 수가 없게 되었다. 그 고양이는 잠시 실망하더니 곧 동네 다른 집으로 가버렸다. 아무튼 이런 새로운 상황에서 그 고양이에 대한 우리의 도덕적 관계는 바뀌었다. 철학적으로 말해보자면 그 들고양이에 대한 의무는 우리 소유의 고양이인 새미를 먹여야 하는 의무에 밀

려났다.

인간들과의 관계가 그러하듯이, 다른 동물들과의 관계도 역시 도덕적 관계를 만들어낸다. 이것은 사실이므로, 도덕적 개별주의—우리가 각각의 동물을 어떻게 대할 것인가 하는 틀은 오로지 그 동물의 경험 정도에 달려 있다는 사상—는 한계를 가지고 있다(나는 여기서 '틀'이라는 말을 썼는데, 우리가 모든 동물을 똑같은 방식으로 대우해야 할 필요는 없다는 뜻이다. 앞에서 언급한 아스피린 두 알과 두통을 앓는 사람의 사례를 생각해보라). 더욱이 이런 한계는 단지 법적 의무에서 생겨나는 것은 아니다. 그 한계는 다른 동물들과의 상호작용 과정에서 생겨나는 것이다.

그렇다면 도덕적 개별주의는 어떻게 되는가? 앞에 나온 반론과 마찬가지로 나는 이것이 그 사상의 핵심 통찰에 막대한 피해를 입힌다고 생각하지 않는다. 우리는 개인적 관계를 형성한 동물들과 서로 다른 여러 도덕적 관계를 맺고 있다. 그렇지만 이 점이 모든 동물이 살아가야 할 삶이 있고, 그들도 고통을 느끼는 존재이므로 그것을 감안해야 한다는 핵심 사상에 전혀 피해를 주지 않는다. 또한 동물들에게 불필요한 고통을 안겨주어서는 안 되고, 특별한 상황을 제외하고 동물들과의 도덕적 관계는 똑같은 정도의 경험을 가진 다른 인간들과 맺은 도덕적 관계와 같은 수준이어야 한다는 핵심 사상에도 피해를 주지 않는다. 그렇다면 우리가 이런 예외 사항들을 인정하면서 도덕적 개별주의를 추구한다고 한번 상상해보라. 그것은 우리를 어디로 데려갈까?

의학 실험에 사용되는 동물들의 역할에 대한 논란들이 있는데, 그것을 다루는 것은 내 능력 너머의 일이다. 만약 우리가 동물들의 경험과 지능을 좀 더 잘 알게 된다면 동물들에 대한 의학 실험 건수는 줄어들 것이다. 그렇지만 도덕적 개별주의는 좀 더 엄격한 기준을 적용하려고 할 것이다. 우리가 어린아이와 뇌가 손상된 어른에게 의학 실험을 하지 않듯이 침팬지와 일부 지능이 있는 동물들에 대한 실험을 완전 폐지해야 한다고 주장할 것이다. 나는 도덕적 개별주의가 수립한 기준을 그대로 따라야 한다면 의학 실험은 거의 하지 못할 것이라고 생각한다. 이렇게 하는 것이 과연 좋은지는 논외로 하고, 나는 그것이 우리의 일상생활에 어떤 영향을 줄 것인가 하는 문제에 더 집중하고 싶다.

도덕적 개별주의가 우리의 생활에 직접 영향을 주는 두 분야가 있다. 첫 번째는 채식주의와 관련된 것이다. 도덕적 개별주의자가 되려면 완전한 채식주의자가 되거나 그게 아니라면 최소한 잘 대우받고 다 자란 동물에게서 나온 고기만 먹는 것으로 고기 소비를 제한해야 한다. 우리가 육식에서 얻는 즐거움과 공장식 축산의 동물이 견뎌야 하는 비참함, 컨베이어 벨트 위에서 도살되기 직전의 공포를 똑같이 보기는 어렵다. 더욱이 나로서는 유감스러운 일이지만 달걀과 치즈 그리고 낙농품을 먹는 즐거움과 닭들과 암소들이 축산농장에서 비참하게 키워지는 상황을 일치시키는 것도 역시 어렵다. 이런 낙농장들도 그들이 키우고 착취하는 동물에게 똑같이 잔인하다.

여기에 대한 예외는 암소, 돼지, 닭 등 뭐가 되었든 개인 농장에서 좋은 대접을 받으며 번창하는 삶을 살아가는 동물들에게서 나온 고기와 낙농품이다. 우리가 이미 살펴본 바와 같이, 동물을 죽이는 것을 옹호하는 사람들의 주장은 이러하다. "결국에는 그 동물을 죽여서 식용으로 쓰려는 의도가 없었더라면, 그 동물은 애당초 태어나지 못했을 것이다. 따라서 아예 태어나지 않는 것보다는 식용으로라도 키워지는 것이 더 낫다(물론 이런 주장은 젖소의 경우에는 제기될 필요가 없다. 우리는 거기에 관해서는 자유롭고 명확하다)." 태어난 동물을 식용으로 죽이는 것은 도덕적으로 금지되어야 한다는 반론은 잘 길러진 동물에게도 적용될 수 있는가? 그것은 철학자들 사이에서 논쟁이 되고 있는 문제이다. 나는 이 문제를 독자들의 연습 문제로 남겨두겠다. 현실을 보자면, 그런 동물은 극히 드물고, 때문에 도덕적 개별주의를 받아들이는 사람들은 대부분 완전한 채식주의자가 되려 할 것이다.

두 번째는 환경을 대하는 우리의 태도와 관련된 것이다. 앞 장에서 우리는 환경을 보호해야 하는 강력한 이유들을 살펴보았다. 그러나 이런 이유들은 인간들의 복지를 위한 것이었다. 그러나 도덕적 개별주의자들은 그런 기준을 동물들에게도 적용해야 한다고 본다. 그러면서 우리가 환경을 훼손시켜 얻는 즐거움이 그런 오염된 환경 속에서 살아가는 동물들의 고통보다 더 큰 것이냐고 묻는다. 이것은 앞 장에서 나온 것보다 더 엄격한 기준이다. 이 기준을 따라간다면 우리는 환경에 관한 행위가 인간에 미치는 영향뿐만 아니라 동물에 미치는 영향까지도 감안해야 한나. 그러한 영향은 널리 퍼져 있고 또 유해하다. 〈뉴욕타임스〉에 게재된 최근의 과학적 연구는 이런 사실을 알려준다. 많은 동물이 개체수가 줄어들고 있고 멸종될 위기에 있는데, 그 부분적인 이유는 우리 인간의 행위 즉 기후 변화와 서식지 축소에 관련된 행위 때문이라는 것이다.[10] 그리하여 도덕적 개별주의는 현재보다 인간 활동의 범위를 훨씬 축소시킬 것을 제안하고 있다. 그중 대표적인 것을 들어보면 이러하다. 우리는 신생아 출생률을 대체 수준 이하로 낮추어야 한다. 비행기와 자동차 운행을 크게 제한해야 한다. 공장식 축산으로 나온 고기를 먹는 일을 당장 그만두어야 한다 (그런 곳에서 내뿜는 메탄가스 때문에). 지금보다 더 작은 집에서 살아야 한다. 바다를 오염시키는 플라스틱 사용을 중지해야 한다. 우리의 행위가 다양한 천연 서식지들에 미치는 영향을 전반적으로 의식해야 한다.

우리가 이미 살펴본 바와 같이 도덕적 개별주의는 도덕적 행위에 대하여 아주 이타주의적인 접근 방식을 취하고 있다. 여기에서 우리의 실제적인 질문이 제기된다. 우리는 합리적인 범위 내에서 그것을 수용할 수 있을까?

여기에서 개인적인 이야기를 한마디 더 하고 싶다. 이미 말한 것처럼, 나는 지난 세월 동안 여러 번 채식주의가 되려고 했으나 50대 중

반이 될 때까지 번번이 실패했다. 나는 차가운 칠면조 고기 먹기, 한 달에 딱 한 번만 고기 먹기, 내가 먹고 있는 고기를 제공한 소나 돼지가 도축장에서 겪었을 고통을 상상하기 등 여러 가지 방법들을 시도해보았다. 하지만 그 어떤 것도 성공하지 못했다. 나는 고기가 너무나 먹고 싶었고 때때로 고기를 먹는 꿈을 꾸기도 했다. 내가 나중이라도 성공할 수 있었던 유일한 이유는 50대 후반에 들어선 후 신진대사가 느려져서 고기를 먹고 싶은 생각이 사라졌기 때문이라고 본다. 이제 나는 고기를 먹고 싶은 생각이 사라졌고 단 하나, 치즈버거의 예외만 있을 뿐이다. 나는 여전히 치즈버거의 유혹을 물리치기가 어렵다. 하지만 지난 8~9년 동안 어느 정도 결단력을 발휘하여 그 유혹에 굴복하지 않아왔다. (그렇지만 여기서 한 가지 고백할 것이 있다. 내 아이들이 접시 위에다 치즈버거 한두 조각을 남겨놓은 적이 있었다. 그때 나는 이런 생각을 했다. '저건 먹어도 괜찮겠지. 어차피 먹으나 안 먹으나 암소를 못 도와주잖아.')

혹시라도 이렇게 말하는 것이 내가 철저한 원칙을 지키는 수준에 이를 정도로 유혹을 물리친 것처럼 들릴지 모르므로 실은 그렇지 않다는 것을 말해두고 싶다. 나는 반드시 그렇게 되어야 한다고 생각하면서도 아직까지 완전한 채식주의자는 아니다. 외식하러 가면 생선도 먹고 집에서는 낙농품도 먹는다. 우리는 자유방목한 달걀을 사려고 애쓰지만, 상표 뒤의 실상을 좀 더 꼼꼼히 조사해야 하고 또 치즈가 어디에서 오는지도 좀 더 많은 시간을 들여 알아보아야 한다. 내가 그렇게 하지 않으면 동물 학대라는 결과로 이어질 수 있다는 것도 절실히 깨달아야 한다. 나는 이 문제를 연구한 바 있으므로 동물 학대를 쉽게 상상할 수 있다.

게다가 나는 가끔 비인간 동물들의 환경에 피해를 입힐 수 있는 행위를 한다. 재활용되지도 않는 플라스틱 병을 사거나, 낡은 미니밴을 필요 이상으로 몰고 다니는 것이다. 그리고 내가 사들이는 탄소 상쇄가 나의 항공 여행을 모두 상쇄해주는지도 전적으로 확신하지 못한다. 간단히 말해서 내가 하는 행동이 비인간 동물들을 대하는 모범 사례는 아닌 것이다.

이렇게 하는 내가 예외적인 인물이라고 생각하지는 않는다. 내가 이 세상에서 가장 잘 단련된 사람이라고는 할 수 없지만 그래도 목표를 설정하고 달성하는 일을 꽤 잘한다고 생각한다. 도덕적 자기통제의 곡선에서 나의 위치가 어디인지 잘 알지 못하지만, 학습 곡선에서 완전히 벗어나 있다고 생각하지는 않는다. 그런 의미에서 나는 보통 사람들의 대표 정도는 된다고 보며, 나의 일화들은 그것을 확증해주는 가벼운 사례라고 생각한다.

만약 이렇게 보는 것이 옳다면, 도덕적 개별주의는 우리 대부분의 사람들에게 다소 부담스러운 것이다. 도덕적 개별주의가 우리에게 요구하는 것을 성취하기는 어렵다(나의 동료 철학자 중에는 철저한 도덕적 개별주의자가 있는데 한번은 식당에 들어가 그냥 하얀 쌀이 아니라 닭고기 국물에 튀긴 쌀을 주문했다). 나는 나만큼이나, 어쩌면 나보다 더 도덕적 개별주의의 주장에 동조하는 많은 사람을 알고 있는데, 그들은 그것이 도덕적 요구 사항이라기보다 이상론에 가깝다고 생각한다. 우리가 품위 있는 삶을 영위하는 데 도덕적 개별주의는 다른 전통적 도덕 이론 세 가지처럼 가까이하기에는 너무 멀리 떨어진 목표인 것이다.

그렇다면 그것은 우리에게 무슨 소용이 있는가? 그것은 성취할 수단이 전혀 없고 저 멀리 아스라이 떨어져 있어서 우리가 힐끗 엿보기나 하는 고매한 이상인가? 칸트의 정언명령, 공리주의, 기타 도덕철학이 주장하는 도덕의 일반론처럼 우리는 도덕적 개별주의를 비인간 동물에 대한 우리의 도덕적 관계를 생각해보는 틀로 삼아야 하는가? 만약 그것이 하나의 틀이 되어야 한다면, 결국 우리의 행동에 틀을 지우지 못하는 그 틀을 어떻게 활용해야 하는가?

그것을 실현 불가능한 이상 혹은 우리의 행동에 틀이 될 수 없는 것으로 치부해버리고 잊어버리기보다는, 그 사상의 핵심 통찰을 가져와서 그것을 우리의 일상생활에 어떻게 통합시킬 것인지 생각해볼 수 있겠다. 그 통찰은 이중의 통찰인데 하나는 많은 비인간 동물도 살아가야 할 삶이 있다는 것이고, 다른 하나는 그 삶에는 고통이 수반된다는 것이다.

넓게 본다면 첫 번째 통찰은 모든 살아 있는 생물에게 적용된다. 나무도 아메바도 다 살아가야 할 삶이 있다. 도덕적 개별주의는 우리가 그 생물들을 모두 도덕적으로 고려해야 한다고 말하는 것은 아니다. 우리가 앞 장과 이번 장에서 살펴본 바와 같이 그 생물들을 다른 사람과 비인간 동물들을 위하여 고려할 수도 있지만, 그렇다고 해서 '그들 자신을 위하여' 그들을 고려해야 할 필요는 없다. 그들 자체를 위하여 그들 모두를 고려하는 것, 이것이 도덕적 개별주의 속의 개별주의가 요구하는 것이다. 따라서 살아가야 할 삶이 있다는 사실만 가지고 우리의 도덕적 관심을 이끌어내지는 못한다. (여기서 지나가듯이 이런 이야기를 언급하고 싶다. 아마 이런 경험이 있는 사람은 나만이 아닐 텐데 식물이나 나무가 고통을 받지 않는다는 것을 어떻게 아느냐고 여기저기서 물어오는 사람들이 있다. 그들은 식물도 위험을 피하여 몸이 휘어지지 않느냐고 말한다. 나는 이렇게 대답한다. 고통을 느끼려면 고통 신경이 있어야 하는데 식물들은 그런 신경이 없음이 증명되었다. 그러면 그들은 그런 신경을 통하지 않고 다른 방식으로 고통을 당할 수도 있는 게 아니냐고 묻는다. 이럴 때 나는 다음과 같은 상황의 답답함을 느낀다. 내가 어떤 사람에게 온 세상의 증거가 어떤 특정한 결론을 증명하고 있다고 말했는데, 상대방은 이렇게 물어오는 것이다. "당신은 어떻게 그리도 확신할 수 있는가?")

그리하여 살아가야 할 삶이 있다는 사실과 고통을 느끼는 존재라는 사실이 교차하는 지점에서 도덕적 개별주의가 그 구체적 특징을 얻게 된다. 우리는 그 사상으로부터 그 구체적 특징만 뽑아내어 우리의 일상적 도덕 생활에 편입시키는 방법을 찾으면 되는 것이다. 이 지구상에 우리로부터 멀리 떨어진 사람들이 살고 있다는 것을 인식하고 도덕적 이타주의자가 되지 않고서도 그들의 존재를 우리 삶에 편입시킬 수 있는 것처럼 우리는 도덕적 개별주의를 철저히 따라가지 않으면서도 많은 비인간 동물이 살아가야 할 삶이 있고 고통을 느끼는 존재라는 것을 감안할 수 있다.

과연 어떻게 실천할 수 있을까? 첫 번째 단계는 먼저 그런 통찰을 인식하는 것이다. 이것은 멀리 떨어져 있는 사람들을 발견하는 것보다 약간 더 많은 노력을 필요로 한다. 나는 어렸을 적에 이런 인식을 좀 더 즉각적으로 얻을 수 있었지 않았나 하고 생각한다. 지난 40년 동안 환경 보호 운동이 전개되고 또 동물권 운동이 시작되면서 동물들은 짐을 나르는 짐승 혹은 미각과 영양의 원천 이상의 존재라는 것이 널리 인식되었다. 그러나 비인간 동물들과 도덕적으로 품위 있는 관계를 맺기 위해 우리의 사회 내에서 즉각적으로 이루어져야 하는 것은 각 개인들의 올바른 인식이다.

식료품 가게에 가게 되면 육류 코너로 한번 걸어가보라. 스티로폼 위에 얹혀 플라스틱 비닐에 싸여 있는 고기들을 일일이 살펴보라. 그 고기가 어디서 왔는지 생각해보라. 햄버거용 패티는 갈아낸 암소 고기의 일부이다. 그 암소는 값이 더 싸게 먹힌다는 이유로 평소 즐겨 먹는 풀이 아니라 옥수수를 먹으며 자랐을 것이다. 게다가 천연 자양분을 먹고 살지 않기 때문에 호르몬, 비타민, 기타 영양제를 주입받았을 것이다. 그 후 컨베이어 벨트 위에 올려진 채 죽음을 맞이했을 것이다. 그의 앞에 있는 동물들은 그 암소가 죽어가는 것을 보면서 자기의 죽음도 다가오고 있음을 알았을 것이다.

또는 돼지 갈비 살을 살펴보라. 돼지는 지능이 있는 동물이시만 공장식 축산으로 인해 아주 비좁은 우리에 조밀하게 들어가 있어서 신체적으로나 정서적으로 아주 지친 상태로 살아간다. 그들은 종종 공격적 행동을 하면서 다른 돼지들을 치거나 꼬리를 물어뜯는다. 돼지는 살아 있는 내내 자기가 고통받는 존재임을 드러낸다.

닭고기의 경우도 마찬가지이다. 송아지 고기 때문에 송아지가 어떤 일을 당하는지는 말할 필요도 없다. 사실 송아지 고기는 우리가 인식을 행동으로 바꿀 수 있는 최초의 출발점이다. 특별한 부드러움을 부여하기 위해 생후 몇 개월의 기간 동안 제대로 움직이지도 못하게 하고서 만든 송아지 고기를 정말로 먹어야 할 필요가 있는가? 송아지 고기를 먹지 않는 것은 작은 발걸음이고 실행하기 그리 어렵지도 않다. 우리 자신에게 동물들도 고통을 받는 존재임을 상기시키는 첫걸음이 된다.

이것은 인식의 한 가지 사례일 뿐이다. 다른 것들도 있다. 북아메리카와 다른 지역의 원주민 집단은 그들이 식용으로 죽인 동물을 의인화한다. 식육을 제공하여 본인들이 목숨을 이어갈 수 있게 한 데 대하여 종종 그 동물들에게 의례를 통해 감사를 표한다. 이렇게 하는 것은 그들만이 아니다. 종교적 심성이 강한 무슬림과 유대인은 동물의 살해에 따르는 의례를 거행한다. 이렇게 하여 그들에게 자양분을 제공하는 동물들의 삶을 인정해주는 것이다. 이것은 동물에 대한 고마움의 표시이고 동시에 그들도 삶이 있다(혹은 있었다)는 사실을 인정하는 것이다. 이런 집단에 소속되지 않은 우리들은 이런 감사의 의례를 필요로 하지는 않지만 그런 의례를 반드시 거부해야 할 이유도 없다. 그런 감사는 내적 독백으로 표현될 수도 있다. 가령 고기나 낙농품을 사거나 먹기 전에 간단히 고마움을 표시할 수 있다.

이런 관찰을 한다고 해서 혹은 그와 유사한 인식을 갖는다고 해서 사람들이 고기를 아예 사지 않거나 소비를 거부하는 사태로 결말이 나지는 않는다. 그렇지만 이런 관찰 혹은 인식은 어떤 제약을 가져올 수도 있다. 그리하여 닭튀김 혹은 포장 햄이 과연 오늘의 한 끼 식사를 위해 꼭 필요한 것인지 잠시 자문하게 되며 식단에 한두 가지 채식주의 메뉴가 추가될 수 있다. 혹은 그런 인식 덕분에 육류 코너에서 생선 코너로 발을 옮길 수도 있다(말이 나온 김에 남획은 심각한 환경 문제라는 것을 지적하고자 한다. 내 친구는 음식 선택과 관련하여 이 특별한 폭풍우에는 대피 항구도 없는 것 같다고 말했다. 물고기에게 적용해볼 경우 적절한 이미지인 듯하다). 여기에는 품위와 관련된 공식 같은 것은 없다. 생활 지침의 일부가 될 수 있는 통찰들이 있는 것이다. 그런 여러 가지 통찰들로 인해 사람들은 각자 다른 행동이나 절차를 취하겠지만, 그래도 그것들이 가리키는 전반적인 방향은 동일하다.

내 친구 중 한 명은 식품 선택이 까다롭다. 그는 공장식 축산으로 생산된 고기는 먹지 않는다. 자유롭게 키운 닭들이 낳은 달걀만 사며 건강 음식만 먹으려고 애쓴다(이것은 내가 요구할 수 있는 것 이상이다). 그런데 그는 오리고기는 먹고 또 아주 좋아한다. 누군가가 그에게 왜 오리고기는 먹느냐고 물으니까 오리는 수컷이 암컷을 강간하여 새끼를 낳기 때문에 먹는다고 대답했다. 분명 오리 수컷의 소행은 난폭하다. 수컷 오리들은 암컷 한 마리에게 떼 지어 달려들어 암컷이 서의 물에 빠져 죽을 정도로 완력을 사용한다. 수컷의 강제 교접을 받아들이게 하려고 그러는 것이다. 내 친구의 추론은 이러하다. 오리의 경우 그런 윤간에 대하여 사형을 집행하는 것이 당연한 처분이다. 그래서 나는 친구에게 먹고 있는 오리고기가 암컷이 아니라 수컷의 것인지 어떻게 아느냐고 물었다. 그처럼 윤간을 당하는 것도 억울한데 암컷을 죽이기까지 한다면 설상가상으로 부상에다 죽음까지 더한 것이 아니겠는가? 내 친구는 전에도 이런 질문을 받았는지 즉각 대답했다. "암컷 오리의 경우 그게 무슨 삶이야, 차라리 죽는 게 낫지."

암컷이든 수컷이든 이것을 오리고기를 먹는 정당한 이유로 받아들일 수 있을까? 나는 받아들일 수 없다. 하지만 식당에서 가서 생선을 먹거나 집에서 낙농품을 먹는 것에 대해서는 정당한 근거가 있다고 생각한다. 내 친구나 나나 이상적인 도덕적 관계에는 좀 미달하는 비인간 동물과의 도덕적 관계를 구축하려고 애쓰고 있다. 만약 최선의 관계를 얻을 수 없다면 우리가 할 수 있는 차선의 관계를 잘 해보려 한다.

여기서 한 가지 중요한 고려 사항은 식단에서 고기와 생선을 배제하면 식료품비가 높아질 수 있다는 것이다. 불행하게도 우리 미국에서 건강식품은 일반적으로 가격이 더 높다. 가계 예산이 빡빡한 사람에게 식육 배제의 노선—또 말이 난 김에 자유롭게 키운 동물들에게서 고기를 얻는 식육 노선—을 철저히 이행하라고 요구하는 것은 과도한 주문이 될 것이다. 하지만 여기에서도 식육 섭식에 접근할 수 있는 그럴듯한 방식이 있다. 예를 들어 송아지 고기와 푸아그라를 피하는 것이다. 푸아그라는 거위에게 먹을 것을 강제로 주입하여 얻은 간으로 만든 것이다. 자유롭게 키운 닭에게서 나온 달걀은 점점 더 값이 싸지고 있다. 그래서 우리는 공장식 축산으로 나온 달걀의 대체품으로 이런 달걀을 사들일 수 있다.

식생활에서 시선을 돌려 다른 데를 살펴보아도 우리들 사이의 비인간 동물들에게 존경을 표시하는 다른 방법들이 있다. 우리 이웃들은 들고양이들을 잡아 난소를 제거하여 미지의 굶어 죽는 고양이의 개체수를 줄이려 애쓴다. 그리고 그 고양이들을 집 안으로 들이지는 않지만 그들에게 먹을 것을 내준다. 동물보호소에 가서 자원봉사를 하는 이웃도 있고 또 보호소에 돈을 기부하는 사람들도 있다. 또 그런 보호소에서 동물들을 입양하여 집으로 데려오는 사람들도 있다. 이런 사람들은 대부분 채식주의자가 아니다. 하지만 그들은 개별 동물들에 대하여 시민적 품위의 프로젝트를 실천하고 있는 것이다.

또 다른 측면에서 템플 그랜딘Temple Grandin은 자신의 자폐증을 공개적으로 논의한 것 이외에도 동물의 복지에 대하여 인상적인 글들을 썼다. 특히 동물이 도살장으로 수송되는 과정과 도살되기 직전의 시기에 대하여 통찰력 깊은 글을 썼다. 그녀는 자신의 자폐 스펙

트럼 경험이 동물들의 스트레스와 불안을 이해하는 데 도움이 되었으며, 그로 인해 그 고통을 줄여주는 방법을 찾게 되었다고 말했다. 그녀의 저서는 동물권 운동가들 사이에 논쟁을 일으켰는데 그들은 그녀가 동물의 학살을 종식시킬 생각은 하지 않고 도살을 좀 더 온정적인 것으로 만드는 데에만 집중했다고 비난했다. 그러나 채식주의를 실천하지 않는 사람들이 볼 때, 그녀의 저서는 비인간 동물들과의 도덕적 관계를 생각해보는 지침을 제공했다.[11]

마지막으로 우리는 환경과 환경이 다른 동물들에게 미치는 영향을 살펴볼 수 있다. 우리는 이미 앞에서 기후 변화의 문제에 대한 대응이 미래 세대를 위하여 반드시 필요하다는 것을 살펴보았다. 기후 변화는 우리의 현재 생태계에 영향을 주고 있고 앞으로 점점 더 크게 영향을 미칠 것이다. 가뭄, 열파熱波에서 점점 더 거세지는 허리케인, 해수면 상승 등 지구온난화의 영향은 모든 사람이 목격하고 있다. 우리가 기후 변화에 잘 대응하는 것은 지구온난화로 환경이 나빠지는 비인간 동물들의 문제에도 적절히 대응하는 것이다. 숲 지대의 보존 문제가 좋은 예이다. 나무들은 이산화탄소를 '들이마시고' 산소를 '내뱉는다'. 숲을 보존하는 것, 특히 열대우림을 보존하는 것은 지구온난화를 막고 그런 숲 지대에 사는 생물들의 삶을 보호하는 것이기도 하다.

이 일은 어떻게 할 수 있을까? 우리는 나무를 직접 심을 수 있고, 숲 환경을 보존하는 단체, 기후 변화에 맞서 싸우는 단체, 특정 멸종

위기종을 보호하는 단체 등에 기부금을 낼 수 있다. 개별 동물들과의 도덕적 관계와 마찬가지로 도덕적 품위로 가는 길은 단 하나만 있는 게 아니다. 당신이 처한 상황을 깊이 생각한 후에 그것을 개선하기 위해 무엇을 할 수 있는지 자문해보는 것이 중요하다.

개별 동물과 환경에 대한 두 가지 접근 방법을 종합하면 비인간 동물들과의 여러 도덕적 관계를 구축하는 다수의 방법들이 나온다. 어떤 사람들은 개별 동물에 집중하면서 자신들의 식단이 동물의 세계에 미치는 영향을 더욱 꼼꼼하게 살필 것이다. 정치적 성향이 있는 다른 사람들은 환경의 지속가능성을 추구하는 일을 하는 것이 그들의 열정에 더 부합하는 일이라고 생각할 것이다. 또 다른 사람들은 두 가지 접근 방법을 종합하는 생활 방식을 취할 것이다. 물론 비인간 동물과의 도덕적 관계와 앞 장에서 다룬 자선행위와 환경보호 사이에서 균형을 잡아야 하는 문제도 있다. (내 친구는 고기를 먹고 또 식도락가이다. 그렇지만 자선행위와 정치적 조직 활동을 통하여 이 세상을 더 좋은 곳으로 만드는 데 많은 시간을 할애하고 있다. 내가 누구라고 그를 비난할 수 있겠는가?) 이 모든 것의 출발점은 도덕적 개별주의가 우리에게 제공하는 통찰을 깊이 생각하는 것이다. 즉 많은 비인간 동물이 살아가야 할 삶이 있고, 그들이 좌절하거나 피해를 당하면 고통을 느낀다는 통찰 말이다.

앞 장의 말미에서 나는 품위 있는 삶을 살기 위해 우리 자신을 세계의 시민으로 생각할 것을 제안했다. 우리는 비슷한 방식으로 이 장을 마무리할 수 있다. 우리들은 이 사회의 시민일 뿐만 아니라 지구의 시민이기도 하다. 우리는 이 지구를 동물들과 공유하고 있다. 동물들의 삶은 우리와는 많이 다르지만 그래도 우리의 도덕적 관심을 받을 만한 가치가 있다. 우리는 품위 있는 삶을 살아가는 과정에서 그런 도덕적 관심이 어떻게 표현되어야 하는지 물어볼 필요가 있다. 사람마다 개인적 취향과 생활 속에서 추진하는 프로젝트가 다르기 때문에 이 질문에 대하여 각자 다른 대답을 할 것이다. 그러나 우리가 지구의 시민이라는 것을 깊이 생각한다면 우리 주위의 동물들과 적절한 도덕적 관계를 맺는 길을 찾아낼 것이다. 비록 이타주의적인 것은 아닐지라도 우리 자신에 대하여 부끄러움이나 당황스러움을 느끼지는 않는 그런 관계 말이다.

이제 끝으로 새미 이야기를 해보자. 새미는 이제 나이가 들어 몸놀림이 다소 둔해졌다. 그러나 밥때가 되면 동작이 놀라울 정도로 민첩해진다. 나는 요 몇 달 동안 아침 일찍 일어났다. 아마도 나이가 들어서 그럴 것이다. 그래서 내가 문을 열고 새미를 집 안으로 들여 아침밥을 준다. 예전에는 이런 일이 아무 말 없이 행하는 의례였다. 내가 문을 열어주면 새미는 들어와서 먹었고, 먹고 다시 문을 열면 새미는 나갔다. 이것이 새미가 우리와 함께 산 지난 10년 혹은 12년 동안(내가 좀 더 다정한 사람이라면 새미가 우리와 함께 산 기간을 정확하게 기억했을 것이다) 우리가 맺어온 관계의 방식이었다. 지난 몇 달 동안 나는 새미를 좀 더 동정적으로 대했다. 새미가 늙었기 때문인가? 아

196

니면 여러 해가 지난 후에야 함께 사는 또 다른 생물이 있다는 것을 깨달은 것인가? 아니면 우리가 둘 다 늙어가기 때문인가? 잘 모르겠다. 요 몇 달 이른 아침에 멍한 눈으로 주방 문을 열어 새미를 들어오게 하면서 문득 "좋은 아침"이라고 말하는 나 자신을 발견했다.

이제 그런 말을 해줄 때가 된 것 같다.

5장

정치와
품위

*Politics
and Decency*

이 책은 도덕을 다룬 책으로, 도덕적으로 품위 있는 시민이 되는 방법을 찾고 있는데 왜 정치에 관한 장이 필요할까? 전통 철학에서 도덕철학과 정치철학은 서로 다른 분야로 취급되었다. 도덕철학이 인간이 서로 어떻게 행동해야 하는가를 논의하는 분야라면 정치철학은 우리가 어떤 종류의 사회에서 살아가야 하는가에 초점을 맞추고 있다. 그렇지만 이 두 분야는 서로 관련되어 있다. 정치철학은 도덕적 원리를 활용하고 도덕철학은 우리가 모두 이런저런 정체政體, polity(국가의 통치 형태—옮긴이)의 구성원이라는 것을 인정한다.

내가 여기서 쫓는 문제는 간단한 것이다. 우리는 정확하게 말해서 공적 공간 혹은 여러 개의 공적 공간들에 살고 있는, 정체들의 구성원이기 때문에 그런 공간들 내에서 품위 있게 행동한다는 것이 무엇인지 물어볼 필요가 있다. 우리는 지금까지 가까이 혹은 멀리 있는 사람들, 인간과 비인간 동물에 대하여 논의해왔다. 하지만 우리는 지역사회, 국가, 세계 등 여러 대규모 집단의 구성원이기도 하다. 이 구성원이 될 자격과 품위는 어떤 관계가 있을까? 어떤 적절한 방식으로 우리의 공통된 공간들에 참여해야 하는가? 여기서 적절한 방식은 그런 공간들을 무시하지 않으면서도 우리 존재의 중심으로 삼지도 않는 방식을 말한다.

이런 질문을 추상적으로 제기할 수는 없다. 다시 밀해, 정치적 품위가 일반적으로 말해서 무엇인지 묻기 위해 우리의 현재 정치 상황을 추상抽象(여러 가지 구체적 현상에서 공통적인 특성을 뽑아내는 것)할 수는 없다는 뜻이다. 앞의 여러 장에서, 우리는 도덕적 품위에 관하여 일반적인 사항들을 말해왔다. 상식적 예의를 보여주는 방법, 멀리 떨어져 있는 사람들을 배려하는 방법, 비인간 동물들과 관계를 맺는 방식 등을 다루었다. 물론 이 모든 것들은 어느 정도 그 나름의 맥락을 가지고 있다. 우리가 살펴본 바와 같이, 상식적 예의는 서로 다른 문화권에서 뚜렷이 다른 방향으로 달린다. 기후 변화는 미래 세대와 비인간 동물을 향한 어떤 특정한 도덕적 과제를 부과하는데, 이런 과제는 기후 변화가 없었더라면 불필요했을 것이다. 만약 세계의 다른 지역들에 가난이 존재하지 않는다면 우리에게서 멀리 떨어진 사람들에 대한 도덕적 관계도 달라졌을 것이다. 따라서 우리의 도덕적 생활의 그 어느 부분에서도 도덕적 품위 있음과 관련하여 어떤 특정한 상황으로부터 완전한 추상화를 추구하기는 어려운 것이다.

그러나 정치 분야에서 우리는 더욱 현실에 바짝 다가갈 필요가 있다. 정치는 우리의 공통적 상황의 구조―가령 경제적 구조, 인종과 젠더의 관계, 정부의 형태, 정치적 담론의 습속 등―와 관련된 문제이기 때문이다. 그런 구조를 감안하지 않고서는 품위 있게 행동하는 방법을 물을 수 없다.

여기에는 또 다른 문제가 있는데, 앞 문단에서 이미 눈치챘을 것이다. 사실 '우리의 공통적 상황' 같은 것은 없다. 다른 나라들, 심지어 같은 사회 안에서도 다른 사회적 집단들은 정치적 상황이 다르다. 예를 들어 미국에서 우리는 인종차별의 역사를 감안하지 않고서는 정치적 상황을 생각할 수가 없다. 인종 문제를 감안하지 않고서 정치적으로 품위 있는 행동 방식에 대해서 물으려 하는 것은 그 상황의 핵심적 양상을 놓치는 게 된다. 반면에 필리핀이나 스웨덴에서는 그렇지 않다. 이 나라들은 그들 나름의 어려움이 있는 역사가 있지만, 인종 문제가 미국에서처럼 핵심 역할을 하지는 않는다.

이것은 정치적 품위 있음을 어떻게 생각해야 할 것인가 하는 문제를 제기한다. 우리가 어떤 하나의 상황만 깊이 생각하면서 얻은 교훈들은 다른 상황들에 대해서는 제한적인 관계만 맺을 것이기 때문이다. 이것은 상당히 어려운 문제이지만 그래도 성공적으로 이 문제를 해결할 수 있으리라 생각한다. 나는 미국의 현재 정치 상황에 주로 집중하겠지만 내가 여기서 말하는 것은 다음 두 가지 방식으로 다른 정치적 공간에서 사는 사람들과도 관련될 것이다.

첫째, 내가 여기서 사용하는 핵심 개념들―특히 겸손함civility과 비폭력―은 다른 많은 맥락에서도 적용될 수 있는 것이다. 물론 이러한 적용은 맥락에 따라 다소 다른 뉘앙스를 풍길 수도 있다.

둘째, 다른 나라의 경우와 유사하거나 동등한 문제들이 있다. 예를 들어 덴마크는 인종차별의 역사는 없지만—최근까지 덴마크는 동질적 사회였다—지금은 덴마크의 특정한 문화적 전제를 공유하지 않는 이민자 문제를 겪고 있다. 미국의 인종 문제는 새로운 이민자 인구와 관련하여 정치적 품위 있음을 개발하고 유지하려는 덴마크에 하나의 통찰을 제공할 수 있다. 이러한 통찰은 직접 활용할 수 있는 것은 아니다. 그것은 덴마크의 특정한 맥락을 통과해야 한다. 그렇지만 그 상당성은 분명하게 드러난다.

그렇지만 논의를 전개하기 전에 한 가지 일러둘 것이 있다. 정치적 상황은 그것을 바라보는 관점에 따라서 종종 다르게 보인다. 나는 상당히 특혜적인 배경을 가진 백인 남자이다. 나는 아프리카계 미국인, 팔레스타인인, LGBTQ, 그 외의 사람들과 상당한 시간을 보냈지만 유리한 관점에서 그런 문제들을 바라보게 되는 것은 피할 수가 없다. 사실 나는 그런 사람들과 많은 시간을 보냈기 '때문에' 이런 사실을 알게 되었다. 이렇게 말한다고 해서 다른 사람들의 경험에 대해서 알 수 있는 방법이 없다는 것은 아니다. 물론 알 수 있다. 우리 모두는 알 수 있다. 하지만 다음의 논의에서 어떤 특정한 관점이 반드시 나타날 수 있다는 것이다. 이 글을 만약 아프리카계 미국인 여자가 썼다면 달라질 수도 있다는 말이다.

우리가 처한
현재의 정치적 맥락

그렇다면 우리의 현주소는 어디인가? 나는 2017년 여름에 이 글을 쓰고 있다. 지금 미국의 대통령은 도널드 트럼프이다. 많은 사람이 '트럼프' 하면 생각하는 한 가지 특징—나 역시 여기에 동조하는데—은 그가 다른 사람들에게 품위 있게 행동하지 않는다는 것이다. 예를 들어 여성, 아프리카계 미국인, 무슬림, 그리고 트럼프와 다른 의견을 갖고 있는 사람들에게 그는 무례한 태도를 보인다. 물론 정치적으로 품위 없는 모든 사례를 트럼프의 현관 앞에다 내려놓기는 쉬운 일이나, 그렇게 하는 것은 실수가 될 것이다. 품위 없음은 우리의 커다란 정치적 맥락의 일부분이고, 우리의 깊은 이해가 필요한 부분이기도 하다.

이런 맥락은 그 대략적인 윤곽을 파악하기가 어렵지 않다. 전직 대통령 버락 오바마는 종종 노골적인 인종차별의 대상이 되는데, 특히 도널드 트럼프 자신이 그런 차별적 태도를 보이고 있다. 더욱이 대통령 오바마를 반대했던 공화당원들은 임기 초반부터 그가 실패한 대통령이 되도록 만드는 것이 목표라고 말했다. 그와 협력하고, 타협하고, 공동의 장을 마련하려는 시도는 아예 없었다. 그에게 반대하기 위해 정부폐쇄도 불사하는 사람들이 의회 내에 많이 있었다. 공화당과 그 지지자들의 전반적 태도는 전쟁 중의 군인과 비슷했다. 그 전쟁에서 서로 싸우는 두 편이 있었고, 제로섬 게임zero-sum game이라 공동의 장은 없었다. 모든 사람이 이길 수 있는 가능성은 아예 없었다. 만약 저쪽이 이기면 이쪽이 시고 그 반대도 마찬가지였다. 만약 정치를 타협의 기술로 정의한다면, 미국에서는 정치가 실종된 지 꽤 오래되었다.

이런 상황에서는 행동에 관한 여러 규범적 제약들이 느슨해진다. 다른 상황이었으면 말하거나 행동하기 어려운 것들이 허용된다. 물론 행동을 억제하는 규범적 제약들이 없다는 말은 아니다. 정치적 반대자를 살해하는 것은 아직도 금지되어 있다. 그러나 언론이나 행동의 허용가능한 범위가 크게 넓어졌다. 그리하여 내가 여기서 말하는 품위 없는 것들도 이제 얼마든지 말하고 행동할 수 있게 되었다.

이러한 품위 없음은 전통적 정치 분야에만 국한되지 않는다. 그것은 근년에 등장한 공개적인 혹은 가벼운 인종차별적 태도에서도 표현되고 있다. 가령 무슬림과 아프리카계 미국인에 대한 언어적 비방, 가정집 현관이나 공공장소, 자동차에 붙인 인종차별적 슬로건, 우리 사회의 소외된 사람들이 실은 특혜받은 사람이라는 주장 등이다.

지금까지 나는 품위 없음이 오로지 정치적 우파의 현상인 것처럼 말해왔다. 여기서 나는 내가 정치적으로 좌파에 기울어져 있음을 인정하겠다. 그러나 좌파 또한 품위 없음을 조장했다는 비난에서 벗어나기 어렵다. 이것은 우파 인사가 대학생들을 상대로 연설하려는 것을 막으려는 두 건의 폭력 시위에서 분명하게 드러났다. 예를 들어

캘리포니아 주립대학 버클리 캠퍼스에서 거친 시위가 발생하여 예정됐던 밀로 이아노풀로스Milo Yiannopoulos의 연설이 취소되었다. 그는 최근에 13세 정도의 어린 소년과의 섹스를 지지한 것으로 밝혀진 다소 기이한 인물이다.[1] 전국적으로 중계된 그 시위로 인해 좌파는 미국 시민들의 호감을 얻지 못했고, 이아노풀로스는 그가 원했던 텔레비전 방송과 언론에 노출되었다. (이와는 대조적으로 이아노풀로스가 내가 있는 클렘슨에서 연설을 하게 되었을 때 대학의 진보적 조직가들은 그의 연설에 항의하지 않기로 결정했다. 그리하여 클렘슨 근처에 사는 많은 사람들 그리고 국내 다른 지역의 많은 시민들은 그가 클렘슨에 온 것조차도 알지 못했다.)

이런 시위 사건은 미들베리 대학Middlebury college에서도 발생했다. 보수 인사 찰스 머리Charles Murray의 연설이 예정되어 있었는데 시위가 발생하여 취소되었고 그 과정에서 교수 한 사람이 부상을 당했다.[2] 이런 일들이 벌어지면서 '언론의 자유'가 무엇인지, 또 초청 연사가 공개토론에 적절치 못한 의견을 표명하는 것이 허용되어야 하는지 등에 대하여 열띤 토론이 벌어졌다. 그러나 나는 품위의 문제에만 집중하고 싶다. 이런 시위들은 미국 정치문화의 특징인 겸손하지 못함을 조장했고, 비록 그 강도는 떨어지지만 유럽 여러 나라들의 정치문화에도 그런 특징을 부여하고 있다.

나는 좌파와 우파가 이런 문화를 만들어내는 데 똑같은 책임이 있다고 말하려는 게 아니다. 우리의 정치 공간에서 횡행하는 품위 없음은 근년에 주변 세력 이상의 존재가 되지 못하고 있는 좌파보다는 인종차별, 외국인 혐오, 반LGBTQ 정서, 여성혐오가 두드러진 우파 운동의 산물임은 분명해 보인다. 그런데 이런 품위 없음에 대한 반응에는 그 나름의 무례함의 요소들이 있다. 내가 보기에 그런 요소들은 전략적으로 현명하지 못할 뿐만 아니라 우리가 여기서 현재 다루고 있는 주제, '도덕적 품위 있음'에도 어긋나는 것이다.

정치적 품위에
접근하는 방법

품위 있는 정치의 틀을 짜려면 어떻게 해야 하는가? 좀 더 우리의 논의에 맞게 표현해보자면, 정치적으로 품위 있게 행동하는 방법은 무엇인가? 첫 번째 단계로 1장에서 제안한 핵심 주제로 되돌아가보자. 이 세상에는 살아가야 할 삶이 있는 다른 사람들이 존재하고 있음을 인식하는 것이 도덕적 행동이다. 우리는 다른 사람들과 이 세계─우리가 일상생활을 살아가는 비좁은 세상, 우리의 정치문화를 형성하는 더 큰 세상, 그리고 이 지구─를 공유하고 있다. 그들은 우리와 마찬가지로 살 만한 가치가 있는 삶을 구축하려 한다. 1장에서 말한 것처럼 우리는 다음과 같은 것을 추구한다. "상당한 기간에 걸쳐서 전개되는 계획과 관계에 참여하기. 인생행로가 전개되는 방식에 영향을 미치는 자신의 죽음에 대하여 인식하기. 음식, 주거, 수면 같은 생물학적 필요를 충족시키기. 자신의 주위를 배려하고 애착을 느끼는 기본적인 심리적 필요를 충족시키기."[3] 앞의 여러 장에서 우리는 이러한 사실을 우리의 삶 속에 통합시키는 방법, 비록 우리가 철저한 이타주의자의 삶을 살지는 못하지만 우리의 세상을 우리와 같은 방식으로 살아가고 있는 사람들과 공유하고 있다는 사실을 예민하게 인식하는 방법을 논의했다.

그러나 정치의 문제에 도달하면 문제를 복잡하게 만드는 또 다른 관점이 추가된다. 이 세상을 공유하는 다른 사람들은 우리와 똑같은 방식으로 정치를 바라보지 않는다는 것이다. 더욱이 이런 관점의 차이는 우리가 살고 있는 공간에도 영향을 미칠 수 있다. 세상을 다양한 방식으로 바라보는 여러 다른 태도들이 있다. 어떤 사람은 아이스크림이, 어떤 사람은 케이크가 더 좋은 후식이라고 주장한다. 어떤 사람은 인간을 이해하는 데에는 심리학보다 문학이 더 낫다고 보지만, 어떤 사람은 그렇지 않다고 이의를 제기한다. 사람마다 서로 다른 종교관을 갖고 있는 것도 얼마든지 가능하다(물론 역사는 이 점에 있어서 그리 자비롭지 않았다). 그래도 모두가 편안한 방식으로 어떤 이와 관계를 맺을 수 있다. 그러나 정치의 문제로 시선을 옮겨보면 상황은 종종 달라진다. 다른 정치적 견해를 가진 사람들도 평화롭게, 더 나아가 편안하게 공존할 수 있다. 그러나 그 정치적 견해가 그저 다르기만 한 것이 아니라 갈등을 일으키면 문제가 시작된다.

정치는 소위 공유된 공간의 규범적 구축을 지향한다. 다시 말해 정치는 우리가 차지하게 될 공통의 공간이 어떤 모습이 되어야 하는지 관심을 기울이는 작업이다. 내가 여기서 말하는 '공유된' 혹은 '공통의' 공간은 소위 '사적 공간'에 대비되는 개념인 '공적 공간' 같은 것이 아니다. 많은 페미니즘 사상가들이 지적한 바와 같이, 가정처럼 종종 사적 공간이라고 생각되는 곳에도 공적 공간과 연결되는 정치적 차원이 있다. 우리의 공유된 혹은 공통의 공간은 공유된다는 점 때문에 우리 모두의 공간이 된다.

정치는 곧 공유된 공간 전체이고 또 사람들은 이 공간의 타당한 모습에 대하여 종종 다른 견해를 갖고 있다는 사실을 인식하면, 정치에 걸린 이해관계는 다양할 뿐만 아니라 엄청나다는 것을 알게 된다. 그런 이해관계는 가난한 사람보다 부자에게 더 많은 세금을 부과하는 문제, 여성의 임신 중절을 허용하는 문제, 해외의 인도주의적 위기에 대응하는 문제, 시민권 획득의 타당한 기준 등 다양한 것이 될 수 있다. 이러한 문제들에 대한 의견 불일치는 우리가 차지하고 있는 사회적 분야의 적절한 특징, 다른 사람들과 어떻게 살아야 하는지에 대한 의견 불일치이기도 하다. 가령 상식적 예의와는 대조되게도, 우리가 정치적으로 상호작용하는 어떤 요소는 위협적인 것이 될 수 있다. 사람들이 정치적 토론을 피하는 것은 그리 놀라운 일도 아니다. 토론이 순식간에 격렬한 비방전으로 변질될 수 있기 때문이다.

이곳 미국에서 직면하는(혹은 직면하는 데 실패하는) 문제는 그런 격렬한 비방전이 정치적 행위의 관습이 되어버렸다는 점이다. 우리의 정치적 관계는 의견 불일치를 통해 이루어지는 것이 아니라 반대자에게 화를 내거나 입을 다물게 하려는 욕망으로 이루어진다. 그래서 우리는 현재 회복이 불가능할 정도로 분열된 공통의 공간에 살고 있으며, 그 공간에서는 상대방과의 일종의 전쟁이 벌어지고 있다.

이런 정치적 습속에 참여하거나 기여하는 것은 설사 거기에 걸린 이해관계가 우리 각자에게 높은 것이라 할지라도, 정치적으로 품위 없는 행동을 하는 것이다. 그것은 상대방도 그들 나름으로는 일리 있는 견해를 가지고 있다는 것을 인정해주는 건 고사하고, 그 상대방이 우리와 같은 공간 속에서 그들의 삶을 살아간다는 사실조차 인정하기를 거부하는 행동이다. 따라서 정치적 품위 있음의 첫 번째 과제—앞으로 살펴보겠지만, 마지막 과제라기보다—는 겸손한 태도이다.

정치적 겸손함을 어떻게 특징지을 수 있을까?[4] 가장 기본적 수준의 겸손한 행동은 이런 것이다. 다른 사람들도 나와 마찬가지로 그들의 삶을 살아가는 데 있어서 나와 공통의 공간 속에서 살고 있음을 인정하는 것이다. 이 주제는 앞 장들에서 여러 번 다루었던 것이므로, 여기서 다시 길게 설명할 필요는 없을 것이다. 그러나 규범적인 의견 불일치의 문제와 관련하여 우리는 즉시 그런 불일치에 대응할 수 있는 사항을 추가해야 한다. 그것은 나와 정치적 견해가 달라서 의견 불일치를 보이는 사람들이 있어도 그런 불일치가 그들의 견해의 타당성을 감소시키지는 않는다고 인정하는 것이다. 그들의 견해가 잘못된 것 혹은 냉소적인 것일 수도 있으나, 우리와 의견이 다르다는 사실 하나만 가지고서 그들을 내쳐서는 안 된다. 의견 불일치 그 자체만으로 대결을 벌이기에는 충분하지 않다. 어느 한쪽이 아주 잘못되었거나, 신뢰할 수 없거나, 억압적인 의견 불일치가 있을 수 있고(우리는 이 문제를 곧 다룰 것이다), 이런 식으로 행동하는 사람들에게 맞서는 방법들도 있을 것이다. 그러나 이것은 단지 의견 불일치가 있다는 사실과는 뚜렷이 구분되어야 할 필요가 있다.

이렇게 구분할 수 있다면 이제 정치적 겸손함의 두 번째 단계로 나아갈 수 있다. 다른 사람들도 공통의 공간에서 살아가야 할 삶이 있다는 사실을 인정하는 것에 더하여 우리는 의견 불일치를 그저 의견 불일치로 받아들일 수 있다. 내가 아는 사람이 나와 다른 의견을 갖고 있을 때 그런 불일치를 헤쳐나가는 여러 가지 방법이 있다. 별로 큰일이 아니면 나는 그것을 무시하거나 그냥 받아들인다. 친구가 식당에서 내 예상보다 적은 팁을 테이블 위에 올려놓거나 차를 타고 가는데 히터를 좀 세게 틀었을 때, 내가 잘 알지 못하는 사람에 대하여 비난의 말을 할 때, 나는 그런 것들을 그냥 흘려 넘긴다. 그렇지만 우리가 이미 살펴본 바와 같이, 정치에는 이런 사소한 문제들만 있는 게 아니다. 종종 사소한 문제가 중대한 문제로 오해되기도 하지만 말이다. 중대한 문제에 대하여 친구와 의견이 불일치할 때는 어떻게 해야 하는가? 나는 친구와 대화를 하면서 서로 의견이 다르지만 그래도 그의 의견을 존중한다고 말할 것이다. 나는 말보다 나의 행동으로 그의 의견이 바보 같다거나 멍청하다고 생각하지 않음을 보여줄 것이다. 내 생각에 그의 견해는 잘못되었지만 이렇게 행동하는 것이다 (물론 우리 모두가 반드시 이렇게 하는 것은 아니다. 하지만 그렇게 하지 않는다면 거의 언제나 후회한다). 간단히 말해서, 나는 내 친구를 다른 사람으로서 진지하게 대하는 것이나.

친구를 또 하나의 사람으로서 진지하게 대한다는 것은 잘못된 견해를 가지고 있는 사람이 바로 나 자신일 수도 있다는 가능성에 열린 마음을 유지하는 것이다. 이것은 복잡한 태도이므로 잠시 이 문제를 살펴보기로 하자. 잘못된 견해를 가지고 있는 사람이 나 자신일 수도 있다는 가능성에 열린 마음을 유지하는 것은 내가 현재 믿고 있는 것을 사실은 내심 믿지 않는다는 뜻이 아니다. 누진세를 실시해야 하고, 남녀차별 철폐 조치나 소수민족 우대 정책이 건전한 다양성을 촉진하고, 무료 보건 정책을 실시해도 많은 사람이 그 제도를 악용하지 않으리라는 것을 나는 굳게 믿는다. 그러나 나의 이런 믿음은 과학자들의 믿음과 같은 것이다. 다른 객관적 증거가 나타나서 다른 생각을 갖도록 하지 않는 한, 진실이라고 믿는 것이다. 새로운 증거는 내가 예상하지 못한 방식으로 내 믿음에 이의를 제기할 수 있다. 내가 그런 것을 미리 예상할 수 있었다면 지금이라도 내 생각을 바꾸었을 것이다. 정치적 반대자와 과학자와의 대화 사이의 차이는 이런 것이다. 과학자는 새로운 과학적 증거가 나오면 그의 신념을 바꾼다. 하지만 정치적 반대자는 자기 생각은 바꾸지 않은 채 그것을 좋은 주장 정도로 생각한다.

요약하면, 나와 내 믿음의 관계는 규범적인 것이든 사실적인 것이든 오류성fallibility(틀릴 수 있음)의 관계이다. 나의 믿음은 진실일 것이다. 나는 그것이 진실이라고 확실히 믿는다. 그렇지만 그것은 틀릴 수도 있고 나의 추가적인 경험에 의해 수정될 수도 있다. 만약 내가 나와 의견을 달리하는 사람들을 이런 식으로 접근한다면, 나는 그들을 겸손하게 대할 가능성이 높아진다. 그들에게 한 수 가르치려는 듯이 오만하게 말하지도 않고, 또 그들을 우둔하거나 몽매한 사람으로 치부해버리지도 않을 것이다.

미국 사회같이 정치적으로 양극화된 사회에서 이런 태도를 유지하기는 어렵다. 우리는 모두 자신의 정치적 진영으로 내몰려서 거기서부터 싸워야 하고 적진의 유망한 인사들은 공격하면서 조금도 양보하지 않는다. 하지만 실제로는 바로 이런 순간들에 겸손한 태도가 가장 필요한 것이다. 미국 사람들은 종종 부분적으로 겹치는 두 개의 국가에서 살고 있다고 말하곤 한다. 한 국가는 빨간색의 보수적 국가이고, 다른 한 국가는 파란색의 진보적 국가이다. 이 두 국가는 지리적으로 겹칠 수도 있으나(일부 분리되는 경우도 있으나, 시골은 빨간색이고 도시는 파란색이다), 사회적으로는 그런 경우가 없다. 도널드 트럼프가 대통령으로 당선된 이래, 의견이 다른 사람들과 정치적 대화를 나누는 것이 더욱 어려워지고 있다. 그렇지만 우리가 다른 사람들과 공통의 공간에서 살아가려면 겸손한 태도를 반드시 개발해야 한다. 우리와 의견이 다른 사람들도 진지하게 받아들이면서 그들도 살아가야 할 삶이 있고 우리가 알지 못하는 일말의 진실을 알고 있을 수도 있다고 생각해야 한다.

정치적 양극화의 상황에서는 이런 겸손한 태도를 보이는 게 어려울 수 있으므로, 그런 태도를 잠시 유예시킬 수 있는 자리도 있어야 한다. 나는 항상 우리의 믿음이 잘못되었을 수 있다고 느끼라는 것이 아니라 상대방을 생각할 때마다 겸손함의 외양을 갖추어야 한다고 제안하는 것이다. 가정에서 배우자를 상대로 혹은 뜻이 맞는 친구들 사이에서 우리는 가끔 이런저런 공인이 바보이거나 완전히 악당이라고 화를 낼 수도 있다(극단적인 경우에, 속으로는 어떤 사람이 바보 혹은 악당이라고 생각하면서도 겉으로는 그 사람에게 겸손하게 대할 수도 있을 것이다. 하지만 이것은 성공적으로 수행하기가 대단히 어려운 고난도 기술이다). 이런 배출구가 없다면, 겸손함의 태도는 우리에게 이타주의적 요구 같은 것이 될 수 있다. 남들에게 정치적으로 겸손하기 위해서 우리는 공통의 공간에서 언제나 겸손함의 외양을 내보일 수 있도록 습관을 들여야 한다. 고함과 비난, 실제로 폭력도 존재하는 정치적 분위기에서 남들의 의견에 겸손하게 반박한다는 것은 연습이나 사전 준비 없이는 취하기 어려운 태도이다. 공통의 공간에서 우리와 자주 의견이 엇갈리는 사람에게 겸손한 태도를 보이기 위해서는 사전 연습이 필요하다.

그러나 이런 유형의 겸손함에는 한계가 있다. 나와 의견이 다른 사람들도 살아가야 할 삶이 있고 내가 모르는 진실을 일부 알고 있을 수도 있다는 겸손함의 바탕에 깔린 태도에는 한계가 있을 수 없지만, 겸손함의 틀 내에서 논의될 수 있는 것에는 한계가 있다. 내가 볼 때―이렇게 생각하는 것이 나만은 아니라고 본다―인종차별주의, 동성애혐오, 여성혐오, 가난은 가난한 자의 탓이라는 생각, 무슨 수를 써서라도 이겨야 한다는 생각 등은 논의의 대상이 아니다. 하지만 이런 것들이 오늘날 미국의 정치적 상황에서 통하고 있는 태도 혹은 정책이다. 내가 볼 때, 이런 문제들은 내가 틀렸을 수도 있다고 생각하는 대화 속의 화제가 되지 못한다. 나는 나 자신을 상대로 '아프리카계 미국인은 유럽계 미국인에 비하여 지적으로 열등하다', '가난한 사람은 그런 운명을 당해도 어쩔 수 없다'와 같은 말은 절대로 하지 않으며 이것이 백 퍼센트 틀린 생각이라고 본다. 그런데 이런 확고한 태도를 취하면서도 겸손한 것이 가능한가? 내가 당연시하는 어떤 정치적 입장을 취하면서도 정치적 품위를 유지할 수 있는가? 나는 어떤 사람이 인종차별주의자 혹은 동성애혐오자인 것을 안다. 그러면서도 어떻게 그들이 살아가야 할 삶이 있는 사람임을 인정하면서 동시에 그들의 생각(어쩌면 그들의 생각이 전혀 아닐 수도 있다), 더 나아가 그들의 행동에 도전을 할 수 있는가?

이 문제를 논하기 전에, 인종차별주의, 성차별주의, 동성애혐오, 가난에 대한 냉담함 같은 현상의 중요한 두 가지 측면을 잠시 살펴보기로 하자. 첫째, 각종 차별과 혐오는 다른 사람들도 인간이라는 사실을 부정하는 것이다. 가장 분명한 사례인 인종차별주의를 보라. 극단적 형태인 노예제도는 노예를 전혀 사람 취급하지 않으며 백 보를 양보한다 해도 주인과 똑같은 사람으로 보지 않는다. 물론 전 세계의 대부분 지역에서 과거와 같은 전통적인 노예제도는 발견할 수 없다.[5] 그러나 다음과 같은 사례는 어떤가. 백인들은 아프리카계 미국인들이 게으르거나 지능이 떨어진다고 생각한다. 백인들은 그들이 자신들 근처에 사는 것을 원하지 않는다. 종종 문서로 확인되듯이, 아프리카계 미국인은 자격 미달의 백인들보다 취업 기회에서 배제되는 빈도가 훨씬 높다.[6] 이런 경우에 많은 백인들은 아프리카계 미국인도 살아가야 할 삶이 있다는 사실과 그들도 백인 못지않게 번창하고 유의미한 삶을 추구할 자격이 있음을 부정하는 것이다.

약간 형태는 다르지만 인종차별주의 사례는 성차별주의, 동성애 혐오, 장애인 차별ableism, 가난한 사람들에 대한 무관심과 적개심에 그대로 해당한다. 다음과 같이 생각하는 태도가 만연해 있다. '여자들은 남자보다 덜 똑똑하고 일도 잘 못한다. 동성결혼은 남녀 결혼 같은 전통적 결혼과 같은 의미를 둘 수 없다. 신체장애가 있는 사람은 그렇지 않은 사람에 비해 지능이 낮고 정서적으로 문제가 있다. 가난한 사람들은 가난을 벗어나려는 노력을 하지 않기 때문에 가난하다.' 이러한 태도를 취하는 사람은 그런 사람들이 자신보다 덜 된 인간이라는 심리상태를 표현하는 것이다.

둘째, 이런 현상은 그런 사람들에게 특별한 정치적 특징을 부여한다. 다시 말해 이 특징은 우리 공통의 공간에서 형성된 관습의 일부이다. 그 사람들이 우연히 인종차별주의자나 동성애혐오자가 된 것이 아니다. 태어날 때부터 그런 사람들은 아니었다. 그런 태도를 권장하는 문화적 공간에서 개발된 것이고, 소외된 집단에 대한 압박을 당연시하는 사회의 조직 속 문화적 공간이 만들어낸 것이다. 예를 들어 미국 경찰이 무고한 아프리카계 미국인을 죽이면 경찰 내의 몇몇 '나쁜 친구들'이 그렇게 한 것뿐이라고 한다. 그러나 미국에서 경찰이 아프리카계 미국인을 억압한 역사는 아주 오래되었다. 이러한 역사는 경찰 제복을 입는 모든 사람에게 영향을 미친다. 경찰에 몸담고 있는 사람이 인종차별주의자가 되지 않으려면(내가 실제로 겪은 일로 보건대 아프리카계 미국인 경찰관에게도 해당된다) 의식적으로 그런 역사적 효과를 거부해야 하는 것이다.

최근 경찰들의 행동은 우리 사회의 특징이 인종차별주의라는 것을 생생하게 증명한다. 그것은 다른 인종차별적 태도에서도 볼 수 있고 더욱이 성차별주의, 동성애혐오, 장애인 차별, 가난에 대한 냉담함 등에서도 발견된다. 차별주의는 개인의 태도뿐만 아니라 미국이라는 사회의 구조 속에서도 목격된다. 예를 들어 지난 수십 년 동안 미국은 다른 사람들의 돈을 이미 부자인 사람들에게 엄청나게 더 이동시켰다.[7] 그 결과 가난한 사람들은 정체 상태에 빠졌고, 이 글을 쓰는 지금 이 순간에도 이 문제에 대한 대책은 나오지 않고 있다. 만약 현재 계획 중인 정책들이 시행된다면 그들의 가난은 더욱 악화될 것이다. 이러한 풍요 속의 정체는 가난한 사람들도 똑같은 인간이라는 사실을 사회가 거부하고 있음을 보여주는 것이다. 이런 거부는 개인의 문제가 아니라 사회적 구조의 문제이다. 물론 이런 거부는 종종 개인의 태도에 영향을 미치고 상호작용을 한다. 그렇지만 가난한 사람들이 우리와 똑같은 인간이라는 사실을 인정하지 않는 태도는 개인의 문제가 아닌 우리 사회에 만연한 더 심각한 구조적 문제이다. 만약 우리가 이러한 사실을 꿰뚫어보지 못한다면 그것은 사태의 심각성을 제대로 파악하지 못한 것이다.

그래서 우리가 대응하고자 하는 문제는 좀 더 복잡해진다. 이제 문제는 인종차별주의자도 살아가야 할 삶이 있다고 인정하면서 인종차별주의와 대결하는 것이 아니다. 그보다 차별적 태도를 우리의 행동 속에 반영하지 않으면서 어떻게 차별적 태도를 대적할 것인가 하는 문제이다. 우리의 공통의 공간에 존재하는 사람들을 비인간화하는 문제에 대응해야 하는 핵심은 이것이다. 우리는 어떻게 하면 겸손함이라는 근본적인 방향성을 잃지 않으면서도, 그 겸손한 태도에서 한 걸음 더 앞으로 나아갈 수 있겠는가?

비폭력의
역할

우리로서는 다행스럽게도 비인간화와 대결하는 방식을 스스로 만들어내야 할 필요는 없다. 이미 존재하기 때문이다. 그것은 '비폭력'이라는 폭넓게 사용되는 용어로 표현되며, 길고 복잡한 역사를 가지고 있다. 그 역사는 주변부로 소외되었거나 권리를 박탈당한 사람들의 갈등에 뿌리를 두고 있다. 가장 유명한 비폭력 저항 운동은 인도의 독립 운동과 미국의 시민권 운동인데, 극단적인 폭력을 사용한 세력(영국군과 미국 남부의 인종차별주의자들)에게 억압받던 사람들 사이에서 생겨났다. 이 유산은 그 후에도 계속 위력을 발휘했다. 필리핀의 항의 시위는 페르디난드 마르코스Ferdinand Marcos를 권좌에서 축출했고, 이집트에서는 호스니 무바라크Hosni Mubarak 대통령에게 도전했으며, 뉴욕과 다른 도시들에서는 점거 운동을 지원했고, 오늘날에는 '흑인의 생명은 중요하다Black Lives Matter' 같은 많은 단체들의 활동으로 나타나고 있다. 우리가 비폭력의 다양한 역사를 조사할 필요는 없다.[8] 비폭력이 무엇이고 또 무엇이 될 수 있는지 감을 잡는다면 우리는 사람들을 주변화시키는 관행과 구조들에 저항하는 방식을 발견할 수 있을 것이다. 우리가 저항하는 그 압제적인 사람들이나 구조들을 닮지 않으면서도 저항할 수 있다. 이렇게 말한다고 해서 비폭력이 정치적 행동의 유일하고 바람직한 수단이라고 말하는 것은 아니다. 우리가 평화주의자가 될 필요는 없다. 그러나 정치적 품위를 이해하는 데 중심적 역할을 할 것이다.

우선 비폭력이 아닌 것 두 가지를 먼저 말함으로써 비폭력에 대한 논의를 시작하는 게 좋겠다. 첫째, 비폭력은 권력의 면전에서 침묵을 지키거나 유순해지는 것이 아니다. 20세기의 위대한 비폭력 이론가이자 실천가 두 사람이 있는데 한 사람은 마틴 루터 킹이고 다른 한 사람은 모한다스 간디이다. 간디는 '수동적 저항'을 비폭력의 동의어로 여기는 태도를 명시적으로 거부했다.[9] 비폭력은 능동적이고 때로는 아주 창조적이라는 것이다. 그것은 개인적인 것이든 제도적인 것이든 압제를 거부하는 방식인데, 그런 압제자들이 주로 사용한 폭력을 쓰지 않음으로써 저항하는 것이다. 비폭력은 수동적 태도가 아니라 정말로 능동적인 활동을 요구한다.

둘째, 비폭력은 악의적인 공격에 감연히 맞섬으로써 온 세상의 이목을 끌고 존경을 자아내는 것을 의미하지 않는다. 물론 비폭력을 이처럼 낭만적으로 보는 견해가 영 틀렸다는 말은 아니다. 간디의 소금 행진Salt March, 미국 민권 운동의 프리덤 라이더스Freedom Riders와 간이식당 연좌시위 등 비폭력과 관련된 대표적인 이미지와 스토리들은 낭만적인 측면이 있다. 실제로 이런 것들은 영감을 불러일으키는 비폭력의 대표적 사례들이다. 그러나 우리가 비폭력을 순전히 이런 관점으로만 바라본다면 우리는 그것을 이타주의의 도덕적 영역으로 격하시키는 게 된다. 인도 독립 운동과 미국 민권 운동 시기에 소금행진, 프리덤 라이더스, 간이식당 연좌시위, 그 외의 비폭력 캠페인에 참여한 사람들은 구타를 당하고 공개적으로 비난을 받았다. 그들은 비난하는 사람들에게 학대를 받으면서도 굳건히 저항의 뜻을 지키며 보복하지 않을 수 있도록 비폭력 저항의 방법을 사전에 훈련받았다. 만약 이것이 비폭력의 전부라면, 그것은 우리를 품위 있음에서 한 걸음 더 나아가 도덕적으로 좀 더 높은 경지로 인도할 것이다.

　사람들이 낭만적으로 바라보는 비폭력의 비협력적 특징은 확실히 영감을 불러일으키는 측면이 있다. 하지만 비폭력은 좀 더 평범한 활동들도 포함한다. 공공 시위는 종종 비폭력의 표현이다. 환경 침해나 직원 학대 같은 지나친 잘못을 저지른 회사를 보이콧하는 것도 비폭력의 한 형태이다. 정치범 석방을 위해 국제사면위원회가 조직한 편지쓰기 캠페인도 비폭력의 사례이다. 소외된 공동체를 위해 일하는 단체에 도움의 손길을 내미는 것도 비폭력에 적극적으로 참여하는 방법이다. 내가 이 글을 쓰고 있는 현재, 인근 도시의 아프리카계 미국인 공동체에서 활동하는 두 단체가 있다. 그 단체는 가난한 지역에 가로등을 설치하고 있다. 그곳은 밤중에 운전자들이 행인을 미처 발견하지 못해 사망 사고가 많이 나는 동네이다. 나는 그 단체를 조직한 사람들을 직접 만났고, 또 다른 사람들 특히 중산층 백인들에게 그 캠페인을 널리 알렸다. 그들은 돕고 싶다는 의사를 표시했고 어떻게 하면 되겠느냐고 물어왔다. 이런 단체들을 도와주는 것도 비폭력 정치에 참여하는 한 가지 방법이다. 이것은 정의를 성취하기 위해 노력하는 사람들과 연대감을 느끼는 계기가 되기도 한다. 민권 운동보다 규모는 작지만 그래도 사람들의 삶에 중요한 차이를 만들어내는 것이다.

비폭력 운동에 나선 사람들은 처음에는 억압적인 사회 제도를 따르는 사람들에게 그 행위를 중단할 것을 설득하려고 한다. 이러한 설득 노력도 비폭력의 행동이다. 실제로 간디와 마틴 루터 킹도 비폭력 캠페인을 전개하기 전에, 도덕적 실수를 저지르는 적대자에게 그런 실수를 멈추도록 설득해야 한다고 강조했다. 간디가 설득의 사상을 강조한 것은 우리가 위에서 논의한 바와 같이 인간은 온전한 진실에 접근하지 못해 무언가 잘못 알고 있을 수 있다는 사실을 전제하는 것이다. 적대자를 설득하는 과정에서 우리는 적대자의 입장에 우리가 생각한 것보다 더 많은 배경이 있다는 것을 발견할 수도 있고, 적대자가 비록 착각을 하고 있지만 그래도 자신의 입장을 아주 확고하게 지키려 한다는 것을 발견할 수도 있다. 그렇게 되면 우리는 설득이 통하지 않는다는 것을 깨닫고 추가적인 조치가 필요하다고 생각하게 될 것이다. 그러나 그 누구도 온전한 진실에 접근하지 못한다는 간디의 입장은 우리의 행동에 계속하여 중요한 지침이 될 수 있다.

이제 나는 비폭력의 개념을 조금 더 확대하여 우리가 앞 장들에서 다루었던 활동까지 포함시키고자 한다. 앞 장에서 우리의 논의에 활기를 불어넣어주었던 핵심 아이디어―다른 사람들도 살아가야 할 삶이 있고, 품위 있는 행동은 그 사실을 민감하게 인식하는 것이다―

는 그대로 유지할 생각이다. 내가 볼 때, 비폭력적 행동에서 표현된 그런 민감성은 결국 타인의 존엄과 평등을 예민하게 의식하는 것이다.[10] 그러면 두 가지를 차례로 살펴보자.

우리가 여기서 말하는 존엄에는 두 가지 측면이 있다. 하나는 타인을 어떻게 대우하는가의 문제이고, 다른 하나는 우리 자신의 행동에 관한 것이다. 만약 타인을 존엄한 사람으로 대접한다면 그것은 곧 존엄한 태도로 행동한 것이 된다. 이 둘은 서로 연결되어 있지만 정확히 똑같은 것은 아니다.

타인을 존엄한 사람으로 대우하는 것은 본질적 가치라는 철학적 개념에 근거를 두고 있다. 본질적 가치는 도구적 가치와 대비되는 것이다. 예를 들어 돈은 도구적 가치만 갖고 있다. 그것은 가치 있는 다른 어떤 것을 획득하게 해주는 범위 내에서만 가치가 있고 그 자체의 가치는 없다. 가령, 우리가 1페니를 내던져서 돈을 못 쓰게 만들어도 그 돈 자체에 어떤 피해를 입히는 것은 아니다. 우리는 그것을 해친 게 아니다. 도구적 가치만 가지고 있는 것은 어떤 특정한 방식으로 대우해야 할 필요가 없다. 또 다른 목적을 얻기 위한 수단으로만 유익한 것이다. 그러니 도구적 가치만 있는 것은 그 자체로는 아무 가치가 없다고 바꾸어 말할 수 있다.

이와는 대조적으로 본질적 가치는 그 자체로 가치가 있는 것이다. 그것이 다른 어떤 것을 우리에게 가져다주기 때문에 존중하는 것이 아니라 그 자체로 존중받아야 하는 것이다. 어떤 사람들은 미술 작품이 본질적 가치를 가지고 있다고 말한다. 반 고흐의 〈별이 빛나는 밤〉은 미美라는 본질적 가치가 있다고 말할 것이다. 그 가치가 관람자에게 주는 기쁨, 즉 도구적 가치를 넘어선다는 것이다. 이 사람들은 그 그림을 볼 사람이 아무도 없다고 해도 그림을 파괴하는 것은 여전히 잘못된 것이라고 주장한다. 철학적 의미로는 이렇게 말할 수 있을 것이다. 반 고흐의 그림 〈별이 빛나는 밤〉이 존재하는 세상은 그것이 없는 세상보다 더 좋은 세상이다. 설사 그 두 세상에 그 그림을 평가해줄 사람들이 존재하지 않는다고 해도 그 그림은 본질적 가치를 가지고 있다.

사람들이 예술이 본질적 가치를 가지고 있다는 것에 동의하는지 여부는 차치하고라도, 거의 모든 사람이 인간은 본질적 가치가 있다는 데 동의한다. 그 가치가 구체적으로 무엇인지는 논쟁의 대상이 될 수 있다. 이마누엘 칸트는 인간이 소유한 가치, 그리고 반드시 존중해야 할 가치는 합리성이라고 생각했다. 칸트는 합리성을 가진 존재라면 인간과 동일한 본질적 가치가 있다고 보았으므로 이러한 본질적 가치의 유형을 인간에게 국한시키지는 않았다. 칸트가 볼 때 존엄을 갖는다는 것은 곧 합리성을 갖는다는 것이다. 그러나 다른 철학자들은 합리성이라는 아이디어는 너무 제한적인 것이므로 인간의 본질적 가치가 될 수 없다고 보았다. 앞 장에서 사례로 들었듯이, 많은 어린아이들과 뇌를 다친 사람은 합리성을 충분히 갖추고 있다고 보기 어렵다. 그렇다고 해서 이들을 온전하지 못한 인간 취급을 하거나, 본질적 가치를 갖추지 못한 사람으로 취급할 수 있을까?

우리는 앞 장에서 도덕적 개별주의자들이 어린아이들이나 뇌를 다친 사람들에게는 다른 사람들이 가진 풍성한 경험이 없다고 생각한다는 것을 살펴보았다(풍성한 경험은 대체로 말해 본질적 가치의 후보이다). 그러나 그들의 목적은 이런 사람들을 도덕적 고려에서 배제하자는 것이 아니라 다른 존재들을 도덕적으로 더 고려하자는 것이었다. 인간이 소유한 본질적 가치로 합리성을 선택한다면 그런 길은 우리에게 열려 있지 않다. 온전한 이성을 발휘하지 못하는 인간은 본질적 가치를 소유한 인간이 되지 못하기 때문이다.

그렇다면 무엇이 인간이 소유한 본질적 가치가 되어야 하는가? 나의 이러한 질문은 이 장과 앞의 여러 장들에서 살펴본 바 있는데 다음과 같은 능력을 말한다. "상당한 기간에 걸쳐서 전개되는 계획과 관계에 참여하기. 인생행로가 전개되는 방식에 영향을 미치는 자신의 죽음에 대하여 인식하기. 음식, 주거, 수면 같은 생물학적 필요를 충족시키기. 자신의 주위를 배려하고 애착을 느끼는 기본적인 심리적 필요를 충족시키기." 이것은 합리성보다는 덜 제한적인 기준이거나 아니면 칸트와 같은 철학자들이 생각하는 전면적인 합리성과는 약간 다른 것이다. 하지만 이런 것들은 인간에게서 존중되어야 하는 본질적 가치를 잘 표현하고 있다. 이것은 인간에게 존엄을 부여한다. 인간을 존엄한 존재로 대우하는 것은 곧 인간이 이러한 능력이라는 본질적 가치를 소유한다고 생각하는 것이다.

그렇다면 우리는 동료 인간들을 어떻게 대우해야 하는가? 곧 평등을 논의한 후에 이 질문에 대하여 더 많은 구체적 답변을 내놓을 것이지만, 여기서는 이렇게 간단히 대답하겠다. 우리가 인간을 대우하는 데 있어서 그 너머로 나아가서는 안 되는 한계가 있다. (물론 아주 예외적인 상황이 있을 수 있는데, 그것은 다른 사람의 공격에 맞서 자기 자신을 방어해야 하는 상황이다.) 존엄성을 가지고 인간을 대하려면, 우리는 사람들이 중요한 인생 프로젝트나 의미 있는 관계를 개발하는 것을 막아서는 안 되고 또 그들의 기본적인 생물학적 필요를 방해해서도 안 된다. 번창하는 삶을 살아가려면 사람들은 의식주 같은 기본적 욕구를 충족시키는 것 이외에, 장시간에 걸쳐 소중한 사람들과 함께 하는 다양한 종류의 프로젝트에 참여할 수 있어야 한다. 이러한 프로젝트는 교우관계, 의미 있는 일, 사랑의 관계, 취미생활 등 다양하다. 사람들에게 이런 일들을 못하게 하는 것은 그들의 존엄을 인정해주지 않는 것이다. 존엄은 인간이 지닌 본질적 가치이므로 그런 프로젝트들을 방해해서는 안 된다.

그러나 다음의 사실을 인식하는 것이 중요하다. 다른 사람들의 존엄을 존중한다고 해서 반드시 그들에게 강제적 방법을 쓰지 않는다는 뜻은 아니다. 이것은 중요한 통찰로, 간디의 추종자들이 깨닫지 못한 사항이었다.[11] 중요한 프로젝트가 다른 사람들을 압박할 수도 있고, 혹은 사람들이 알든 모르든 그 프로젝트의 일부 효과는 다른 사람들을 압박하는 것을 포함할 수도 있다. 다른 사람의 존엄을 지키는 것은 남을 압박하는 사람들이 그렇게 하도록 허용하는 것을 뜻하지 않는다. 우리는 비폭력적인 수단을 통하여 그들이 그런 억압적인 프로젝트에 참여하는 것을 막을 수 있다. 그러나 그들이 남들을 억압하지 않는 프로젝트에 참여하는 것까지 막아서는 안 된다. 예를 들어 우리는 기후 변화를 조장하는 회사의 활동을 막을 수 있고 심지어 그 회사를 문닫게 할 수도 있다. 그렇지만 우리는 응징으로 그 회사의 직원들이 다른 직장을 알아보는 것까지 막아서는 안 된다(또다시 예외 사항들이 있을 수 있다. 가령, 회사의 소유주들이 알면서도 환경 파괴를 조장했다면 그들은 다른 프로젝트를 추구하기 전에 응분의 처벌을 받아야 한다).

우리는 여기서 인간과 관련된 특정한 본질적 가치에 집중했다. 이것은 우리가 정치의 공통적 공간에 관심을 집중하고 있기 때문인데 정치의 공간은 주로 인간과 관련되어 있다. 두 번째 유형의 존엄으로 넘어가기 전에, 여기서 묘사한 본질적 가치가 유일한 유형의 본질적 가치는 아니라는 점을 지적하고 싶다. 4장에서 우리는 비록 그렇게 부르지는 않았지만 본질적 가치의 다른 형태를 살펴보았다. 고통을 견디는 능력은 인간이 가지고 있지만 인간에게만 국한되지 않은 것으로, 여러 살아 있는 존재들에게 본질적 가치를 부여하는 듯하다. 비인간 동물들은 우리와 마찬가지로 음식, 잠, 주거를 필요로 하고 다른 동물들과 의미 있는 관계를 유지하지만, 인간생활의 특징인 장기적인 프로젝트에 참여하지는 않는다. 따라서 대부분의 비인간 동물들을 존엄한 존재로 대한다는 것은 고통을 견디는 그들의 능력을 인정하고 존중한다는 것이다.

지금까지 우리는 비폭력이 대적하고자 하는 사람들과 관련된 존엄의 측면만 논의해왔다. 또 다른 측면은 정치적 행위자인 우리 자신과 관련된 것이다. 그것은 품위 있는 행동의 문제이다. 어떻게 하면 우리는 다른 사람들과 공유하는 공간에서 품위 있게 행동할 수 있는가? 한 가지 방법은 우리 자신을 정치적 행동의 모델로 만들어서 우리의 행동을 다른 사람들이 좋게 보고 기꺼이 모방하게 하는 것이다. 품위 있게 행동하는 것은 공통의 공간을 멋지게 헤쳐나가는 것이다. 다른 사람들이 그들의 편견에 사로잡혀 있지 않는 한, 당신의 행동을 혐오스럽다거나 당황스럽다고 생각하지 않는 방식, 남들이 당신을 따라 해도 난처해지지 않을 방식으로 행동하는 것이다. 남들을 언어나 완력으로 공격하는 것, 남들을 굴욕적인 상황으로 몰아가는 것, 남들에 대하여 거짓말이나 헛소문을 퍼트리는 것, 남들을 협박하거나 강탈하는 것, 사소한 정치적 목적을 위해 남들을 위협하는 것, 이 모든 것은 비폭력적 행동을 추구하는 사람이라면 거부할 법한 품위 없는 행동의 사례들이다. 존엄이 다른 사람의 본질적 가치를 인정하는 것과 관련된다면, 공유된 공간을 헤쳐나가면서 남들의 모범이 될 만한 행동을 하고 또 나중에 후회 없이 되돌아볼 수 있는 행동을 하는 것도 포함된다.

존엄이 비폭력과 관련된 가치들 중 하나라면 평등 또한 그러하다.

평등의 사상은 이 책의 앞 여러 장들을 관통하는 핵심 사상이고, 미국의 역사에서도 아주 성스러운 지위를 차지하고 있다. 그래서 독립 선언서의 두 번째 문단은 이렇게 말하고 있다. "우리는 모든 사람이 평등하게 태어났다는 사실을 자명한 진리로 받아들인다"(하지만 우리는 여기에 사용된 사람이라는 용어가 어떤 특정한 사람들만 가리키는 것임을 주목해야 한다). 여기에는 다음과 같은 전제가 깔려 있다. 우리는 각자 우리 자신의 삶을 창조하는 능력을 평등하게 부여받았고, 이 능력은 우리의 정치적 고려 사항에서 가장 중요한 것이다. 혹은 우리가 방금 살펴본 관점에서 말해보자면 이렇게 된다. 그 누구도 다른 사람에 비해 더 큰 본질적 가치를 가지고 있다고 할 수 없다.

이 명제는 오해하기 쉬운 것이므로 좀 더 분명하게 밝혀야 할 필요가 있다. 우리가 이미 살펴본 바와 같이, 모두가 평등하다고 말하는 것이 다 똑같은 대우를 받는다는 뜻은 아니다. 앞 장에서 다룬 아스피린과 두 사람의 사례를 상기해보라. 또 모두가 평등하다고 말하는 것은 사람들이 살면서 하는 일이 대접받을 자격에 영향을 주지 못한다거나 모든 사람이 무슨 행동을 하든 상관없이 동등한 존경을 받아야 한다는 뜻이 아니다. 우리가 여기서 말하는 평등은 필요나 자격에 관한 것이 아니다. 그보다는 모든 개인이 본질적 가치를 가지고 있고, 그 가치는 사람들이 인간으로서 살아 있다는 사실 자체로부터 나온다는 것이다(비록 가치나 방식이 인간과는 다소 다르지만 비인간 동물들도 살아 있기 때문에 그런 가치를 누린다). 그렇다고 해서 그들의 행동이 우리가 그들을 대하는 행동과 전혀 관계가 없다고 할 수는 없다. 사람은 범죄를 저지르면 처벌을 받아야 하고 최악의 경우 상대방의 정당방위 행위로 인해 죽을 수도 있다(평등의 가치를 인정한다면 사형도 금지해야 하는가? 이것은 상당히 범위가 넓은 문제이지만 나는 그 대답이 "그렇다"라고 생각한다). 내가 어떻게 행동하든, 다른 사람도 나처럼 사람임을 인식하고 그런 인식을 바탕으로 행동에 나서야 한다.

우리가 살펴본 바와 같이, 이처럼 모든 사람의 평등을 전제하게 되면, 우리는 극단적 이타주의의 입장을 취하게 된다. 만약 모든 사람이 똑같은 본질적 가치를 가지고 있다면, 나는 모든 사람을 나와 똑같이 대우해야 하니 나와 친지들에게 낯선 사람(이 낯선 사람이 잘못된 행동을 하지 않았다고 가정하고)을 대하는 것 이상의 도덕적 관심을 허용해서는 안 되는 것인가? 이것은 이타주의자의 입장이다. 우리는 지금껏 이타주의가 아니라 품위 있음을 추구해왔는데 비폭력은 우리가 현실 속에서 성취할 수 없는 이타주의를 우리에게 요구하는 것인가?

비폭력적 정치행위의 경우, 나는 이타주의가 필요하다고 생각하지 않으며 평등의 전제 또한 이타주의를 요구하지 않는다고 본다. 평등의 전제는 특정한 정치적 맥락에서 생겨나는 것인데, 정치적 적대자(개인이든 단체든)가 사람들을 향해 억압적 행위를 할 때 필요한 것이다. 이 적대자는 이미 불의한 행동에 참여했다. 여기서 우리가 고려해야 할 문제는 남들이 저지른 행위가 이미 도덕적으로 잘못된 것임을 고려할 때, 그들에 저항하여 그들을 어떻게 대우할 것인지에 관한 것이다. 우리는 극단적 이타주의의 전제인 모든 사람이 도덕적으로 문제가 없고 따라서 농일한 노력적 고려를 받아아 하는 엉점_{等點}에서 출발하는 것이 아니다. 따라서 모든 사람의 평등을 인정한다고 해서 모든 사람을 똑같은 도덕적 터전 위에 세우는 것은 아니다. 오히려 우리는 모든 사람의 평등한 본질적 가치와 인간으로서의 평등한 존엄성을 인정하고 그것을 우리의 행동에 참고해야 한다. 다르게 표현하자면(이런 표현을 철학자 칸트는 아주 흡족하게 생각할 텐데), 우리는 사람을 우리의 목적을 위한 수단으로 삼아서는 안 되고 목적 그 자체로 인정해야 한다.

　우리가 지금껏 살펴본 바와 같이, 존엄과 평등의 가치는 서로 뚜렷이 다른 것이지만 긴밀하게 연결되어 있다. 모든 사람이 존엄을 지니고 있으며 존엄은 여러 프로젝트와 인간관계에 참여할 수 있는 능력을 말한다. 더욱이 모든 사람이 존엄을 평등하게 나누어 가지고 있으며, 이것이 우리가 행동할 때 반드시 고려해야 하는 전제가 되어야 한다. 비폭력적 정치 개입은 이 두 가치를 반드시 존중해야 한다. 그리하여 우리는 하나의 철학적 입장으로 비폭력의 틀을 파악하게 되었다. 그 틀은 우리에게 겸손한 태도를 유지하면서도 남들의 억압적인 행동에 맞설 수 있는 행동 방식을 제공한다.

비폭력의
실천

물론 비폭력적인 정치가 전개될 수 있는 방식은 무수하게 많아서 한 권의 책으로는 다 담을 수 없을 정도이다.[12] 그러나 우리가 서로 다른 두 영역, 즉 억압적으로 행동하는 개인과 제도 혹은 구조를 생각해보면 비폭력 정치의 감을 잡을 수가 있다. 이 두 영역을 생각해보면, 불편한 정치적 상황에서 정치적으로 품위 있게 행동하는 방법에 대하여 어느 정도 개략적으로 파악할 수 있다. 우리는 그런 정치적 상황에서 공통의 공간을 형성하기 위해 행동에 나서야 하지만 동시에 남들로부터 저항을 받을 수도 있다.

어느 의미에서 보면, 개인적 편견이나 차별에 대항하는 것이 제도나 구조의 억압에 대항하는 것보다 정서적으로 더 위험할 수 있다. 시위에 참가하고, 국회의원에게 편지나 이메일을 보내고, 어떤 회사를 보이콧하는 것은 익명으로 이루어지는 일이다. 어떤 사람의 얼굴을 똑바로 바라보며 그가 잘못하고 있다고 말하는 게 아니다. 하지만 사정이 늘 이렇지는 않다. 국회의원이나 환경을 오염시키는 회사의 임원을 직접 만나는 것은 서로 얼굴을 맞대는 만남이다. 또는 곧 살펴보겠지만 개인을 우회적으로 만나는 방식도 있다. 직접적이든 혹은 간접적이든 우리가 대항해야 하는 개인이 있다.

이 문제를 좀 더 집중적으로 조명하기 위하여 우리는 개인적인 비폭력 저항의 가능성에 대하여 세부사항을 좀 더 추가할 필요가 있다. 보통 개인에게 대항하는 것은 일련의 구체적 상황 속에서 진행된다. 가령 그들은 인종차별적인 말을 같은 생각을 가진 개인들의 집단이나, 다른 집단에 속하는 개인에게 했을 수도 있다(문제를 간단히 하기 위하여 우리는 인종차별만 다루기로 한다. 동성애혐오, 성차별주의, 종교적 편협, 가난한 사람들을 비난하기 등은 모두 이에 준할 수 있을 것이다. 단 인종이라는 개념 자체가 논쟁적인 것임은 주지의 사실이다). 혹은 도움을 요청하는 다른 인종의 사람을 무시했거나 어떤 방식으로 방해했을 수도 있다. 또는 남들에게 다른 인종의 사람을 차별하도록 사주했거나, 물리적인 폭력을 사용했거나, 직업상의 책임을 이행하지 않았거나, 인종차별주의자에게 투표를 했을 수도 있다.

더욱이 사람들의 행동은 더 큰 맥락 속에서 벌어진다. 인종차별적으로 행동하는 사람이 인종차별을 받는 사람의 감독자, 관리, 동료, 낯선 사람 혹은 다른 사회적 역할을 수행하는 사람일 수 있다. 나에게도 적대자로 등장할 수 있다. 마찬가지로 그 사람은 내가 상호작용을 해야 하는 나의 감독자, 동료, 관리일 수 있고 혹은 완전히 낯선 사람일 수도 있다. 마지막으로 내가 그런 차별적 행동을 당하는 사람들의 일원인가 하는 중요한 문제가 있다. 이런 특정사항들은 인종차별적 행위에 대응하는 품위 있는 반응의 구조를 결정한다. 여기서 그런 모든 사람들을 살펴볼 수는 없으므로, 가장 흔한 세 부류만 살펴보기로 하자. 첫째, 직장 동료가 어떤 사람이 없는 상황에서 그 사람에 대하여 인종차별적 발언을 한다. 둘째, 공직자가 다른 인종의 사람을 소홀하게 대한다. 셋째, 낯선 사람이 다른 인종의 사람에 대하여 언어폭력을 가한다. 이 세 사람에 대한 반응의 시나리오는 간단하게 서술할 수밖에 없으나, 그래도 비폭력 반응의 중요한 측면이 드러나게 되기를 희망한다.

이런 시나리오에서 반응을 해야 하는 사람이 그런 차별적 언행을 하는 부류가 아니라고 가정하겠다. 다시 말해서 나는 품위 있는 동맹이란 무엇인가를 묻고 싶은 것이다. 당신을 어떤 부류의 일원이라고 공격하는 사람에게 맞서는 문제는 아주 민감한 문제이다. 나는 백인 남성으로서 이런 문제를 다루는 데 상당한 경고를 받을 것이므로 약간의 불편함을 느낀다. 앞으로 이 논의를 전개하면서 어떤 경고가 있는지도 함께 살펴보자.

첫 번째 사례는 아마도 가장 흔한 사례일 것이다. 동료가 직장이나 사교적 상황에서 인종차별적 정서를 표현하면 우리는 어떻게 대응해야 하는가? 여기서 우리가 설득할 상황이 아니라는 것을 기억할 필요가 있다. 이런 사례에서 늘 그러하듯이, 상대방은 비록 자신이 인종차별주의자라는 것을 부정하지만, 실은 그런 차별 사상을 확고히 갖고 있다. "난 차별주의자가 아니야. 하지만 흑인들이 출세하지 못한 것을 두고 언제나 남의 탓만 하는 게 순전히 우연한 일일까?" "당신은 인디언들의 몸에서 나쁜 냄새가 난다는 것을 아나요?" "사피야의 머리 스카프는 좀 곤란하지 않아요?" "젠은 정말 운전을 난폭하게 해요. 중국인은 차만 타면 왜 그래요?" 우리는 이런 말들을 들은 적이 있다. 그리고 종종 우리 사회의 습속은 그런 말을 그냥 듣고 넘기도록 요구하고 그런 사람과 맞대응하면서 대결하는 상황은 피해갈 것을 권한다.

그런 인종차별주의자에게는 그 즉시 대응하라고 조언하는 사람들이 있다. 만약 상대방이 철저한 인종차별주의자라면 그렇게 맞대응해야 할 것이다. 물론 그런 대응은 불편할 것이다. 하지만 노골적인 인종차별적 태도에 대하여 사교적으로 순간 어색해지는 상황은 충분히 감당할 수 있는 적은 대가이다. 특히 인종차별주의가 점점 더 노골적으로 횡행하는 미국 사회에서는 더욱 그렇게 해야 할 필요가 있다. 차별적 발언에 맞대응하는 것은 당신이 인종차별주의를 반대한다는 것을 분명하게 드러낼 뿐만 아니라, 당신의 말을 들은 주위 사람들도 그런 차별적 정서에 공개적으로 저항하도록 유도한다. 하지만 그런 차별적 발언을 하는 사람을 모욕하며 지적할 필요는 없다. "당신은 정말 지독한 인종차별주의자로군요?"라기보다 "그 말은 좀 듣기에 거북하네요"라고 지적하는 것이 항상 더 효과가 좋다.

물론 이런 지적에 종종 정직하지 않은 부정의 반응이 나온다. "농담 한번 해봤습니다. 농담도 못 받아주십니까?" 그러나 일단 어색한 분위기가 형성되면 그다음에는 한결 버티기가 좋다. "그런 농담은 그리 재미있는 것 같지 않아요"라고 대답하는 것이 이미 그 상황에 도입된 불편함의 강도를 더 높일 것 같지는 않다. 더욱이 일단 그런 저항의 입장을 내보인 후에는 뒤로 물러서는 것보다는 자기의 입장을 꿋꿋이 지키는 것이 더 좋다.

우리가 여기서 가정한 상황은 차별적 발언을 하는 상대방이 인종 차별주의자인 상황이다. 그러나 종종 그것보다 더 복잡한 상황이 벌어진다. 사람들은 자기도 모르는 사이에 인종차별주의자가 아님에도 인종차별적인 태도를 보인다. 앞에서 살펴본 바와 같이 우리는 모두 사회적, 정치적, 문화적 환경의 결과물이다. 곰곰이 생각해보면 우리가 못마땅하게 여기는 태도를 보이는 사람들도 대부분 호의를 가지고 있다. 하지만 이런 호의를 갖고 있다는 사실은 인종차별주의와는 무관한 것이라고 말하는 사람들도 있다. 그들은 인종차별적 태도를 보이는 상대방이 어떤 사람이든 그런 태도는 지적받아야 한다고 주장한다. 나는 이런 주장이 그리 설득력 있다고 생각하지 않는다. 만약 내가 아는 어떤 사람이 조금만 의식했더라면 조심했을 그런 차별적 언행을 했다면, 나는 적당한 기회를 기다렸다가 그 사람을 따로 불러서 그런 점을 지적했을 것이다. 우리는 이런 식으로 생각해볼 수 있다. 공개적 대응은 거의 언제나 상대방의 방어적 태도를 불러온다. 노골적 차별주의자라면 그런 방어적 태도는 괜찮다. 여기서 목적은 그 사람을 바꾸는 게 아닌 인종차별주의를 과시하려는 언행을 물리치기 위한 것이니까 말이다. 이와는 대조적으로 자기도 모르는 사이에 차별적 정서를 표시하는 사람의 경우, 그들을 방어적으로 만드는 것보다 조용한 곳에서 개별적으로 잘 말하는 것이 그들을 변화시킬 가능성이 더 크다. 호의를 가진 사람도 인종차별적 정서를 표현할 수 있음을 인식하는 것, 그리고 그 후에도 그들을 호의를 가진 사람으로 취급한 것은 그들로 하여금 스스로를 깊이 생각해보게 만드는 데 도움이 된다.

두 번째로, 공직자가 어떤 사람을 소홀하게 대할 경우에는 어떻게 해야 할까? 어떤 의미에서 보면 이것은 대응하기가 한결 쉬운 상황이다. 공직자의 행동 규범은 모든 사람을 똑같이 존중하는 태도로 대해야 한다는 것이다. 가령 당신이 차량관리국에서 불편한 상황에 놓였다고 해보자. 운전면허증을 갱신하러 갔는데, 그곳 직원이 아프리카계 미국인을 백인을 대하는 것과는 다르게 무례하게 대하는 것을 목격했다고 해보자. 그 순간 구체적 상황에 따라 당신에게는 여러 가지 선택이 있을 수 있다. 당신은 그 피해자 바로 옆으로 가서 그 직원에게 인종차별적 행동을 하고 있다거나 아니면 의도적으로 무례한 행동을 하고 있다고 지적해줄 수 있다. 아니면 약간 덜 노골적으로, 그 피해자에게 이런 대접을 받아도 괜찮으냐고 물어볼 수 있다. 혹은 그 직원의 상급자를 찾아가서 당신이 목격한 것을 말해줄 수도 있다. 이런 모든 시나리오에서 가장 좋은 예시는 그 피해자에게 당신이 그의 편이라고 알려주는 것이다. 차별 대우의 여러 가지 문제점들 중에서, 편견의 대상이 된다는 것은 굴욕적인 것이다. 그러한 상황에서 피해자는 자신이 혼자라는 느낌이 든다. 차별의 피해자가 된 사람과 연대하는 것은 이 세상에서 자기 혼자라는 느낌을 덜어주며, 그런 노골적 행동의 대상이 되어 느끼는 굴욕감도 줄여준다.

이런 모든 사항들은 2장과 3장에서 논의된 주제들을 다시 상기시킨다. 인종차별이 일상적 관계에 깊이 스며들어 있는 미국 같은 사회에서 상식적 예의는 이런 것이 되어야 한다. 즉, 다른 인종(젠더, 성적 지향 등)의 사람들도 동료 시민이고 당연히 그런 사람으로 대우해야 한다는 인식을 갖추는 것이다. 나의 스승이었던 분은 이렇게 말했다. 미국 같은 나라에서 우리 모두는 기껏해야 회복 중인 차별주의자일 뿐이다. 그는 백인뿐만 아니라 모든 시민이 그렇다고 말했다. 우리 모두는 인종적 관점뿐만 아니라 인종차별적 관점에서 생각하라는 가르침을 받으면서 성장했기 때문이다. 우리가 남들과의 상호작용을 해나가는 과정에서 이런 지혜를 간직하는 것이 바람직하다. 그렇게 해야 우리의 공통적 공간의 습속인 인종차별주의로부터 날마다 회복할 수 있다.

인종 문제와 다른 형태의 억압이 특정 형태의 자선행위를 유도한다는 것을 인식할 필요가 있고, 이것이 해로운 효과를 일으킬 수도 있음을 알아야 한다. 3장에서, 우리는 자선행위와 정치적 행동 사이의 갈등, 까다로운 조건들을 완화하는 것과 그런 조건들의 기반에 도전하여 바꾸는 것 사이의 갈등을 살펴보았다(아래에서 우리는 그런 복잡한 관계의 또 다른 양상을 살펴볼 것이다). 자선행위와 정치적 행동은 인종차별주의를 강화하는 위험을 떠안을 수 있다. 간단히 말해서 이 두 가지는 남보다 우월한 듯한 태도, 남과 동등한 입장이 아니라 남을 대신하는 입장이 될 수가 있는 것이다. 독자는 즉각 알아보겠지만, 이것은 '백인 구조자white savior'라는 현상이다. 아프리카계 미국인들이 본인들이 처한 어려움을 직접 해결하지 못하니까 백인이 '영웅적으로' 상황에 끼어들어 대신 해결해준다고 해서 생긴 명칭이다. 이것이 위에서 사례를 든 차량관리국의 상황을 아주 까다로운 문제로 만든다. 연대의식과 우월적 태도 사이의 경계선을 깊이 생각하게 만드는 문제인데, 구체적 상황에서는 명확하게 경계를 구분하기가 어렵다. 인종 문제에 관련된 일을 하면서 나는 이런 경계선을 잘 몰라서 생겨나는 여러 가지 실수를 저질렀다. 여기서 내가 할 수 있는 말은 그런 실수로부터 배우기를 희망한다는 것뿐이다.

물론 백인 구조자 현상은 그 자체로 인종차별적인 것이다. 이렇게 말한다고 해서 백인이 아프리카계 미국인이나 다른 주변적 인종들을 상대로 자선행위나 정치적 연대를 해서는 안 된다고 말하는 것은 아니다. 단지 연대는 만연해 있는 인종차별주의를 가능한 한 피해가면서 조심스럽게 이루어져야 한다는 것이다. 물론 연대를 어떻게 하면 가장 좋은지에 대한 다양한 논의가 있으나 나는 이 문제를 제쳐두려고 한다. 단지 미국처럼 인종차별적인 사회(이런 사회는 미국만 있는 것은 아니다)에서 품위 있게 행동하려면 우리의 공통적 공간의 특성에 대해서 잘 알아야 하고, 또 그 공간이 우리의 태도와 행동에 어떤 영향을 미치는지 인식해야 한다는 것이다.

마지막 시나리오는 다른 인종의 사람을 향하여 언어폭력을 퍼붓는 사람에 맞서는 문제이다. 내가 이 글을 쓰고 있는 현재, 나는 이러한 상황이 얼마나 위험해질 수 있는가를 보여주는 최근의 사건을 알게 되었다. 어떤 남자가 머리에 스카프를 두른 여자에게 언어폭력을 퍼부었는데 마침 그 옆에 세 명의 남자가 있어서 그 가해자에게 맞섰다. 그러자 가해자는 칼을 꺼내어 두 명은 죽이고 나머지 한 명에게는 부상을 입혔다.[13] 우리는 낯선 사람이 어떤 행동을 할지 알지 못한다. 특히 오늘날의 미국 사회같이 정치적으로 양극화되고 전투적인 사회일수록 더 그러하다. 품위를 지키고자 인종차별 예방에 우리의 목숨까지 내놓아야 할 이유는 없다. 그렇지만 우리는 무언가를 해야 한다. 사람은 이런 상황에서 종종 얼어붙어 버리고 사건이 전개되는 것을 그냥 지켜보기만 할 뿐 아무런 행동도 하지 못한다. 그렇지만 행동에 나서는 것이 언제나 그렇게 어렵기만 한 것은 아니다. 만약 직접 개입하는 것이 너무 위험하다고 생각되면 그런 공격적인 자를 제압할 수 있는 능력을 갖춘 관계 당국에 신고하여 제압할 수도 있다.

물론 직접 개입하는 것이 그리 위험하지 않은 상황들도 있다. 이런 상황에서 가장 표준적인 절차는 그런 공격을 당한 피해자에게 접근하여 중립적인 화제로 대화를 시작하면서 공격자와 눈이 마주치는 것을 피하는 것이다. 스스로의 완력으로 자신을 보호할 수 있는 상황이 아니라면, 특히 혼자 있을 때에는 폭발적인 분노에 직접 대응하면 부상을 당할 염려가 있다. 그러나 피해자를 다른 곳으로 데려가는 것은 그리 위험한 일은 아니다. 언어폭력을 당하고 있는 사람에게 접근하여 옆에 앉으면서 최근 할리우드 블록버스터 영화를 보았느냐고 물어보는 것은 그 피해자에게 유대감을 표현하는 한편, 공격자를 당황하게 만들어 그 상황의 긴장을 완화시키는 방법이기도 하다. 이런 모든 상황들이 그렇듯이 이것은 판단의 문제이다.

우리는 지금까지 개인적 환경에서의 비폭력을 논의해왔다. 그러나 대부분의 비폭력은 제도적 혹은 구조적 억압에 저항하여 집단적으로 벌어진다. 비폭력을 폭넓게 정의한다면, 공직자에게 편지 쓰기, 유권자 등록하기, 시위, 비폭력적 시민의 불복종 등 다양하다. 그리고 이런 것들의 사이에도 다양한 비폭력 운동들이 있다. 이런 운동의 공통점은 공통적 공간의 특성을 변화시키려는 행동이라는 것이다. 우리가 다양한 억압을 지닌 공통적 공간을 공유하고 있다는 사실은 부정하기 어렵다(물론 이 사실을 부정하려는 소수의 사람들은 언제나 존재한다). 그렇다면 문제는 이런 억압 사례들에 맞서서 얼마나 품위 있게 행동하는가 하는 것이다.

이 문제를 직접적으로 다루기 전에, 이런 유형의 정치적 행동이 얼마나 중요한지 한번 생각해보는 것이 좋을 듯하다. 사람들은 정치를 저기 먼 곳에서 벌어지는 일이라고 생각하는 경향이 있다. 우리의 공통적 공간에 참여해달라는 요구를 받으면 많은 사람들이 "정치에는 관심 없어요"라고 말한다. 그러나 정치는 결코 저기 먼 곳에 있는 것이 아니다. 그것은 언제나 지금 여기에 있다. 우리는 모두 공통적 공간의 산물이고, 그 공간의 좋은 특징과 나쁜 특징을 공유한다. 우리가 이미 살펴본 바와 같이, 우리는 그 공간을 형성하는 문화적 영향력, 사회적 태도, 권력 관계 등으로부터 자유롭지 못하다. 이렇게 말한다고 해서 우리가 이런 것들 앞에서 무기력한 존재라거나, 자기 자신에 대해 아무런 힘도 없는 결과물이라는 것은 아니다. 우리는 사회적 관계가 전개되는 맥락으로부터 우리 자신을 떼어놓을 수 없다는 말이다. 우리가 2장에서 배려 윤리학을 거론하면서 알게 되었던 것처럼, 우리는 모두 남들과의 관계에 의해 형성되고 그리하여 사회적 영향을 받는 존재이다. 그 사회적 영향이 우리의 존재를 결정하지는 못하지만 그래도 무시할 수 없는 영향이다. 우리 모두는 기껏해야 회복 중인 인종차별주의자이다.

어떤 사람은 정치에 발을 들여놓은 적이 없다고 말할지 모르지만, 정치는 이미 그들 속에 들어와 있다. 깊이 생각해보면, 정치는 그들이 인정하는 혹은 인정하지 않는 방식으로 그들을 형성하고 그들을 공통적 공간의 공동 창조자로 만든다. 달리 말하면 그들이 좋아하든 말든 정치가 그들 속에 들어와 있는 것과 똑같은 이유로, 그들도 정치 속에 들어가 있는 것이다. 우리는 모두 우리가 기여하는 공통적 공간과 관계를 맺고 있다. 따라서 문제는 우리 각자가 개인적이든 집단적이든 정치 속에 들어가 있느냐 여부가 아니라 그 정치에 어떻게 들어가 있을 것인가 하는 것이다.

정치와 우리의 관계는 불만과 희망 중 하나라고 말할 수 있다. 우리는 인종차별주의든, 동성애혐오든, 경제적 불평등이든, 그 외의 다른 문제든, 공통적 공간의 어떤 양상에 대하여 불만을 느낀다. 우리가 다른 정치적 성향을 갖고 있다면 공통적 공간의 다른 양상들, 가령 경제적 자유나 사회적 자유의 결핍에 불만을 느낄 수도 있다. 서로 갈등하는 불만 사항들이 겹치거나 공통적 공간의 다른 양상에 대한 불만과 만족이 만날 때 정치적 갈등이 발생한다. 그럼에도 불구하고 우리는 공통적 공간의 구조나 습속에 대하여 백 퍼센트 만족하지는 못할 것이다. 다시 말해 우리가 유토피아에 살고 있다는 느낌은 절대 들지 않을 거라는 말이다.

그렇지만 정치적 행동은 불만족 이상의 것을 필요로 한다. 그것은 또한 희망을 필요로 한다. 만약 우리가 공통적 공간에 대하여 불만을 느끼는데 그에 대하여 아무런 조치도 취할 수 없다고 느낀다면, 우리는 행동에 나서지 않을 것이다. 우리는 불평을 하거나 갇힌 느낌이 들거나 냉소적으로 나올 수는 있어도 행동에 나서지는 않을 것이다. 우리가 할 일이 아무것도 없다고 확신한다면 말이다. 우리가 공통적 공간과 어떤 관계를 맺는지 자문하고 또 그 안에서 서로 맺어지는 관계를 생각한다면, 사람들이 서로 맺어질 수 있는 방법이 있다고 느낄 것이다. 거기가 바로 희망이 들어서는 자리이다.

그래서 정치는 불만과 희망으로 시작하여 우리의 공통적 공간 쪽으로 확장된다. 우리 자신이 개입하는 방식을 통해서 말이다.

제도적, 구조적 문제들과 관련하여 어떻게 정치적으로 품위 있는 방식으로 행동할 수 있을까? 물론 이 질문에 하나의 대답만 있는 것은 아니다. 더욱이 내가 해줄 수 있는 특정한 추천사항은 나 자신의 정치적 성향에서 나오는 것인데 그 성향은 지금쯤 분명히 알려졌으리라 생각한다. 그러나 어떤 문제들에 대응하든 간에, 품위 있는 정치적 개입을 할 수 있는 여러 가지 방안들이 있다. 첫째, 적극적으로 개입하는 것이다. 내가 지금껏 정치에 대해서 한 이야기가 맞다면, 우리는 좋든 싫든 모두 정치적 존재이다. 우리의 다양한 정치적 참여와 행동은 정치적으로 영향을 받은 것이며, 그 정도가 사소하다 할지라도 정치적 영향력이 있다. 정치적 품위라는 것은 곧 우리의 공통적 공간을 개선하기 위한 참여와 행동에 어떻게 개입할 것인지 깊이 생각하여 그 구체적 방안을 파악하는 것이다.

이렇게 한다고 해서 우리의 정체성이나 목적의식을 과도하게 다시 생각할 필요는 없다. 그것은 정치적 품위 있음이라기보다는 극단적 이타주의가 될 것이다. 그저 우리가 공통적 공간에 참여함으로써 더 좋은 공간을 물려주자는 것이다. 이것은 여러 가지 방식으로 벌어질 수 있다. 예를 들어 내가 아는 어떤 그린빌Greenville 사람은 상원의원 린지 그레이엄Lindsay Graham의 사무실 근처에서 일 년 넘게 매주 화요일마다 시위를 하고 있다. 그녀는 다른 사람들에게도 화요일 시위에 다양한 주제로 참여해달라고 요청한다. 그 주제는 보건, 이민자 권리, 부의 불평등 등 그때그때 다양하다. 그녀는 이 시위 활동을 널리 알리고 있고, 사람들에게 그런 시위가 실제로 벌어지고 있음을 홍보하고, 또 사람들이 그 시위에 동참하면 환영한다. 그녀의 활동은 우리의 현재 정치적 상황에 창조적으로 반응하는 것이다(그것은 가능한 여러 창조적 반응들 중 하나이다).

정치에 참여하고자 한다면 존엄과 평등의 가치라는 교훈을 명심해야 한다. 이것이 두 번째 요점이다. 아무리 의견이 다를지라도(자기 방어나 남들에 대한 방어같이 극단적인 경우는 예외로 한다) 다른 사람들을 살아가야 할 삶이 있는 존재로 인식하고, 품위 있는 방식으로 행동하고(빳빳한 정장을 입고 두 눈은 앞만 똑바로 쳐다보며 걸으라는 게 아니라 정치적 행동의 모범처럼 행동하기), 모든 사람의 동등한 가치를 인식하는 것은 정치적 행동의 기본적 틀이 될 수 있다. 특히 정치적 양극화와 품위 없음이 일상화된 시기에는 더욱 그런 틀이 필요하다. 존엄과 평등은 우리에게 무엇을 하라고 말해주지는 않지만 정치적 행동에서 하나의 지침이 될 수 있다.

마지막으로 우리가 3장에서 다룬 자선행위와 마찬가지로 사태의 긴급성이 문제가 된다. 환경 분야에 긴급한 문제가 있듯이, 정치적으로도 긴급한 문제들이 있다(많은 사람이 곧 주목하게 되겠지만, 환경적 긴급함은 곧 정치적 긴급함이기도 하다). 이 글을 쓰고 있는 지금 미국에서는 인종차별주의가 기승을 부리고 있는데, 그에 맞대응하는 것이 아주 긴급한 문제가 되었다. 정치적 행동은 할 수 있는 한 더 긴급한 문제에 집중해야 한다. 이렇게 말한다고 해서 긴급성 이외에 다른 결정 요인이 없다는 건 아니다. 나는 정서적으로 내게 영향을 주는 문제를 그렇지 않은 문제보다 더 효과적으로 대응할 수 있다. 내가 정치적 결정을 내리는 데 긴급성은 중요한 고려 사항이지만 그것이 유일한 고려 사항이어야 할 필요는 없다.

그러나 자선행위의 개념이 나왔으니, 3장 말미에서 제기했던 자선행위와 정치적 참여 사이의 균형에 대해서 대답해야 한다. 우리는 3장에서 그리고 이 장에서 간단하게 현재의 조건들을 개선하려고 하는 사람들과 그런 조건들의 구조를 바꾸려고 하는 사람들의 갈등을 살펴보았다. 이러한 구분은 다소 인위적인 느낌이 있다. 어떤 종류의 자선행위는 일련의 정치적 조건들의 구조를 바꾸기도 한다. 성차별이 심했던 역사를 가진 나라에서 젊은 여성들에게 교육시설을 제공하는 것은 성차별주의에 효과적으로 도전하는 것이다. 반대로, 일련의 정치적 조건들의 구조를 바꾸는 것은 그런 조건들의 효과를 개선하는 것이다. 사실 이것이 정치적 변화의 목적이기도 하다.

여기서 인식해야 할 심층적 사항은 '자선행위 대 정치적 행동' 같은 대결 구도는 없다는 것이다. 자선행위가 곧 정치적 행동의 한 형태이기 때문이다. 자선행위는 우리의 공통적 공간에 개입한다. 또는 다른 집단 사람들의 공통적 공간에 개입한다. 가령 자선행위가 우월적 지위를 자랑하는 꼴이 되는 경우처럼(이것이 과연 자선행위가 될 수 있을까?) 늘 긍정적인 효과를 내는 것은 아니다. 자선행위를 하든 정치적 참여를 통하여 변화를 추구하든 우리는 우리의 삶을 영위하는 공통적 공간에 언제나 영향을 미치고 있는 것이다.

정치적 행동이 되었든 자선행위가 되었든 우리의 질문은 현재의 조건들을 개선하거나 변화시키는 것이라기보다 우리의 공통적 공간을 개선하려는 과정에서 어떻게 하면 품위 있게 행동할 수 있느냐는 것이다. 이러한 질문이 우리를 극단적 이타주의로 인도하지는 않을 것이다. 우리는 그 질문을 우리 삶 전체가 어떤 모습이 되어야 하는가 같은 질문처럼 물을 필요도 없을 것이다. 하지만 이렇게 하든 저렇게 하든 우리가 보기에 합리적일 정도로 자신에게 그 질문을 던져야 하고 또 우리의 행동으로 그 질문에 대답해야 한다. 도덕적 품위는 우리에게 그 이상을 묻지는 않겠지만 그렇다고 그 이하를 묻지도 않는다.

결론

우리의 이야기와 우리의 가치

사람들은 때때로 우리가 이야기를 살아가고 있다고 말한다. 각각의 삶은 일정한 줄거리를 따라가는데 그 줄거리는 당사자 본인이 이야기하는 것일 수도 있고 아니면 남들이 이야기하는 것일 수도 있다. 그런데 이것은 무엇을 의미하는가? 우리 각자가 의식적으로 삶을 위한 어떤 이야기를 창조하고 있다는 것인가? 즉 먼저 이야기를 정해놓고 그것을 실현시키기 위하여 거기에 따라 행동한다는 것인가? 그건 아닐 것이다. 나는 그런 식으로는 살지 않는다. 그렇게 하는 사람도 알지 못한다. 그게 아니라면 그것은 우리 각자의 삶이 특정한 이야기의 관점에 입각하여 만들어질 수 있다는 뜻인가? 그 아이디어는 저기 저 바깥에 우리 각자의 삶을 특징짓는 이야기, 비록 우리가 알지는 못하지만 자기 반성, 탐구, 혹은 타인의 시선에 의해 발견될 수 있는 이야기가 있다는 것인가? 그렇지만 어떤 특정한 삶에 대해서 말할 수 있는 다양한 여러 가지 이야기들이 있다. 이런 이야기는 사람들의 삶의 다른 측면들에 집중하거나, 다른 사건이나 사실들을 강조하거나, 다른 주제들을 내세우거나, 당사자의 자기 이해를 밑바탕으로 한다. 인간의 삶은 너무나 풍성하여 어떤 하나의 이야기로 환원

될 수 없다. 또 그것이 인생의 본질이나 궤적을 적절히 파악한 유일한 이야기라고 할 수도 없다.

이 문제에 접근하는 또 다른, 그렇지만 더욱 그럴듯한 방법이 있다. 철학자 아드리아나 카바레로Adriana Cavarero가 말한 것처럼 삶을 '이야기할 수 있는 것narratable'의 관점에서 생각해보는 것이다.[1] 우리의 삶은 이야기로 만들어질 수 있고 그 방법은 여러 가지가 있다. 단 하나의 이야기만이 이야기되고 발견되는 것은 아니지만, 그렇다고 우리의 삶에 대하여 아무 이야기나 할 수 있는 것도 아니다. 삶이 만들어지는 이야기들을 구속하는 객관적 사실들이 있는 것이다.[2]

이 마지막 장에서 나는 아주 다른 각도에서 삶과 이야기의 관계를 살펴보고자 한다. 우리가 어떤 이야기를 어떻게 살고 있든 간에, 우리는 모두 자신에 대해 이야기한다. 우리의 삶 전체에 대한 이야기는 거의 없지만 우리가 현재 하고 있는 일에 대해서 남들에게 말하든 혹은 우리 자신에게 중얼거리든 무언가 이야기를 말하지 않고 지나가는 날은 없다. 그런데 왜 이 지점에서 이야기 쪽으로 시선을 돌리게 되었는가?

앞의 여러 장들에서 우리는 원심적인 방식으로 도덕적 품위 있음을 이해하려고 애써왔다. 우리는 우리 자신으로부터 남들을 향하여 바깥으로 나갔다. 우리에게 가까운 문제에서 공간, 시간, 종種, 공통적 공간에 관한 생각까지 점점 멀리 떨어진 문제로 확대해나갔다. 우리는 남들을 바라보면서 그들과 우리의 도덕적 관계에 대하여 질문을 던졌다. 마지막 장인 이 결론 부분에서 나는 우리의 관점을 약간 바꾸어보고자 한다. 이 장에서는 밖을 응시하는 것이 아니라 시선을 내면으로 돌려서 우리 자신을 좀 살펴본 후에 다시 바깥을 내다보려 한다. 우리는 이 책에서 도덕적 품위란 다른 사람들도 살아가야 할 삶이 있음을 인정하고, 대인관계에서 이 아이디어를 중시하는 것이라는 주제를 논의의 중심으로 삼아왔다. 우리가 자신을 이야기꾼, 특히 우리 자신에 대한 이야기를 말하는 사람으로 보는 자세는 그런 논의의 중심을 새로운 각도에서 보게 해줄 것이다. 그러니까 우리가 도덕적으로 관련이 있는 사람들로부터 시작하는 것이 아니라 때로는 불편하기도 한 도덕적 복잡성을 지닌 우리 자신을 논의의 출발점으로 삼는 것이다.

우선 다음과 같은 허구의 이야기로 시작해보자.

나는 오늘 오전에 식료품을 사기 위해 가게에 갔다. 계산을 하기 위해 줄을 서 있는데 바로 앞에 있는 사람이 잊어버리고 지갑을 가져오지 않았다며 가게 점원에게 식료품을 외상으로 살 수 없느냐고 묻는다. 그는 늘 이 가게에서 쇼핑을 한다며 점원들도 본인이 누구인지 다 알지 않느냐고 주장한다. 이런 이야기가 5~6분간 계속되었다.

사실 별 이야기라고 할 것도 없다. 그냥 벌어진 사건들을 기술한 것이다. 그런데 내가 이제 다음과 같은 한 줄을 추가했다.

그래서 내가 그의 식료품 값을 대신 내주겠다고 제안했다.

혹은 이런 다른 줄을 추가했다.

그래서 나는 그에게 줄을 서 있는 사람들이 많고 우리는 모두
저마다 살아가야 할 삶이 있는 사람들이라고 말해주었다.

이런 두 줄 중 하나를 추가하면 이야기의 성격이 바뀌게 된다. 그
것은 어떤 사람에 대한 최소한의 이야기가 아니라 나 자신에 관한
이야기가 된다. 하지만 여기에는 더 많은 것이 있다. 그것은 나에 대
한 이야기일 뿐만 아니라 어떤 특정한 방식으로 나 자신을 드러내는
이야기이기도 하다. 실제로 그것은 내가 어떤 반응을 보이느냐에 따
라 다른 방식으로 나를 드러낸다. 만약 내가 "그래서 내가 그의 식료
품 값을 대신 내주겠다고 제안했다"고 추가한다면 나는 관대한 사람
으로 나 자신을 드러내는 것이고, 만약 이 이야기를 다른 사람들에게
말한다면 그들에게 관대한 나 자신을 드러내고 싶은 것이다. 그러나
내가 두 번째 줄을 추가한다면 문제는 좀 더 복잡해진다. 만약 내가
이 이야기를 남에게 말한다면 나는 어떤 자신을 드러내 보이고 싶어
하는 것인가? 남을 배려하는 사람이면서 그런 배려가 없는 사람에게

짜증을 내는 사람? 무례하고 부주의한 태도에 분연히 맞서는 사람? 질서를 중시하여 무질서에 맞서려는 사람? 혹은 지체되는 것에 짜증을 내면서 화를 내는 사람?

자신을 드러내려는 의도와는 무관하게 남들에게 이런 이야기를 말함으로써 나는 실제로 자신에 대하여 무엇을 드러내는가? 나는 남들(내 뒤에 줄 서 있는 사람들)을 배려하는 사람으로 나를 드러내고 싶지만, 오히려 자기 일을 제대로 처리하지 못하는 사람(내 앞에 줄 서 있는 사람)은 남들의 배려를 받을 자격이 없다고 생각하는 사람임을 드러내고 있다. 나는 곧 해석의 문제를 다루겠지만 곧바로 그 문제로 들어가면 놓쳐버릴 수 있는 사항을 좀 더 언급하고 싶다.

간단한 이야기이지만 나는 여기에서 나 자신에 대해서 말하는 줄을 추가함으로써 내가 드러내고 싶은 모습 혹은 남들이 그렇게 생각해주기를 바라는 모습을 제시했다. 다시 말해 내가 가치 있다고 생각하는 나 자신의 이미지를 드러낸 것이다. 나는 이렇게 하고 있는 행위를 반드시 의식하고 있다고 볼 수는 없다. 앞으로 살펴보겠지만, 나 자신에 관한 나의 이야기는 누군가가 내게 제시했더라면 수긍하지 않았을 그런 가치를 포함하고 있는 경우도 있다. 그러니까 내가 이야기를 말하면서 드러내려고 하는 것과 내가 실제로 드러낸 것을 구분해야 한다는 말이다. 그렇지만 내가 위의 이야기에 추가하는 한 줄은 세상을 대하는 특정한 대응 방식을 내가 가치 있게 여기고 있음을 보여준다. 나는 이 점을 이렇게 요약하고 싶다. 많은 나의 이야기들(비록 모든 이야기는 아니지만)이 나의 가치관을 표현한다.

나 자신에 관한 이야기를 함으로써 가치관을 표현한다는 것은 무슨 뜻인가? 이것을 이해하기 위하여 먼저 '가치'와 '표현'의 뜻을 알아보기로 하자. 이 둘은 서로 밀접한 관계가 있으므로 어느 하나를 알려면 다른 하나도 반드시 알아야 하지만, 이 둘을 잠시 서로 분리하면 우리가 이해하려고 하는 현상을 일차적으로 파악할 수 있다. 가치라는 용어는 여러 가지 방식으로 사용된다. 물론 우리가 지금껏 토론해온 종류의 도덕적 가치도 있다. 그러나 아름다움 같은 미학적 가치도 있고 조심성 같은 신중함의 가치도 있다. 좀 더 시선을 뻗어보면 경제적 가치와 정치적 가치도 있다. 내가 말하는 가치는 이런 것들과 중복될 수도 있으나, 나는 여기서 그런 것들과는 뚜렷이 구별되는 가치를 포착하고자 한다. 나는 이 문제를 이런 식으로 정리한다. 나 자신에 관한 이야기가 표현하고자 추구하는 가치는 이런 것이다. 그것은 내가 지지支持하고, 동일시하고, 구현하려고 하는 세상 속에서 내가 존재하는 방식, 혹은 내가 그런 세상과 접촉하는 방식을 표현한다.

이것은 지지, 동일시, 구현의 추구라는 세 가지 가능성을 개입시킨다. 첫 번째 것은 간단한 지지의 문제이다. 어떤 이야기를 말함으로써 내가 표현하는 존재의 방식을 지지하는 것이다(앞으로 곧 다루겠지만 이런 지지를 인정하지 않는 경우도 있음을 유념하자). 두 번째로, 존재하는 방식이나 세상과 접촉하는 방식과 나 자신을 동일시한다는 것은 내가 지지하는 방식을 실제로 내가 구현하고 있다고 보는 것이다. 그게 아니라면, 이것이 세 번째 가능성인데, 나 자신에 관한 이야기를 함으로써 그것에 나 자신을 동일시하는 것이 아니라 그것을 구현하려고 노력하는 것이다. 이 세 가지의 공통점은 이야기를 통하여 내가 표현하는 어떤 존재의 방식(이야기가 복잡할 때에는 여러 가지의 존재 방식)을 내가 가치 있는 것으로 여긴다는 점이다. 그것이 남들에게는 가치 있는 것이라고 여겨지지 않을 수도 있고, 반드시 도덕적 가치일 필요도 없다. 아무튼 나 자신에게는 가치 있는 것이다. 간단히 말해서 나는 그것을 소중히 여긴다. 이것이 여기서 내가 의미하는 '가치'이다.

'표현'의 경우, 이미 앞에서 살펴본 바와 같이 그것이 의식적인 표현이라는 생각에서 벗어나야 한다. 나에 관한 이야기를 하면서 나는 당신이 내가 가치 있게 여기는 방식으로 나를 생각하도록 의식적인 노력을 한다. 하지만 반드시 내 의도대로 되는 것은 아니다. 오히려 그것(내가 바라는 대로 나를 생각해주는 것)은 일반적이라기보다 예외적이다. 왜 그럴까? 우리가 이야기하는 방식 때문에 그렇다. 우리는 이야기를 할 때 상대방에게 특정한 영향을 미치도록 미리 치밀하게 생각하여 조직하면서 말하지 않는다. 이것은 말을 들어주는 상대방이 우리 자신일 때에도 마찬가지다. 그보다는 즐겁기 위하여, 우리의 삶을 공유하기 위하여, 우리에게 벌어진 일이나 우리가 행한 일을 깊이 생각하기 위하여, 남들과 유대감을 형성하기 위하여, 그냥 시간을 보내기 위하여 이야기를 한다. 우리의 이야기는 대부분 우리의 가치를 선언한다기보다는 그 가치를 드러내는 것이다. 우리의 이야기를 통하여 우리의 가치가 파악된다.

이런 '드러냄'은 어떻게 발생하는 것일까? 우리의 이야기는 가치라는 딱지가 붙어서 나오는 게 아니다. 만약 딱지가 붙어 있다면 내가 앞줄에 서 있는 사람에게 우리는 모두 저마다 살아가야 할 삶이 있는 사람들이라고 말해주며 끝난 이야기는 너무나 분명하여 여러가지 해석을 낳을 일도 없을 것이다. 그러나 실제 사정은 그렇지 않아서 우리의 이야기들, 그러니까 그중 많은 이야기들이 드러내는 가치를 제대로 이해를 하려면 해석을 해야 한다. 그리하여 여기서 우리 자신에 대해서 이야기하는 문제와 우리의 삶 그 자체가 이야기인가 하는 문제가 처음으로 겹친다. 우리의 삶이 이야기로 만들어질 수 있다면, 카바레로의 용어대로 '이야기할 수 있는 것'이라면 우리는 어떤 서술이 정확한 것인지 아니면 적어도 가장 정확한 것인지 물어볼 수 있다. 이와 마찬가지로 우리의 삶이 우리의 가치를 드러내는데 그 가치가 이야기 속에서 선언되지 않는다면, 우리는 어떤 가치가 드러나는지 어떻게 알 수 있는가?

두 경우에서 대강의 대답은 유사한데 그것은 해석의 문제라는 것이다. 하지만 여기서 한 가지 분명하게 밝혀둘 것은 해석은 주관적 문제에 불과하다고 보는 유혹에 넘어가면 안 된다는 것이다. 갑이라는 해석보다 을이라는 해석을 더 좋은 것으로 만드는 다양한 해석상의 제약이 있다. 물론 해석에 의문의 여지가 없는 사례들도 있다. 내가 최근에 저명한 철학자와 나눈 대화를 동료에게 말해주면서 그 철학자의 이름을 아무렇지도 않게 말했다면, 내가 유명한 혹은 영향력 높은 철학자들로부터 존중받는 것처럼 보이는 데 가치를 둔다는 게 내 동료에게 분명하게 드러난다. 나한테는 분명하게 드러나지 않는다 하더라도 말이다. 그리고 거기서부터 내가 존중에도 가치를 둔다는 인식에 이르기까지는 겨우 한 걸음이다. 만약 내가 그런 존중을 중요하다고 보지 않는다면 내가 유명한 철학자들에게 존중받는 것처럼 보이고 싶어 할 리가 없다.

물론 해석을 좀 더 복잡하게 만드는 예외적 사례들이 있다. 가령 이런 사례를 한번 보자. 내가 데이트하고 싶어 하는 여자가 있다. 그런데 내가 이 분야의 유명인사들과 어울린다는 사실을 알면 그녀가 나를 더욱 매력적인 사람이라고 생각할 것 같다. 하지만 사실 나는 그런 유명인사들과 어울리는 것을 별로 좋아하지 않는다. 이 경우 유명인사들로부터 존중받는 것처럼 보이는 것은 실제로 그런 존중을 받는 것과는 분리되어 있다. 그렇다면 이 이야기가 드러내려는 가치에 대하여 우리는 무엇을 말할 수 있을까? 이 질문에 접근하기 위하여 먼저 이런 시나리오가 얼마나 그럴 법하지 않은지를 주목해야 한다. 내가 지지하지도, 동일시하지도, 구현하려고 애쓰지도 않는 가치를 표현하는 이야기를 가지고 누군가에게 깊은 인상을 주려 한다는 것은 상상하기가 어렵다. 자신이 거부하는 가치를 가지고 남들을 감동시키겠다는 이야기는 내가 보기에 냉소적이기까지 하다. 아마도 해석이 필요한 지점이 여기일 것이다. 이런 식으로 이야기해서 표현될 수 있는 가치는 내가 내 목적에 맞추어 남들을 조종하려 한다는 가치일 것이다. 그 가치는 나의 이야기를 통하여 내가 실제로 표현하는 것이라 할지라도, 내심 인정하지 않는 가치이다. 그러면 이것은 자기기만이 되는데, 이 문제는 곧 다시 다루게 될 것이다.

우선은 우리가 해석에 제약을 가하는 중요한 요소에 도달했다고 생각해보자. 그 요소는 나의 이야기에 적극적으로 참여하는 사람들인 청중 혹은 나의 대화 상대자들이다. 이야기가 표현하는 가치를 파악하기 위해서는 그 이야기의 대화 상대가 누구인지를 아는 것이 중요하다. 이것을 다르게 말해보면 이렇게 된다. 내가 이야기로 말하려고 하는 것은 종종 내가 표현하려는 가치를 드러내는데, 그런 시도의 성공 여부는 이야기의 청중이 누구냐에 크게 달려 있다. 이것은 대화 상대자가 나 자신일 때에도 여전히 그러하다. 예를 들어 내가 다소 무례한 태도로 나의 동료를 모욕한 일을 스스로에게 말한다고 해보자. 내가 이렇게 한 것은 우리 모두를 조종하려는 동료의 시도에 맞서 나의 도덕 원리를 과감하게 천명하기 위해서였다. 이때 나는 사회적 협력뿐만 아니라 진실성의 가치도 드러내려 한 것이다. 나는 이런 가치들을 지지하는 것이고 만약 그렇지 않았더라면 그런 이야기를 스스로에게 말하지도 않았을 것이다.

지금까지 나는 우리의 많은 이야기들이 우리가 지닌 가치를 표현한다고 주장해왔다. 즉 우리가 지지하고, 동일시하고, 구현하려고 애쓰는 세상 속에서의 존재 방식과 접촉 방식을 표현하는 가치의 관점에서 이야기를 설명해왔다. 그러나 여기서 우리가 말하는 많은 이야기들이 실은 그런 것들을 표현하지 않는다는 반론을 제기할 수 있다. 실제로 그 이야기들은 정반대의 것을 표현한다. 가치가 아니라 그 밖의 다른 것을 표현하는 것이다. 예를 들어 세상이 늘 자기에게 적대적이라는 이야기를 타령처럼 늘어놓는 사람이 있다고 해보자. 세상이 잘못되어서 자기가 하는 일마다 도무지 제대로 되는 게 없다고 불평하는 사람, 우리 모두는 이런 사람을 알고 있다. 나는 여기서 이 세상에서 실제로 공격받고 있는 사람들, 착취당하는 사람들, 소외된 사람들, 가난한 사람들을 말하고 있는 게 아니다. 이런 사람들은 미국에서 종종 그들을 압박하는 사회적 조건 때문에 그런 상태에 놓이게 되는데, 엉뚱하게도 그들이 나쁜 사회 조건의 원인이라고 비난받는 일이 무척 흔하다. 내가 여기서 말하는 불평불만꾼은 이런 사람들이 아니라 날씨가 언제나 나쁘다, 가전제품이 제때 수리되는 법이 없다, 우편물이 너무 느리게 온다, 내가 하는 일을 알아주지 않는다, 아이들이 전화도 안 한다 등을 불평하는 사람들이다. 이런 사람들은 정말로 그들 자신과 청중에게 들려주는 그런 이야기로 자신의 가치를 표현하고 있는 것인가?

내 대답은 '그렇다'이다. 그것도 아주 분명히 그렇다. 이런 이야기들은 그들이 피해자라는 의식과 동일시를 표현하는 것이다. 이런 이야기를 지속적으로 하는 사람들은 그들이 말하는 그런 사건들에 짜증이 남과 동시에 고집스러울 정도로 그들 자신이 세상으로부터 부당한 대우를 받고 있다고 생각하는 것이다. 그들이 무엇을 하든 그건 결국 잘 안 될 것이라 생각할 테니 자신의 삶을 더 좋게 만드는 일을 할 수가 없다. 세상이 그들에게 그런 피해의식을 확신시킨다. 이런 사람들은 자신이 모진 세상에서 부당한 대접을 받고 있는 피해자라는 생각에 매달려 있다. 그리고 그들이 하는 이야기는 그런 매달림을 표현하는 것이다.

이렇게 말한다고 해서 이야기가 반反가치를 절대 표현하지 않는다는 것은 아니다. 만약 피해자 역할에 동일시하지 않는 사람이 자신이 불의의 대상이 되었다는 이야기를 한다면, 이것은 그가 동일시를 거부하는 가치를 표현하는 게 된다. 가령 평상시에 자신감 넘치고 개방적인 사람이 당신에게 경찰관에게 괴롭힘을 당한 이야기를 했다고 해보자. 이 사람은 경찰에게 당하는 피해자 역할에 자신을 동일시하지 않는다. 이것은 그 사람의 과거 이력이나 그 이야기를 말하는 감정적 분위기 등으로 알 수 있다. 이 사람은 여기서 반가치를 표현하고 있다. 어떤 표준적 입장—피해자의 입장—을 지지하지도, 동일시하지도, 구현하려고 애쓰지도 않는다. 그러나 이런 반가치의 표현이 내가 여기서 분명히 말하고 있는 입장의 기준 안에 있다고 생각한다. 이런 반가치의 표현을 통하여 어떤 가치가 부정적으로 표현되거나 적어도 암시된다. 그런 가치가 구체적으로 무엇인지 말하기는 어렵다. 여기서 직접적으로 표현되고 있는 것은 동일시가 아니라 동일시의 거부이기 때문이다. 그러나 우리는 동일한 표준적 가치 표현의 범위 안에 머물러 있다. 왜냐하면 이런 이야기들은 우리가 지지하는 가치를 표현하는 것은 아니지만, 우리가 다른 가치들을 선호하면서 거부하는 가치를 표현하고 있기 때문이다.

여기서 논의를 더 진전시키기 전에 한 가지를 분명하게 밝혀두고 싶다. 나는 우리 자신에 관한 이야기가 오로지 가치만을 표현한다고 주장하는 것은 아니다. 우리 자신에 관한 모든 이야기가 가치를 표현한다고 주장하는 것도 아니다. 단지 우리의 이야기 중 상당수가 가치를 표현하는데, 그 이야기들을 탐구함으로써 우리의 가치에 대해서 많은 것을 알 수 있다는 것이다.

다시 위에서 말한 피해자에게 돌아가보자. 이 피해자는 자신의 이야기들을 통하여 그런 피해의식에 대한 동일시를 표현하고 있다. 그렇지만 그는 그런 피해의식을 자신의 가치로 인정하는 것을 거부할 수도 있다. 그는 이렇게 말한다. "아니야, 그건 내가 아니야. 이 세상이 문제야. 나는 내 인생이 바뀌고 상황이 더 좋아지기를 바라. 하지만 세상이 이렇게 막 돼먹어서 나는 언제나 손해만 보는 거야."

이러한 말은 상당히 듣기가 난처하다. 왜냐하면 이 사람이 말하는 이야기와 그 이야기를 통해 표현되는 가치를 인정하지 않는 태도는 서로 잘 연결이 되지 않기 때문이다. 그렇지만 내가 여기서 초점을 맞추고 싶은 것은 이러한 '연결되지 않음'에 관한 것이다. 우리가 우리 자신에 대해 말하는 이야기의 특징 중 하나는 이 피해자의 사례에서 극명하게 드러난다. 무엇인가 하면, 때때로 우리의 이야기는 남들에게는 물론이고 스스로도 인정하지 않는 가치를 드러낼 수 있다는 것이다. 다르게 말하면, 우리의 이야기는 우리의 자기기만self-deception을 표현할 수 있다.

나는 이 자기기만의 영역을 좀 조심스럽게 다루려고 한다. 이것을 논의하다 잘못되기가 쉽기 때문이다. 우리가 자신에 대해서 말하는 이야기를 통하여 자기기만에 접근하는 이 방식은 좀 덜 만족스러운 다른 접근 방식들의 억압을 다소 느슨하게 완화시킬 수 있다. 나는 여기서 정신분석적인 접근을 생각하고 있는데, 이 방식에서는 이야기가 종종 어떤 특정한 트라우마로 소급된다. 즉 오이디푸스 단계가 그것이다. 고전적인 정신분석가는 이렇게 말한다. 이야기 속에서 드러나는 자기기만은 그 근원으로 거슬러 올라가 분석해보면 유년기의 갈등, 혹은 그와 관련된 어떤 것을 보여주는 징후라는 것이다. 내가 지금 여기서 하고자 하는 말은 그런 깊은 이유를 필요로 하지 않는다. 어떤 특정한 자기기만을 만들어내는, 어린 시절의 저 아득한 기억의 깊은 곳에 침잠해 있는 그런 이유와는 무관한 것이다. 이것을 분명하게 밝히기 위하여 좀 당황스러운 간단한 사례를 들어보겠다. 나는 이 일이 벌어진 직후에 아내에게 그 사건의 전말을 모두 말해준 바 있다.

어느 날 동네 헬스장에서 운동을 마치고 차를 몰아 집으로 돌아오고 있었다. 그때 어떤 차가 내 앞으로 갑자기 끼어들었다. 거의 부딪칠 정도로 아슬아슬하게 끼어들더니 내 앞에서 제한속도보다 훨씬 느린 속도로 천천히 가기 시작했다. '그래서' 나는 5백 미터 가까이 그 차를 쫓아가며 계속 경적을 울렸다('그래서'를 주목해주기 바란다. 이것은 뉴욕식 '그래서'이다. 뉴욕 사람들은 누군가가 그런 식으로 운전을 하면 반드시 경적을 누르는 까닭이다).

나는 이 이야기를 곰곰이 생각해보았는데, 내가 공개적으로 인정하기 싫어하는 가치를 드러내고 있었다. 그래서 이 이야기를 당황스럽다고 한 것이다. 내가 여기서 말한 태도는 일종의 공격적 태도이다. 나는 미국에서 많은 남성들이 이런 공격성을 하나의 가치로 공유하고 있다고 생각한다. 비록 겉으로는 인정하지 않을 테지만 말이다. 만약 아내가 그 당시 내 태도는 그 운전자에 대하여 공격적이라고 지적했더라면—다행스럽게도 아내는 지적하지 않았지만—나는 틀림없이 그런 지적을 부정했을 것이다. 나는 "그 운전자가 바보 같은 녀석이었어. 뉴욕 시민이라면 마땅히 그렇게 했어야지"라고 대답하면서 내가 미국 문화에서 혐오스럽게 여기는 가치를 때때로 표현한다는 사실을 부정했을 것이다. 그런데 사실을 말해보자면 나는 그런 가치를 종종 표현한다. 그것은 나의 정체성 중 한 부분이다. 하지만 나는 그것이 한 부분이 되기를 바라지 않고 또 그것이 앞으로 다르게 표현되면 부정하려 할 것이다.

철학자 리처드 모런Richard Moran은 이렇게 말한다. "어떤 사람이 말하는 이야기 속의 진실은 그 인물에게는 해당하지 않는 의미를 보여준다. 비록 그 인물이 이야기 속의 사건을 왜곡하는 것은 아니지만 그 사건은 이야기 속에서만 적용되는 것이고, 그 이야기가 묘사하는 현실과는 일치하지 않는다."[3] 그러나 이처럼 이야기와 현실이 불일치하는 원인을 어린 시절의 갈등에서 찾아야 할 필요는 없다. 예를 들어 나의 아버지가 거세하는 타입의 인물이었기 때문에 내가 나 자신에게도 인정하지 않으려 하는 가치를 우연히 표현하는 것은 아니다. 이런 자기기만의 근원을 찾으려면 나의 어린 시절에 깊숙이 파묻혀 있는 갈등을 찾아내려 내면을 들여다보는 것이 아니라 시선을 밖으로 돌려 우리의 문화적 규범을 살펴야 한다.

마이클 빌리그Michael Billig는 그의 저서 《프로이트식의 억압 Freudian Repression》[4]에서 프로이트를 칭송하고 있지만 프로이트와는 다른 주장을 펴고 있다. 억압의 원인은 개인의 무의식에 있는 것이 아니라 우리가 무엇을 말할 수 있고 또 말할 수 없는지 명령하는 사회 규범에 있다는 것인데, 나는 이런 주장이 옳다고 생각한다. 이 문제를 충분히 다루고 억압이 자기기만에 미치는 파급 효과를 생각해보는 것은 내가 여기서 논의하고자 하는 문제를 벗어난다. 하지만 다음 한 가지 사실은 지적해두고자 한다. 어떤 문화가 되었든 남들에게 말하는 것이 허용되거나 아니면 허용되지 않는 것들이 있다. 바로 이것 때문에 스스로에게도 말하는 것이 허용되거나 아니면 허용되지 않는 것들이 있는 것이다. 다르게 말하면 억압, 더 나아가 자기기만의 뿌리는 개인적인 것이 아니라 사회적인 것이다.

이것은 내가 앞에서 사례로 든 경적 사건에서 분명하게 드러난다. 대체로 미국 문화에서는 그런 공격성이 종종 환영받는다. 만약 내가 그런 문화에 완전히 동화되어 있다면 나는 그토록 오랜 시간 경적을 울린 것을 자랑스럽게 인정할 뿐만 아니라 남들에게도 과시했을 것이다. 그러나 내가 소속되어 있는 문화에서는 그렇게 하는 것을 금지하고 있는데, 나는 그것을 고맙게 생각한다. 나의 문화, 어쩌면 하위 문화에서는 그런 공격성―실제로는 무례함―이 빈축의 대상인 것이다. 내가 함께 시간을 보내고 싶은 사람들 사이에서 그러한 행동은 환영받지 못한다. 그래서 나는 그런 방식을 하나의 가치로 계속 유지할 것이라는 말을 심지어 스스로에게도 못하는 것이다. 그러나 내가 위에서 말한 경적 사건은 내가 의식적으로는 그 가치를 거부하면서도, 마음속 한 부분에서는 그것을 하나의 가치로 여기고 있음을 보여 준다. 공격적인 마초가 되기를 권장하는 지배적 문화에서 이런 행동은 전혀 놀라운 일이 아니다. 그렇지만 내가 속한 하위 문화는 그런 가치를 거부하고 있다. 그렇지만 그 하위 문화에 속한 사람들도 지배적 문화의 규범으로부터 완전히 면제되어 있는 것은 아니다.

우리의 이야기가 스스로도 인정하기 거부하는 그런 측면을 드러낸다는 사실에서 한 가지 교훈을 얻을 수 있다. 그것은 내가 여기서 논의하고자 하는 두 가지 교훈 중 첫 번째 교훈으로, 지금까지 말해 온 것에서 자연스럽게 흘러나온다. 우리는 자신이 생각하는 것보다 복잡한 존재이지만 때때로 자기 자신도 그것을 인정하지 않으려 한다. 우리 자신에 대하여 말하는 이야기를 탐구하는 것은 그런 점을 드러내는 한 가지 방식이다. 그 이야기를 말하는 사람은 우리 자신이기 때문에 아주 특별한 방식으로 이런 사실을 드러낸다고 할 수 있다. 그것은 남들이 우리에게 해주는 이야기가 아니라, 우리의 입에서 흘러나오는 우리 자신의 이야기이다. 나는 여기서 분명하게 밝혀야 할 것이 있다. 이런 식으로 설명하면 오해를 불러일으키기 딱 좋기 때문이다. 아드리아나 카바레로가 보여준 바와 같이, 우리의 이야기들 중 상당수가 우리에게서 시작된 것이 아니다. 그 이야기들은 남이 나에게 말해준 것이다. '이야기할 수 있는 것'의 아이디어를 제시한 그녀의 책《이야기하기Relating Narratives》에서 카바레로는 이 점(이야기는 상당 부분 남에게서 온 것)을 설득력 있게 논증한다. 그녀가 보기에 우리는 남들이 우리에게 의미 있는 우리의 인생 이야기를 해주기를 바라고, 남들이 실제로 그런 이야기를 해줄 때 성취감 혹은 완전하다는 느낌을 갖게 된다. 더욱이 우리가 우리 자신에 대해서 하는 이야기들 중 많은 것들이 실은 남들이 우리에게 해준 이야기들에 뿌리를 두고 있다.

나는 카바레로의 이런 주장이 옳다고 생각한다. 우리는 사회적 존재이기 때문에 그렇게 되는 것이 불가피하다. 나는 내 모든 이야기의 근원은 아니다. 내 이야기들은 내가 남들과 공유하는 인간관계의 산물이다. 그렇지만 나는 스스로에 대해 이야기를 하고 그 이야기들은 내가 지지하고, 동일시하고, 구현하기 원하는 가치를 드러낸다. 나의 소망과는 무관하게 이런 이야기들 중 일부는 내가 인정하고 싶지 않은 가치를 드러낸다. 그러나 그 이야기가 나의 입에서 흘러나왔다는 사실 때문에, 남들이 내게 하는 이야기에 비하여 나의 정체성을 더욱 독특하게 드러내는 특징을 갖게 된다. 물론 이렇게 말한다고 해서 남들이 나에 대해서 하는 이야기가 나의 이야기보다 반드시 덜 진실하다는 말은 아니다. 자기기만적인 이야기는 왜곡된 것 혹은 잘못된 것이지만 그래도 내가 가진 가치를 드러낼 수 있다. 남들이 나에 대해서 한 이야기는 나의 가치를 짐작한 것이지만, 내가 내 입으로 말한 것은 나의 가치를 분명하게 드러내는 것이다.

내가 이어서 말하려는 두 번째 교훈은 방금 말한 첫 번째 교훈과 서로 보완되는 것으로서, 전혀 다른 여러 가지 이유들로 중요하다. 이 교훈은 우리에게 도덕적 품위를 상기시키고 또 다른 사람도 살아가야 할 복잡한 인생이 있다는 것을 인식하게 해준다. 나 자신이 생각보다 더 복잡한 사람이라면 남들 역시 그들이 생각하는 것보다 더 복잡한 사람들이다. 그리고 이게 중요한 점인데, 그들은 내가 생각하는 것 이상으로 훨씬 복잡한 사람들이다. 이 점은 아주 중요한 것으로 유럽이나 미국에서 명심해야 할 사안이다. 특히 우리가 앞 장에서 살펴본 것처럼 미국은 정치적으로 심각하게 양극화되어 있기 때문에 상대방을 배려하는 마음가짐이 필요하다.

우리는 우리의 옳음을 스스로에게 반사하는 메아리 방에서 살아가려 한다. 주위를 한번 둘러보라. 우리는 틈새 문화, 좋아하는 인터넷 사이트와 텔레비전 채널, 고립된 채 빗장을 크게 지른 공동체, 같은 마음을 가진 친구와 동료들로만 구성된 사회 단체 등에 둘러싸여 살아가고 있다. 최근에 미디어 기술이 발전하여 어떤 면에서는 우리 모두를 전보다 더 가깝게 만들었지만, 다른 면에서는 전보다 더 멀리 떨어지게 만들었다. 우리는 우리와 함께하지 않는 불행한 사람들에게는 부여하지 않는 정직성을 우리들 사이에서만 발휘하면서 우리 자신과 공동체 밖의 사람들에 대한 기존의 생각을 강화하는 공동체에 살고 있다. 만약 우리나 남들이나 생각보다 훨씬 복잡한 존재라는 사실을 심각하게 깨닫는다면, 자신에 관한 이야기를 성찰하여 얻어지는 깨달음을 바탕으로 우리 자신은 물론이고 다른 사람에 대한 환원주의적인 사고방식을 물리칠 수 있을 것이다.

다시 한 번 여기서 분명하게 밝힌다. 나는 모든 형태의 삶이나 모든 종류의 신념이 똑같은 가치를 가지고 있다는 도덕적 상대주의를 옹호하는 것이 아니다. 앞의 여러 장에서 그런 우려를 충분히 불식시켰다고 생각한다. 실제로 우리가 여기서 살펴보고 있는 현상은 도덕적 상대주의와는 정반대 방향을 가리키고 있다. 한편으로 우리가 생각보다 더 복잡해지는 것은 우리가 거부해야 한다는 것을 알고 또 깊이 생각한 후에 실제로 거부하는 것들을 가치 있다고 여기기 때문이다. 다른 한편, 남들의 복잡함은 우리에게 그들의 어떤 특정한 측면을 드러내는데 우리는 '우리 자신의 규범적 관점에 의거하여' 그 측면을 지지하고 싶어진다. 남들이 우리의 메아리 방이 우리에게 믿도록 유도하는 것보다 더 복잡한 존재라면, 그것은 우리 자신이 지지하고, 동일시하고, 구현하고 싶어 하는 가치의 적어도 일부를 그들 또한 지지하고, 동일시하고, 구현하고 싶어 하기 때문이다. 이런 식으로 남들과 상호작용함으로써, 자신의 울타리 안에만 머물렀을 때에는 얻을 수 없는 공통점을 찾게 된다. 이것이 앞 장에서 논의했던 시민적 품위의 핵심이다. 우리는 우리 자신에 대하여 깊이 생각함으로써, 좀 더 정확하게 말하면 자신에 대하여 말하는 이야기에 집중함으로써 시민적 품위 쪽으로 되돌아온 것이다.

우리는 우리가 생각하는 것 이상으로 혹은 생각하고 싶어 하는 것 이상으로 복잡한 존재이다. 우리만 그런 것이 아니라 남들도 마찬가지이다. 우리 중에 무결점인 사람은 없다. 남들에게 인정하고 싶지 않은, 심지어 자기 자신을 상대로도 인정하고 싶지 않은 결점이 없는 사람은 없다. 그렇기 때문에 극단적인 이타주의나 전통적 도덕 이론이 우리에게 부과하는 도덕적 요구에 완벽하게 부응하며 살아가기는 어렵다. 우리가 스스로에 대하여 갖고 있는 정체성에 완벽하게 부응하며 살아가는 것도 어렵고 사실 불가능에 가깝다. 하지만 낙담할 필요는 없다. 만약 이런 점을 스스로 인정한다면, 우리가 누구인지 알아내기 위해 최선을 다할 수 있고, 거기서부터 앞으로 나아갈 수 있다.

우리가 다른 사람들에게서도 이런 점을 인식한다면 그들의 결점에 대하여 좀 더 잘 적응할 수 있을 것이다. 그것을 결점으로 보지 않는다면, 그들을 우리와 비슷한 존재로 인식하게 될 것이다. 남들이 우리와 비슷한 존재라고 추상적으로 인식하는 것과, 자신의 내면에서 느끼는 것을 남들에게서도 느끼는 것은 전혀 다른 문제이다. 먼저 자신에 대해 이야기하는 것을 복잡성과 자기기만을 깊이 생각하는 출발점으로 삼아보라. 그렇게 하면 자신에 대하여 더욱 분명하게 인식하고 느낄 수 있을 것이다. 바로 이것이 2장에서 언급한 배려 윤리학자들이 주장하는 것이기도 하다.

그렇다면 이렇게 하여 얻게 되는 결론은 무엇인가? 이 책에서의 깊은 성찰이 우리에게 공감을 주는 것이라면, 도덕적 순수함도, 그렇다고 도덕적 타락도 아닌 제3의 도덕적 공간에 들어가 있는 자신을 발견하게 될 것이다. 우리들 중에 까마득히 높은 도덕의 고지高地로 올라갈 수 있는 사람은 아주 드물다. 물론 그런 사람들이 있기는 하지만 우리들 대부분은 그중에 끼지 못한다. 나는 내가 그런 사람이 아니라는 것을 안다. 자신이 그런 사람이라고 생각하는 내가 아는 몇 안 되는 사람들은 크게 오해하고 있는 것이다. 우리들은 남들에게 전혀 신경 쓰지 않고 오로지 자기의 이익만 좇는 순수한 이기주의자가 아니다. 우리는 스스로를 그런 식으로 생각하지 않고, 또 그렇게 생각하지 않아야 한다. 우리의 도덕적 생활은 도덕적 순수함과 도덕적 타락의 양극단 사이에 있다. 더욱이 우리는 우리가 원하는 도덕적 최선을 만들어낼 능력은 없지만 그래도 도덕적으로 더 나은 사람이 되는 길은 열려 있다.

이 책이 추구하는 바는 도덕적 순수함과 도덕적 타락 사이의 공간을 차지하는 것이고, 그 도덕적 품위의 공간을 차지하려면 어떻게 해야 하는지 방법을 묻는 것이었다. 그렇게 함으로써 우리가 생각하는 도덕적 생활에 일치하는 방식으로 그 생활을 묘사했고, 또 우리에게 소중한 것을 포기하지 않으면서도 도덕적 성장을 실현하는 방법을 제시하려 했다.

우리가 1장에서 이미 살펴본 바와 같이, 이러한 방법은 전통적 도덕철학 이론이 별로 다루지 않은 부분이었다. 이렇게 말한다고 해서 그 도덕철학 이론이 잘못된 길에 들어섰다는 말은 아니다. 차선과 차악에 대해서 말하는 것도 중요하지만 최선에 대해서 말하는 것도 그에 못지않게 중요하다. 최선을 원하지만 현실에서는 도저히 그렇게 할 방도가 없어서 최선보다 약간 못한 차선을 추구하는 우리 같은 사람들에게, 내가 이 책에서 묘사한 것들은 우리의 도덕적 생활을 생각해보는 방법이 될 것이다. 도덕적 품위 있음은 그렇게 하기 위한 한 가지 방법이다. 최적의 방법은 아니더라도, 양극화되고 갈등을 일으키고 종종 위험이 가득한 이 세상을 살아가면서도 우리의 뒤에 지금보다는 조금 더 좋은 세상을 남겨두는 방법이 될 것이다.

예외 없이 철저하게 따라야 할 도덕적 품위의 아홉 가지 규칙

1. 사람들의 얼굴을 자주 똑바로 바라보라. 특히 당신이 그들에게 화가 났을 때 더욱.

2. 동료가 잠시 자리를 비울 경우에 그들의 커피 컵을 냅킨으로 덮어주라.

3. 당신의 도덕적 행동을 최대한 즐겨라.

4. 노숙자에게 동냥을 주지 않을 것이라면 그 돈을 노숙자 지원 단체에 보내라.

5. 환경을 파괴하는 행위를 하지 말라.

6. 고양이에게 인사하라. 가능하다면 고양이 고기를 먹지 말라.

7. 인종차별주의자, 여성혐오자, 동성애혐오자로 가는 길에서 벗어나려고 지속적으로 노력하라.

8. 정치적 활동을 해보라. 결국, 정치가 당신을 만든다.

9. 철학책을 즐겨 읽도록 하라. 당신이 현실적으로 할 수 있는 것보다 더 좋은 사람이 되라고 조언하는 책일지라도 말이다.

감사의 말

이 책은 시카고 대학 출판부의 편집자인 엘리자베스 브랜치 다이슨의 권고로 집필하게 되었다. 그녀는 내가 이런 책을 쓸 능력이 있다고 생각했고, 집필 기간 내내 많은 조언을 했으며, 초고가 완성되었을 때 여러 가지 제안을 했다. 그녀는 내게 관대한 도움을 아끼지 않았다. 아내 캐슬린은 각 장이 완성될 때마다 그것을 읽고 여러 조언을 해줌으로써 초고보다 훨씬 더 좋은 상태가 되게 해주었다. 나의 동료 크리스 그라우는 1장을 면밀하게 읽고서 여러 조언을 해주어 내용을 한결 개선시켰다. 제니 프라이는 원고를 잘 편집하여 텍스트의 가독성을 높여주었다. 시카고 대학 출판부의 두 교열자는 여러 가지 제안을 해왔고 나는 그것들을 상당수 받아들였다.

이 책을 캐슬린, 데이비드, 레이철, 조엘에게 바친다. 이들은 도덕적 품위에 대하여 내가 알아야 할 것보다 훨씬 더 많은 것을 가르쳐주었다.

옮긴이의 말

이 책은 미국 사우스캐롤라이나주 소재 클렘슨 대학의 철학과 교수인 토드 메이Todd May(1955-)의 최근 저서 *A Decent Life*(2019)를 완역한 것이다. 'decent'라는 단어를 넥서스 영한사전(2008)에서 찾아보면 '품위 있는', '예의 바른', '제대로 된', '적절한', '상당한', '친절한', '단정하게 옷을 입은' 등의 일곱 가지 뜻풀이가 나와 있다. 저자는 이 단어의 명사형 'decency(품위 있음)'를 'moral(도덕)'에 연결시켜서 'moral decency(도덕적 품위)'라는 말을 책 속에서 많이 사용한다. 원래 'decent'라는 단어는 분사형 라틴어 단어 'decens'에서 파생된 것으로서 이 분사의 원형은 'decet'이다. 이 단어를 라틴-한글 사전에 찾아보면 '어울리다', '합당하다', '적합하다', '알맞다' 등의 뜻풀이가 나와 있고 'Parvum parva decent(작은 것은 작은 사람에게 어울린다)'라는 예문이 제시되어 있다. 이러한 뜻풀이를 모두 종합하면 'decent life'는 '도덕을 그런대로 지키는 품위 있는 혹은 예의 바른 삶' 정도의 뜻이 된다. 여기서 우리는 '그런대로'라는 말에 주목해야 한다. 도덕을 백 퍼센트 완벽하게 지키지는 못하더라도 생활 중에 가능한 한 도덕을 지키려고 애쓰는 보통 사람의 시민적 품위가 느껴지기 때문이다.

저자가 이 책을 쓰기로 마음먹은 것도 바로 이 시민적 품위의 구체적 사례를 제시하기 위해서이다. 저자는 그 품위를 알아보기에 앞서 먼저 왜 우리가 백 퍼센트 도덕을 지키기 어려운지를 시작으로 서양의 세 가지 대표적 도덕철학인 칸트의 정언명령, 벤담과 밀의 공리주의, 그리고 아리스토텔레스의 덕 윤리를 고찰한다.

정언명령은 '그대의 행동의 바탕이 되는 법칙이 모든 합리적 존재들이 받아들일 수 있는 보편 법칙이 되도록 하고, 그 법칙에 따라 행동하라'는 것이다. 이것은 다음과 같은 구체적 상황을 들어보면 더욱 분명하게 알 수 있다. 어떤 회사원이 새벽 5시에 이른 출근을 위해 서울 지하철 2호선을 탔다. 애연가인 그는 마침 지하철 안에 아무도 없고 누구에게도 방해가 되지 않으니 담배를 피워도 상관없겠다는 마음으로 담배를 피우기 시작했다. 그러자 지하철 보안요원이 황급히 그에게 다가와 담배를 피우면 안 된다며 제지했다. 회사원이 아무도 없는데 좀 피우면 안 되겠느냐고 사정하자 보안요원은 누구나 다 당신처럼 생각하면 지하철은 어떻게 되겠느냐고 반문했다. 정언명령은 이 보안요원이 지적한 바와 같이, 자신의 행동이 곧 인류 보편의 행동이 되는 것처럼 행동하라는 것이다. 그리하여 거짓말, 사기, 강탈, 절도, 약속 위반 등은 정언명령에 의하면 철저한 금지 사항이다. 온 세상 사람들이 모두 이런 행위를 한다면 사회는 유지되지 않기 때문이다. 칸트는 정언명령 중에서도 거짓말은 개인의 내적 불일치와 이중적 성격을 보여주는 것이기 때문에 가장 비윤리적인 행동으로 규정했다. 칸트는 또 도덕적 의무를 완전한 의무와 불완전한 의무로 나누고, 자선행위는 능력이 될 때 하면 되는 불완전한 의무이지만, 거짓말을 하지 않는 것은 완전한 의무라면서 한평생 24시간 내내 지켜야 한다고 규정했다. 하지만 우리 보통 사람들에게 평생 진실만 말하면서 살아가기는 너무나 지키기 어려운 주문인 것이다.

두 번째는 공리주의로 제레미 벤담이 주장한 것인데, 그 요점은 다음 여섯 가지이다. 첫째, 쾌락 혹은 행복을 만들어내는 것은 선이고, 고통 혹은 불행을 만들어내는 것은 악이다. 행위의 옳고 그름은 이 쾌락의 유무에 따라 결정된다. 둘째, 도덕의 원리에 입각한 사회의 선은 사회를 구성하는 개인들의 선의 총합이다. 최대 다수의 최대 행복이 곧 사회의 선이다. 셋째, 도덕은 도덕가의 주관적 판단에 맡길 것이 아니라, 인간성의 객관적 법칙 위에 수립되어야 한다. 넷째, 쾌락과 고통은 수학적으로 계량이 가능하다. 다섯째, 개인이 쾌락과 고통을 받아들이는 능력은 같다고 생각되므로 사회의 선을 생각할 때에도 한 사람을 계산하는 것처럼 계산이 가능하다. 여섯째, 입법, 즉 통치의 원리도 이 도덕의 원리와 동일하다. 그런데 벤담의 제자 밀은 이러한 공리주의를 일부 수정했다. 인간의 도덕 더 나아가 인간성을 하나의 수학적 대상으로 인식하는 스승 벤담이 인간성을 너무 편협하게 보았다고 판단하여, 최대 다수의 최대 행복에다 쾌락의 질적 측면을 가미했다. 그런데 공리주의가 주장하는 최대 다수의 최대 행복은 사회 전체를 마치 한 사람인 양 여기는 듯한 비현실적인 측면이 있다. 그래서 이런 반론이 제기되는 것이다. 가령, 나는 행복해지기 위해(도덕적으로 살아가기 위해) 나의 아내를 사랑할 수는 있지만, 최대 행복을 추구한답시고 모든 사람의 아내를 사랑할 수는 없지 않겠느냐는 것이다.

세 번째인 덕 윤리는 아리스토텔레스에게서 나온 것인데, 인생의 궁극적 의미는 이 지상에서 누리는 행복이라는 것이다. 그러면서 그 행복을 에우다이모니아eudaimonia, 즉 '좋은 것'과 '사람의 운명'의 합성어로 설명한다. 그리하여 행복은 용기, 관대함, 친절함 등 좋은 행동으로 구성된다. 우리는 선량하고 덕성스러운 성격을 도야하고 우리 자신뿐만 아니라 남들을 위해 좋은 행위를 함으로써 행복을 성취한다. 따라서 행복은 즐거움, 재미, 놀이의 문제로 국한되는 것이 아니라 자기 자신보다 더 큰 것, 가령 가정, 친구, 공동체에 연결되어 있는 유대감의 문제가 된다. 따라서 잘 산다는 것은 아름다움, 절제, 지혜, 관대함 등 여러 가지 덕목을 함양하고 구현하는 것이다. 이러한 덕목들은 양극단 사이의 중용을 취할 때 얻어지는데 그렇게 하도록 만드는 것은 인간의 이성理性이다. 구체적 사례를 말하면 용기는 무모함과 비겁함의 중용이 된다. 그러나 중간을 지키기 어려움을 우리는 생활 속에서 자주 경험한다. 인간은 이성을 신봉하면서도 비이성적일 때가 많고 한평생의 교양으로도 다스리지 못하는 충동을 느끼는가 하면, 황당한 근거로 무고한 사람을 의심하기도 하고, 사소한 질투심에 사로잡혀 상대방에게 공격적인 태도를 보이는가 하면, 돌아서서 금방 후회할지도 모르는 한심한 일을 하는 때가 있는데 이런 것들은 모두 중용과는 거리가 먼 것이다.

그리하여 저자는 이 세 가지 종류의 도덕 이론 중 어떤 것이 되었든 간에 그것을 철저히 준수하는 도덕을 이타주의라고 규정하면서 비록 그런 이타주의자가 되지는 못할지언정 그런대로 도덕적 품위를 지키면서 살아가는 방법이 어디 없겠는가 하고 질문한다. 저자는 이러한 생활 속의 태도를 가리켜 '차선으로 만족하기'라는 조어를 사용한다. 이 조어의 원어는 'satisficing'인데 'satisfaction(만족)'과 'sacrifice(희생)'의 합성어에다 동명사 어미인 -ing를 붙인 것이다. 현실적인 제약 때문에 엄격한 도덕 이론을 완벽하게 만족시키지는 못하지만 그래도 생활이 허용하는 범위 내에서 가능한 한 많은 희생을 하려는 태도를 말한다. 그러면서 저자는 품위 있는 삶의 두 가지 핵심은 결국 '나'라는 존재 못지않게 상대방도 살아가야 할 삶이 있는 존재라고 인정하는 것과 모든 생물은 저마다 고통을 감내하면서 살아가는 엄숙한 존재임을 인식하는 것이라고 주장한다. 이어 저자는 논의의 범위를 우리 주변의 사람, 멀리 떨어진 곳에 있는 사람들, 개와 고양이 같은 반려동물, 사회적 문제와 정치의 분야 등으로 확대하면서 도덕적으로 품위 있는 삶이 어떤 것인지를 설명해나간다. 요즘에는 반려동물을 자기 자식처럼 생각하는 사람들이 많으므로 저자의 동물 애호적인 주장은 많은 독자의 공감을 얻으리라 본다. 또한 미국 사회가 좌파와 우파로 심하게 분열되어 있어 보통 사람들 사이에도 정치 이야기를 하는 것이 어려워졌다는 지적은 우리에게도 타산지석의 효과가 있으리라 생각한다.

이 책이 흥미로운 점은 저자가 추상적인 철학적 이론을 내세우며 도덕 이야기를 펼치는 것이 아니라 구체적인 생활 속의 사례들을 제시한다는 것이다. 거지를 만나 그와 대화를 나누면서 우리 주변의 사람들이 어떤 지위에 있든 그가 공통적 생활공간을 공유하는 존재임을 인식한 일, 차선에서 갑자기 끼어든 차량 주인이 괘씸하여 계속 따라가며 경적을 울린 일을 두고서 자신의 도덕적 수양이 아직 부족한 것을 반성한 일, 채식주의자인 저자가 아직도 고기에 미련을 버리지 못하여 집에 놀러온 아이들이 먹다 남긴 치즈버거를 황급히 집어먹으면서 스스로를 변명한 일, 트럼프 대통령을 둘러싸고 미국의 정치적 입장이 찬반양론으로 완전히 갈라져서 상대방의 정치적 견해를 포용하기가 어려워진 일 등 구체적인 사례들을 거론한다. 저자는 이런 사례들을 단지 머릿속으로 사색만 하는 것이 아니라, 그에 반응하여 직접 행동에 나서기도 한다. 가령 저자는 기후 변화에 대응하는 존 브룸이라는 학자의 책을 읽은 후 브룸에게 이메일을 보내어 그동안 읽었던 책들 중에서 가장 비싼 책을 읽었다고 말했다. 책값은 겨우 23.95달러였으나, 그 책을 읽고 감동하여 기후 변화의 대응에 협조한다는 뜻으로 책값 이외에 해마다 1천 달러를 기부하기로 약정한 것이다.

저자가 이처럼 가까운 곳에서 먼 곳으로 나아가며 논의를 전개하는 방식은 공자가 《대학》에서 밝힌 도덕의 발전단계와 상당히 비슷하다. 공자는 사물을 잘 알아야 올바른 지식을 쌓을 수 있고 이러한 지식이 있어야 뜻이 분명하고 마음이 바르게 된다고 보았다. 그처럼 수신하여 원만한 교양을 갖추면 비로소 자신의 집안을 화목하게 다스릴 수 있다. 그 이후에는 사회로 나아가 국가를 다스리는 일에 참여하면 온 천하의 평화에 기여하게 된다는 것이다. 수신-제가-치국-평천하의 4단계는 저자가 이 책에서 다루는 도덕적 관심의 확대 4단계와 유사하다.

또한 저자가 주변이나 멀리 떨어져 있는 사람 그리고 동물들에게 동정심을 가져야 한다고 주장한 것은 18세기 철학자 데이비드 흄이 주장한 공감과 비슷한 점이 있다. 흄은 도덕의 뿌리를 가까운 사람들에 대해서 느끼는 공감sympathy에서 찾고 있다. 오늘날 이 단어는 주로 '동정' 혹은 '연민'의 뜻으로 사용되지만, 흄의 공감은 다른 사람이 성공하면 즐거워하고 다른 사람이 고통을 받으면 괴로워하는 정서, 즉 남들의 행복과 고통에 감동하고 동참하는 능력을 가리킨다. 이어서 흄은 도덕적 지식이라는 것이 원래부터 있는 것이 아니며, 이성보다는 정서를 발동함으로써 어떤 사안에 대한 승인과 불승인이 나오고 이것이 도덕의 바탕을 형성한다고 보았다. 그래서 흄은 정의와 불의에 대한 감각은 자연에서 유래하는 것이 아니라 인위적으로 형성된 것으로 반드시 교육과 인간의 관습으로 도야되어야 한다고 말했다. 흄은 도덕적 판단의 발전을 이와 같이 3단계로 구분했다. 1단계는 공감에 의하여 남들의 행복과 고통을 나 자신의 것처럼 느끼는 것이고, 2단계는 우리와 가까이에 있는 사람의 행복을 소중히 여기는 것만큼 우리로부터 멀리 떨어져 있는 사람들의 행복도 소중하게 여기는 것이고, 3단계는 사회 전체의 행복을 위하여 공감을 적용하는 것을 말한다. 사실 저자가 이 책에서 주장하는 다른 사람에 대한 배려와 정치 분야에 대한 관심의 확대는 데이비드 흄의 공감 발전 3단계론과 상당히 비슷한 것이다.

이러한 과정을 거쳐서 저자는 결론 부분에서 우리의 인생은 곧 이야기라는 화두를 꺼내든다. 이야기라고 하면 가장 인상적인 이야기꾼으로 《천일야화》의 여주인공 셰에라자드를 들어야 할 것이다. 그녀는 자신을 죽이려는 포악하고 불행한 왕에게 매일 밤 이야기를 들려주면서 목숨을 하루하루 연장해나간다. 셰에라자드에게 이야기는 상대방이 행복하기를 바라면서 동시에 자신도 불행한 상태에서 탈출하는 수단이다. 실제로 날마다의 이야기 덕분에 그녀는 목숨을 건졌을 뿐만 아니라 불행한 왕과 결혼하여 아이를 낳아주기까지 한다. 여기서 이야기의 본질을 알 수 있는데 그것은 아무리 어려운 상황이라도 이야기로 풀어낼 수 있다면 극복 가능하다는 것이다. 좀 더 비근한 사례를 들어보면 이렇게 된다. 가령 뭐든지 하는 일이 안 된다고 생각하는 사람이 있다고 해보자. 늘 불평불만인 이 사람은 뭐가 문제일까? 그는 자신이 이 세상의 피해자라는 이야기의 틀을 짜놓고 거기에 맞춰서 삶을 살아가고 있는 것이다. 그런 틀을 바꾸지 않는

한, 그의 인생은 계속 그런 식으로 흘러가게 되어 있다. 반면에 그가 이렇게 이야기를 바꾼다면 어떻게 될까? "아니야, 문제가 있는 건 나 자신이야. 세상은 가끔 고장나기는 하지만 그래도 아주 정밀한 저울이야. 얹은 것만큼 무게가 나가고 덜어낸 만큼 빠지게 되어 있어. 불평만 하고 살다니 그런 인생은 너무 시시하잖아? 이제 다르게 살아보고 싶어." 그러면 그는 다른 이야기를 써나갈 수 있고 자신이 피해자라는 고정관념에서 탈피하게 된다.

이런 점에서 4장에 나오는 고양이 새미는 아주 인상적인 이야기이다. 새미는 저자가 집에서 키우는 고양이다. 그러나 저자는 고양이 털에 심한 알레르기가 있기 때문에 집 안에 늘 놔두지는 못하고 집 밖의 마당에 있는 나무 위의 집, 베란다, 집 뒤의 평평한 땅 등에서 자연스럽게 뛰어놀게 한다. 그러다가 식사 때면 집 안으로 들여놓아 먹이고 다시 마당으로 내보낸다. 밥을 아예 밖에다 주지 않는 이유는 이러하다. 원래 먹을 것을 밖에다 놔두었는데, 곧 다른 고양이가 다가와 같이 나누어 먹었다. 그러나 며칠 뒤에 새끼 달린 사나운 들고양이가 나타나서 새미의 밥을 다 빼앗아 먹었고 새미가 점점 여위어가자, 보호 차원에서 그렇게 하게 된 것이다. 가령 새미를 세 가지 전통적 도덕 이론이라고 가정해보자. 저자(우리)는 자신의 알레르기(완벽한 이타주의자가 되기 어려움) 때문에 새미(전통적 도덕 이론)를 늘 집 안에 들여놓고 살지는 못한다. 그러나 마당(세상)이라는 사나운 들판에 새미를 그냥 내버려두면 새미(전통적 도덕 이론)는 제대로 살지 못한다. 약탈자 고양이가 나타나 힘으로 새미(전통적 도덕 이론)를 제 압해버리기 때문이다. 그래서 저자는 새미(전통적 도덕 이론)가 여위 는 일이 없도록 밤 때에는(꼭 도덕을 지켜야 하는 때에는) 집 안에다 들 여놓고 먹이는 것이다.

새미 이야기는 우리의 주변에서 흔히 만날 수 있는 비근한 사례이 다. 앞에서 공자를 언급했는데, 공자의 말씀을 모아놓은《논어》의 자 장子張 편에는 "절문근사切問近思(간절히 묻고 가까이 생각함)하면 인仁 (도덕)이 그 안에 있다"라는 말이 나온다. 여기서 근사近思는 우리 주 변 가까이 있는 것들을 가지고 깊이 생각한다는 뜻인데, 저자가 이 책에서 말하는 품위 있는 삶의 여러 가지 사례들이 바로 그 절문근사 의 구체적 실천인 것이다.

이종인

서문

1 이 사례들은 다음 자료에서 가져온 것이다. Peter Singer, *The Most Good We Can Do: How Effective Altruism Is Changing Ideas about Living Ethically*(New Haven, CT: Yale University Press, 2015). 우리는 이 책의 여러 장에서 싱어를 자주 만나게 될 것이다.

1장

1 이것이 남들에 대한 인정이라기보다 문화적 변덕으로 보일 수도 있으므로 다음 사실을 명심해야 한다. 이것은 공동체에 대하여 의무감을 느끼는 스칸디나비아적 견해의 한 사례이다. 반면에 미국의 견해는 공동체에 대하여 개인이 주장할 수 있는 권리에 더 관심이 많다.

2 최근에 전반적인 이론화 작업에 저항하는 다수의 윤리적 접근이 생겨났다. 그런 것들 중에는 윤리적 배타주의도 있는데 특히 조너선 댄시Jonathan Dancy의 흥미로운 책, *Ethics without Principles*(Oxford: Clarendon Press, 2006)가 대표적이다. 여기에서 나의 접근 방식은 전반적인 원리들에 저항하는 댄시의 태도를 공유하고 있지만, 논리를 전개하는 밑바탕은 다르다. 댄시는 윤리 전반에 접근하는 적절한 태도를 표명하는 데 관심이 있지만 나의 책은 도덕적으로 품위 있는 생활에 집중하고 있다.

3 Immanuel Kant, *Groundwork of the Metaphysics of Morals*, trans. H. J. Patton (New York: Harper and Row, 1964), 88.

4 《도덕형이상학의 기초》에서 칸트의 구체적 사례는 전반적인 부정직함에 관한 것이 아니라 구체적으로 거짓말하기에 집중되어 있다. 그러나 자발적 부정직함은 자발적 거짓말하기만큼이나 보편화하기 어려운 것이다. 어떤 사람이 정언명령을 위반하지 않고서도 진실을 완벽하게 말하지 않을 수도 있다. 가령 당신의 친구가 당신에게 결혼사진 속 그의 모습이 좋아 보이느냐고 물을 때, "자네 신사복이 아

주 좋아 보이네"라고 말할 수 있다. 그러나 여기에서도 당신은 부정직함을 의도한 것이 아니라, 어떤 한정된 유형의 정직함을 의도한 것이라고 보아야 한다.

5   여기서 우리가 살펴본 것은 칸트의 '완전한 의무'의 범주에 들어간다. '불완전한 의무'라는 범주도 있는데, 우리가 이행해야 할 필요가 있지만 늘 그렇게 하는 것은 아닌 의무를 말한다.

6   덕 윤리와 관련하여 최근에 나온 가장 영향력 있는 저서는 다음 자료 참조. Bernard Williams, *Ethics and the Limits of Philosophy*(Cambridge, MA: Harvard University Press, 1985).

7   Aristotle, *Nichomachean Ethics*, 2nd ed., trans. Terence Irwin(Indianapolis, IN: Hackett, 1999), 1098a15.

8   버나드 윌리엄스는 이 점을 다음 책자에서 강조한다. J.J.C. Smart and Bernard Williams, *Utilitarianism: For and Against*(Cambridge: Cambridge University Press, 1973).

9   Peter Singer, "Famine, Affluence, and Morality," *Philosophy and Public Affairs* 1, no.3(Spring 1972), 231. 싱어의 주장은 다음 책자에서 좀 더 자세히 논의되어 있다. Peter Unger, *Living High and Letting Die: Our Illusion of Innocence*(Oxford: Oxford University Press, 1999). Shelly Kagan, *The Limits of Morality*(Oxford: Oxford University Press, 1991)도 유사한 결론에 도달하지만 다른 논증 방식을 사용한다.

10   Singer, "Famine, Affluence, and Morality," 231.

11   Singer, "Famine, Affluence, and Morality," 241.

12   싱어는 모든 사람을 똑같이 존중해야 한다고 보기보다는 모든 이해관계를 똑같이 취급해야 한다고 생각한다. 예를 들어 어떤 사람이 다른 사람에 비해 더 많은 이익을 누리고 있다면 그런 이익은 특권이 된다. 이것은 싱어의 아주 논쟁적인 주장 두 가지가 나오게 되는 배경이다. 한 주장은 동물의 고통은 인간의 동량의 고통만큼이나 도덕적 고려의 대상이 된다는 것이고, 다른 한 주장은 인지 기능에 장애가 있는 사람들은 (그들이 인지적 이해관계가 보통 사람보다 적기 때문에) 비인간 동물처럼 대우되어야 한다는 것이다. 우리는 이 문제를 4장에서 다루게 될 것이다.

13   이것은 다음 책자에서 나온 주장의 간소화된 버전이다. Garrett Cullity, *The Moral Demands of Affluence*(Oxford: Oxford University Press, 2004).

14   이것은 수전 울프가 다음 책에 수록된 자신의 논문 "Moral Saints"에서 주장

한 것이다. Susan Wolf, *The Variety of Values: Essays on Morality, Meaning, and Love*(Oxford: Oxford University Press, 2015).`

15 예를 들어 다음 자료 참조. Michael Slote, *Beyond Optimizing: A Study of Rational Choice*(Cambridge, MA: Harvard University Press, 1989). 이와 다른 접근 방법이 다음의 책에서 제시되어 있다. Samuel Scheffler, *The Rejection of Consequentialism*(New York: Oxford University Press, 1982). 셰플러는 결과론이 특정한 '행위자 중심의 특권들'을 허용해야 한다고 주장하는데, 일종의 소규모 도덕 유예기간을 의미한다.

16 셸리 케이건은 두 사람을 구할 수 있다면 무고한 한 사람에게 피해를 입힐 수 있다는 흥미로운 주장을 하고 있다. Shelly Kagan, *The Limits of Morality*(Oxford: Clarendon Press, 1989).

17 가령, 여러 해 전에 나는 이러한 추천을 회피할 수 있는 형태의 결과론을 구축했다. *The Moral Theory of Poststructuralism*(University Park: Penn State Press, 1995)의 2장 참조.

18 이것은 또다시 칸트의 '불완전 의무'보다는 '완전 의무'를 가리킨다. 불완전 의무는 어느 정도 융통성을 인정한다.

19 나는 이것을 *A Significant Life*의 3장과 4장에서 길게 논의했다.

20 이 접근 방법에는 또 다른 문제가 있다. 이런 의무의 리스트가 적절한 도덕적 지침을 우리에게 주는지는 분명하지 않다. "Above and Below the Line of Duty"라는 논문에서 철학자 수전 울프는 이런 주장을 했다. 의무와 반대되는 행동을 하는 게 더 좋거나 필수일 때도 있고 또 의무를 이행하는 않는 것이 허용될 수 있는 때도 있다. 그녀는 이런 주장을 펴면서 우리가 이미 살펴보았던 사례들에 호소한다. 그러면서 의무가 훌륭한 경험 법칙이기는 하지만 언제나 타당한 도덕적 지침을 제공하는 건 아니라고 말한다.

첫 번째 것(의무와 반대되는 행동)에 대하여 그녀는 이런 상황을 한번 생각해보라고 요구한다. 회사로 출근하던 길에 우리는 불이 난 집 안에 있는 허약한 노인을 본다. 우리는 그 노인을 도와줄 수 있고 또 우리 이외에 다른 사람은 없다. 그녀는 이렇게 말한다. "일반적으로 말해서, 우리는 그 낯선 노인의 생명을 구하기 위해 불붙은 집 안으로 달려가야 할 의무가 없다. 그렇지만 회사에 출근해야 하는 의무 때문에 이런 행동으로부터 제지당한다는 것은 어리석은 일이 될 것이다." ("Above and Below the Line of Duty," *The Variety of Values*, 207). 여기서는 의무와 반대되는 행동을 하는 것이 더 좋다. 그러나 어떤 사람이 그렇게 행동하고 싶은 마음이 없다면, 사무실에 출근해야 한다는 갈등하는 의무 때문에 그런 것은 아니다. 여기서 의무 사항은 우리가 행동해야 하는 방식을 결정하지 못한다.

그녀는 또한 당신이 사무실에 앉아 있는 상황을 상상해보라고 요청한다. "당신은 이때 친구로부터 당신이 우상으로 떠받드는 철학자가 아주 오래간만에 미국을 방문했다는 이야기를 듣는다. 친구는 이렇게 늦게 전화해서 미안하다고 하면서 그 철학자가 오늘 오후 인근 도시의 다른 대학에서 강연을 한다고 알린다. 강연회 다음에는 당신을 저녁 식사에 초대할 예정이다"(210). 이럴 경우에, 앞의 사례가 의무 이상으로 행동한 것이었다면, 우리는 일정한 의무의 '수준 아래로' 행동하는 것이 허용 가능할 것이다.

울프는 이어 말한다. 이런 사례들은 지켜야 할 의무가 있다거나 우리는 대부분 그 의무를 이행한다는 사실을 부정하는 것이 아니다. 그녀가 여기에서 지적하고자 하는 것은 의무의 관점에서 생각하기가 우리가 해야 할 일 혹은 하지 말아야 할 일, 허용 가능한 일 혹은 허용 불가능한 일을 결정하는 최종적 기준이 되지 못한다는 것이다. 그녀는 그것을 이렇게 말한다. "의무의 선線이 있기는 하지만 그 선은 점선點線이다"(200). 만약 우리가 도덕의 공간을 정확하게 이해하고자 한다면, 일련의 의무 사항들이 그 공간의 윤곽을 모두 말해주지는 못한다는 것이다.

21 여러 사례들 중 하나를 들자면, 토머스 네이글Thomas Nagel은 유사한 아이디어를 제시했다. "다른 사람의 현실을 인식하면서 우리 자신을 그의 입장에 놓아보는 가능성, 이것이 아주 중요하다." Thomas Nagel, *The Possibility of Altruism* (Oxford Clarendon), 83.

22 Todd May, *Nonviolent Resistance: A Philosophical Introduction* (Cambridge: Polity Press, 2015), 51.

23 Singer, "Famine, Affluence, and Morality," 231.

24 Aristotle, *Nichomachean Ethics*, 1094b25.

25 도덕철학의 역사를 잘 아는 사람들은 나의 논의 구조가 18세기 철학자 데이비드 흄의 그것과 유사하다는 것을 발견할 것이다. 또 다른 사람들은 나의 논의 방식이 중국 고대의 철학자인 공자의 사상과 상당히 비슷하다고 말한다. 흄에 의하면 도덕은 가까운 사람들에 대해서 느끼는 동정심에 그 뿌리를 두고 있다. 흄은 이렇게 썼다. "공감은 도덕적 판단의 주된 원천이다"(David Hume, *A Treatise of Human Nature*, ed. David Fate Norton and Mary J. Norton [Oxford: Oxford University Press, 2000], 394). 그러나 동정심은 국지적인 것이다. 그것은 우리의 주변 환경에 사는 사람들에게서 나온다. 우리로부터 멀리 떨어져 있는 사람들에 대하여 정의나 공감 같은 추상적 사랑을 느끼기는 어렵다. 따라서 "정의와 불의에 대한 감각은 자연에서 유래하는 것이 아니라, 인위적으로 생겨나는 것인데

반드시 교육과 인간의 관습이 수반되어야 한다." 우리는 우리 가까이 있는 사람들에 대한 공감으로 시작하여 '교육과 인간의 관습'을 통하여 그 공감을 확대하고 수정하며 그것이 결국 더 큰 사회적 규모의 정의감을 형성하게 된다는 것이다.

공자의 사상도 이와 유사하다. 그가 볼 때 도덕적 발전의 적절한 형태는 가족들 사이의 올바른 인간관계에서 시작하여 그로부터 더욱 발전해나간다(익명의 독자가 내게 이런 점을 지적해주었다).

나의 접근 방법은 흄이나 공자의 그것과 비슷하지만, 우리의 도덕적 관계가 동정심이나 공감이나 부자관계의 확장과 수정을 통해서 발전된다고 주장하고 싶지 않다. 2장에서는 우리의 도덕적 관계를 설정하는 데 있어서 공감과 이성이 맡는 역할을 논의하게 될 것이다. 흄과 공자와의 유사성은 실질적인 것이라기보다 방법론적인 것이다. 다시 말해, 도덕이 우리의 내부에서 어떻게 형성되는가 하는 특정한 발전 양상보다는 서술의 편의상 그들(흄과 공자)과 유사성이 있는 것이다. 내가 보기에 도덕적 감정이나 확신은 사람들마다 다르게 나타난다. 나는 정확히 어디서 나타나는지는 잘 알지 못한다. 내가 이렇게 논의를 전개하는 방식—도덕적으로 가까운 사람으로부터 도덕적으로 먼 사람으로 확대하는 방식—은 그것이 나의 논지를 전개하기에 더 수월한 방법이기 때문이다. 나의 목표는 도덕적 발전의 이론을 제시하는 것이 아니라 일상적인 도덕적 행동에 대해서 생각해보는 것이다.

2장

1 이 이야기는 인용문까지 포함하여 다음 자료에서 가져왔다. Eli Saslow, "The White Flight of Derek Black," *Washington Post*, October 15, 2016. https://www.washingtonpost.com/national/The White Flight of Derek Black/2016/10/15/ed5f906a-8f3b-11e6-d50061aa9fae_story.html.

2 다음 자료에 실린 블랙의 논의를 참조할 것. *New York Times*, "Why I Left White Nationalism," November 26, 2016. https://www.nytimes.com/2016/11/26/opinion/sunday/Why I Left White Nationalism.html.

3 다른 사람의 얼굴에 대하여 글을 쓴 가장 유명한 사람들 중에는 프랑스 철학자 에마뉘엘 레비나스Emmanuel Levinas가 있다. 다음 자료 참조. *Totality and Infinity: An Essay on Exteriority*, trans. Alphonso Lingis(Pittsburgh, PA: Duquesne University Press, 1969). 레비나스는 다른 사람의 얼굴을 경험한다는 것을 다른 사람의 무한한 타자성과 대면하는 것으로 해석했다. 나는 그와 대조적으로 그 체험은 타자에 대한 인식이 아니라 흄이 말한 공감과 비슷한 것이라고 생각한다. 그

것은 타자성이라기보다 우리가 대면하게 되는 유사성에 대한 친밀한 감각이다. 다음 이 점을 다음 자료에서 논증했다. *Reconsidering Difference: Nancy, Derrida, Levinas, Deleuze*(University Park: Penn State Press, 1997) 3장.

4 John Protevi, "The Act of Killing in Contemporary Warfare," in *Life, War, Earth: Deleuze and the Sciences*(Minneapolis University of Minnesota Press, 2013), 62, 65. 레비나스는 이에 대하여 성서적 해석을 내놓으면서 이렇게 썼다. "첫 번째 말은 '너희는 죽이지 말라'이다." Emmanuel Levinas, *Ethics and Infinity: Conversations with Philippe Nemo*(Pittsburgh, PA: Duquesne University Press, 1995), 89.

5 미치 스나이더의 생애에 대해서는 다음 자료 참조. https://en.wikipedia.org/wiki/Mitch_Snyder.

6 이 사례들은 "The Ethics of Common Decency," *Journal of Value Inquiry* 48, no.1(2014), 87-94에 나와 있는 요탐 벤지만Yotam Benziman의 다른 논문들에서 가져온 것이다. 그가 이 논문을 쓴 목적은 사회의 조직을 강화하는 데 있어서 상식적 예의가 어떤 역할을 하는지 전반적으로 해석하기 위해서였다. 상식적 예의에 대한 민감한 논의는 다음 자료 참조. Cheshire Calhoun, "Common Decency" in *Moral Aims: Essays on the Importance of Getting It Right*(Oxford: Oxford University Press, 2016). 이 논문에서 그녀는 상식적 예의가 '최소한으로 잘 형성되어 있는 행위자'에게 필수적인 요소라고 주장했다. 또 다른 흥미로운 자료는 John Kekes, *Moral Tradition and Individuality*(Princeton, NJ: Princeton University Press, 1989) 3장을 참조할 것. 그는 '규칙을 따르는' 예의와 '정체성을 부여하는' 예의를 구분했다. "규칙을 따르는 예의는 사회적 도덕이 요구하는 것을 이행하는 것이다. 정체성을 부여하는 예의는 행위자가 사회적 도덕에 깊은 충성심을 느끼기 때문에 그렇게 하는 것이다"(84). 정체성을 부여하는 시민적 품위는 개인이 소속된 사회의 인간과 사회에 대하여 더 깊은 관계의식을 느끼는 것이다.

7 *The Analects of Confucius*, trans. Arthur Waley(New York: Vintage Books, 1989), 86.

8 이것이 그 논문에서 벤지만의 요점이다.

9 Stanley Milgram, *Obedience to Authority*(New York: Harper and Row, 1974).

10 Aaron James, *Assholes: A Theory*(New York: Doubleday, 2014), 4-5.

11 James, *Assholes*, 23.

12   현대의 사회계약 이론은 토머스 홉스의 《리바이어던》에 그 뿌리를 두고 있다. 하지만 사회계약이라는 개념은 이미 플라톤의 《국가》에서도 등장했다. 현대의 저서로는 T. M. Scanlon, *What We Owe to Each Other*(Cambridge, MA: Harvard University Press, 1998)가 중요하다. 그러나 논의의 출발점은 John Rawls, *A Theory of Justice*(Cambridge, MA: Harvard University Press, 1971)이다. 스캔런의 책 제목 중에 내가 좀 못마땅하게 생각하는 것은 그것이 문법적으로 부정확하다는 점이다. 정확한 제목은 *What We Owe to One Antother*가 되어야 한다. 그것은 두 사람 사이의 의무가 아니라 사회계약의 이론에 관한 것이기 때문이다.

13   Singer, *The Most Good You Can Do: How Effective Altruism Is Changing Ideas about Living Ethically*(New Haven, CT: Yale University Press, 2015), 102.

14   Carol Gilligan, *In a Different Voice: Psychological Theory and Women's Development*(Cambridge, MA: Harvard University Press, 1982).

15.   다음은 여섯 단계의 도표이다.

도덕 이전 단계

1단계 : 징벌-회피와 복종	순전히 자기 이해와 관련하여 도덕적 결정을 내린다. 걸리지 않고 넘어갈 수 있으면 규칙을 준수하지 않는다.
2단계: 혜택의 교환	다른 사람들도 욕구가 있다는 것을 인식하지만 자신의 욕구를 충족시키는 것을 더 높은 우선순위로 삼는다.

관습의 단계

3단계: 착한 소년/착한 소녀	남들을 기쁘게 하는 것을 기준으로 결정을 내린다. 대인관계의 유지에 신경을 쓴다.
4단계: 법과 질서	행동 지침으로서 사회 전체를 바라본다. 규칙들을 신축성 없고 변하지 않는 것으로 생각한다.

원칙의 단계

5단계: 사회계약	규칙들은 사회의 합의에 의한 것으로, 필요하다면 바꿀 수 있다는 것을 깨닫는다.
6단계: 보편적 윤리 원칙	특정한 구체적 규칙들을 초월하는 소수의 추상적 원칙을 고수한다. 내면의 양심에 응답한다.

출처: https://thesacredprofession.wordpress.com/2012/08/31/classroommanagement-kohlbergs-stages-of-moral-development.

16 Gilligan, *In a Different Voice*, 22.

17 Virginia Held, *The Ethics of Care: Personal, Political, and Global*(Oxford: Oxford University Press, 2006), 46.

18 Held, *Ethics of Care*, 10-12.

19 몰리 러시Molly Rush의 생애에 대해서는 다음 자료 참조. Liane Norman, *Hammer of Justice: Molly Rush and the Plowshares Eight*(Eugene, OR: Wipf and Stock, 2016).

20 다음 자료 참조. "Does Empathy Guide or Hinder Moral Action?" in the Room for Debate section of the *New York Times*, http://www.nytimes.com/roomfordebate/2016/12/does-empathy-guide-or-hinder-moral-action.

21 Held, *The Ethics of Care*, 41.

22 이 문제에 대한 흥미롭고 민감한 논의에 대해서는 다음 자료 참조. Barbara Herman, "The Practice of Moral Judgement," *The Practice of Moral Judgment*(Cambridge, MA: Harvard University Press, 1993).

23 Susan Wolf, "Morality and Partiality," *The Variety of Values: Essays on Morality, Meaning and Love*(Oxford: Oxford University Press, 2015), 41.

24 Wolf, "Morality and Partiality," 44.

3장

1 칸트는 《도덕형이상학의 기초》에서 자선행위를 불완전한 의무, 즉 늘 해야 하는 것은 아니고 할 수 있을 때 하는 의무로 규정했다. 칸트는 진실을 말하는 것은 완전한 의무—사람은 절대 거짓말을 해서는 안 된다—이지만, 자선행위는 불완전한 의무, 즉 할 수 있을 때 하는 일이라고 보았다. 이 장에서 논의되는 자선행위는 칸트의 견해와 유사한 점이 있지만, 아주 다른 도덕적 견지에 바탕을 두고 있다.

2 Kagan, *Limits of Morality*, 21, 22.

3 케이건은 불편부당의 개념을 이렇게 분명히 밝혔다. "어떤 결과가 객관적으로 보아 다른 결과보다 좋고 또 그것이 모든 사람에게 그러하다면, 모든 사람이 그것을 추진해야 할 이유가 있다"(62).

4   Wolf, "Morality and Partiality," 42.

5   여기에 복잡한 문제가 있다. 그래서 나는 '대체로'라는 말을 덧붙였다. 울프의 불편부당한 도덕의 개념은 앞 장에서 논의했던 배려 윤리와는 갈등을 일으키는 것으로 보인다. 울프가 볼 때, 사랑 같은 치우친 정서는 불편부당한 도덕의 바깥에 있고 때때로 그 도덕과 갈등을 일으킨다. 이와는 대조적으로 헬드는 배려가 적절한 도덕의 일부분이라고 본다. 그녀는 정의의 아이디어는 좀 더 불편부당한 견해라고 본다. 여기서 문제는 도덕이 편파성을 포함해야 하는지 아니면 포함하지 말아야 하는지의 문제이다. 나는 한편으로는 어떤 사람의 편파적 감정과 도덕 사이에 갈등이 있을 수 있다고 본다. 울프는 이렇게 썼다. "자기 아이를 감추는 어머니의 경우에, 도덕과 사랑의 감정 사이에서 어머니가 느끼는 갈등은, 거의 정신분열 증적인 분열에 해당한다. 나는 이것이 그 어머니가 느끼는 딜레마의 본질이라고 본다"("Morality and Partiality," 44). 내가 보기에 이것은 타당한 분석이다. 반면에 헬드는 배려가 남들에 대해서 갖는 도덕적 관계의 중요한 요소라고 말하는데, 이것은 타당한 견해이다(그러나 앞 장에서 다룬 공감의 한계에 대해서 상기할 것). 이 긴장을 해소하는 내 나름의 방식은 이렇게 말하는 것이다. 배려는 우리의 도덕적 관계에서 중요한 요소인데, 특히 대면관계에서 그러하다. 그러나 그 도덕적 판단은 불편부당한 것이어야 한다. 도덕적 관점에서 볼 때, 어떤 상황에서 무슨 일이 벌어지거나 벌어지지 말아야 하는가, 또 벌어졌어야 하는가 등의 문제를 판단할 때에는 울프가 말한 불편부당한 관점을 취해야 한다.

6   이에 대해서 더 알고 싶으면 다음 자료를 볼 것. Barry Estabrook, *Tomatoland: How Modern Industrial Agriculture Destroyed Our Most Alluring Fruit*(Andrew Meel Publishing, 2011).

7   Stephen Gardiner, *A Perfect Moral Storm: The Ethical Tragedy of Climate Change*(Oxford: Oxford University Press, 2011).

8   이것은 다음 자료에서 나왔다. Parfit, *Reasons and Persons*(Oxford: Oxford University Press, 1984), 358.

9   그는 이 해결안을 *Reasons and Persons*의 16장에서 제시하고 있다. 그러나 이어지는 장들에서 최초의 해결안에 따르는 여러 가지 복잡한 문제들을 고려한다. 본질적으로 이러한 문제들에 대한 우리의 도덕적 고려는 좀 더 '몰개성적인' 것이 되어야 한다는 것이다. 다시 말해 우리가 영향을 미칠 수 있는 혹은 영향을 미칠 수 없는 어떤 특정한 사람들보다는 우리가 기여할 수 있는 선에 대하여 더 집중해야 한다는 것이다. 그러나 그가 인정한 바와 같이, 이 해결안은 우리의 여러 미래 세대에 언제나 똑같은 숫자의 사람들이 있을 때에만 미래 세대에 영향을 미칠 수 있

다. 그는 '다른 숫자'에 대한 시나리오를 생각해보려 했으나 그에 대한 해결안을 마련하기 전에 작고했다.

10 John Broome, *Climate Matters: Ethics in a Warming World*(New York: W.W.Norton, 2012)의 5장은 아주 설득력이 높다. 브룸은 기후 변화에 대응하는 부담의 상당 부분이 정부 정책에 의해 해결되어야 한다고 생각했지만, 탄소를 보상해야 한다는 그의 주장은 아주 감동적이다. 그의 책을 읽은 후 나는 그에게 이메일을 보내어 그의 책은 내가 읽은 것 중에서 가장 고가의 책이었다고 알렸다. 책값은 23.95달러였으나 기후 변화에 대응하는 노력에 협조한다는 뜻으로 책값 이외에 해마다 1천 달러를 기부하게 되었으니 말이다.

4장

1 이 까다로운 문제에 대한 균형잡힌 견해를 보려면 다음 자료를 참조. Jeff McMahan, "Eating Animals the Nice Way," *Daedalus*, 2008, 1-11.

2 이 용어는 다음 책자에서 처음 소개되었다. James Rachels, *Created from Animals: The Moral Implications of Darwinism*(Oxford: Oxford University Press, 1990). 그는 이렇게 썼다. "만약 인간이 어떤 특징을 갖고 있기에 인간을 어떤 특정한 방식으로 대하는 것이 잘못되었다고 생각한다면, 어떤 특정한 비인간 동물도 그런 특징을 갖고 있으므로, 일관성을 유지하려면 그 비인간 동물을 그런 특정한 방식으로 대해야 한다"(175). 도덕적 개별주의는 철학 분야에서 많이 논의되어온 주제이다. 이 사상을 옹호하는 핵심 사상가는 제프 맥머핸Jeff McMahan인데 특히 다음과 같은 그의 저서와 논문을 참고할 것. *The Ethics of Killing: Problems at the Margin of Life*(Oxford: Oxford University Press, 2002), 특히 203-32쪽. "Our Fellow Creatures," *Journal of Ethics* 9, no.3/4(2005), 353-80.

3 이와 비슷한 난처한 가능성이 맥머핸의 *The Ethics of Killing*, 359-60에 논의되어 있다.

4 다음 자료를 볼 것. http://www.projetogap.org.br/en/.

5 철학자 래리 템킨Larry Temkin은 소위 '스펙트럼 문제'를 가지고 이와 같이 복잡한 사례들을 다루고 있다. 그의 다음 저서를 참조할 것. *Rethinking the Good: Moral Ideals and the Nature of Practical Reasoning*(Oxford: Oxford University Press, 2015). 이 저서의 요약을 얻기 위해서는 다음 자료 참조. 그의 위키페이지의 다음 부분 "Intransitivity and the Nature of the Good," https://en.wikipedia.org/wiki/Larry_Temkin.

6   코라 다이아몬드Cora Diamond는 다음의 여러 논문에서 이 문제를 민감하게 다루
     고 있다. "Eating Meat and Eating People," Cass Sunstein and Martha Nussbaum,
     Animals Rights: Current Debates and New Directions(Oxford: Oxford University
     Press, 2004). "Experimenting on Animals: A Problem in Ethics," Cora Diamond,
     The Realistic Spirit: Wittgenstein, Philosophy and the Mind(Cambridge: Bradford
     Books, 1991) 335-65; "The Importance of Being Human," David Cockburn,
     ed., *Human Beings*(Cambridge: Cambridge University Press, 1991), 35-62.

7   맥머핸은 다이아몬드의 저작에 대하여 "Our Fellow Creatures"(374)에서 답변을
     내놓고 있다.

8   위의 주 6에서 나온 코라 다이아몬드는 도덕적 개별주의의 반대자이지만, 그럼에
     도 불구하고 비인간 동물의 욕구와 이해관계에 민감하게 반응하는 사람의 사례이
     다. 그는 "Eating Meat and Eating People"라는 논문의 말미에서 이렇게 쓰고 있
     다. "인간적 유대감의 어두운 측면은 성적 유대감이나 인간 집단의 유대감과 비슷
     한 점이 있다. 이것은 바라보는 고통은 내가 공격해온 저서들에 강하게 드러난다"
     (106).

9   이 주장은 클레어 파머Clare Palmer의 저서 *Animal Ethics in Context*(New York:
     Columbia, 2010)에 제시되어 있다. 관계가 있지만 다른 입장에 대해서는 다음 자
     료 참조. Elizabeth Anderson, "Animal Rights and the Values of Nonhuman Life,"
     Sunstein and Nussbaum, *Animal Rights*, 277-98.

10   "The Era of 'Biological Annihilation' Is Underway, Scientists Warn,"
     Tatiana Schlossberg, *New York Times*, July 11, 2017, https://www.nytimes.
     com/2017/07/11/climate/mass-extinction-animal-species.html.

11   참조. https://en.wikipedia.org/wiki/Temple_Grandin.

5장

1   이에 대해 더 많이 알고 싶은 분은 다음 자료 참조. https://www.nytimes.com/
     2017/02/01/us/uc-berkeley-milo-yiannopoulos-protest.html.

2   이에 대해 더 많이 알고 싶은 분은 다음 자료 참조. https://www.nytimes.com/
     2017/03/03/us/milddlebury-college-charles-murray-bell-curve-protest.html.

3   Todd May, *Nonviolent Resistance: A Philosophical Introduction*(Cambridge: Polity
     Press, 2015), 51.

4 정치 분야의 겸손함에 대해서는 많은 저서가 나와 있다. 최근에 나온 것으로는 다음 두 저서가 중요하다. Danielle Allen, *Talking to Strangers: Anxieties of Citizenship since Brown v. Board of Education*(Chicago University of Chicago Press, 1996). Mark Kingwell, *A Civil Tongue: Justice, Dialogue, and the Politics of Pluralism*(University Park, PA: Penn State University Press, 2008).
앨런은 '정치적 우정'이라는 개념을 도입하는데, 아주 다른 견해와 지향을 가진 사람들 사이에서, 종종 다양하고 상보적인 희생을 통하여 이루어지는 우정을 말한다. 킹웰의 저서는 전통적 철학 저서에 가까운데 서로 다른 견해를 가진 사람들 사이에서 겸손한 대화가 이루어져 보다 공정한 사회제도로 나아가는 방법을 모색한다.

5 미국이 노예제도를 극복한 사실을 너무 느긋하게 여기지 말기 바란다. 아주 최근까지도, 서류에 남아 있지 않은 노동자들의 노예노동이 남부 플로리다의 다수의 토마토 농장에서 실제로 존재했다. 이에 대해서 좀 더 많은 것을 알아보고 이모칼리 노동자 연합의 용기 있는 행동을 살펴보고자 하는 독자는 다음 자료 참조. Barry Estabrook, *Tomatoland: How Modern Industrial Agriculture Destroyed Our Most Alluring Fruit*(Andrews McKeel Publishing, 2011).

6 다음 자료 참조. 뉴욕타임스의 통계에 대해서는 https://www.nytimes.com/2017/07/29/opinion/sunday/black-income-white-privilege.html. 좀 더 자세한 정보를 원하면 다음 자료 참조. Elizabeth Anderson, *The Imperative of Integration*(Princeton, NJ: Princeton University Press, 2010).

7 이 문제를 다루는 많은 논문과 저서들 중에서도, 다음 자료 참조. Eduardo Porter, "America's Sinking Middle Class," *New York Times*, 2013(www.nytimes.com/2013/09/19/business/americas-sinking-middle-class.html). Annie Lowery, "The Rich Get Richer through the Recovery" (https://economix.blogs.nytimes.com/2013/09/10/the-rich-get-richer-through-the-recovery/). 좀 더 자세한 분석을 원하면 다음 자료 참조. Heidi Schierholz and Lawrence Mishal, "A Decade of Flat Wages: The Key Barrier to Shared Prosperity and a Rising Middle Class" from the Economic Policy Institute(http://www.epi.org/publication/a-decade-of-flat-wages-the-key-barrier-to-shared-prosperity-and-a-rising-middle-class/).

8 최근의 비폭력 운동의 포괄적 역사를 다룬 탁월한 저서는 다음 자료. Peter Ackerman and Jack Duvall, *A Force More Powerful: A Century of Nonviolent Conflict*(New York: St. Martin's, 2000).

9 간디의 용어 사탸그라하(satyagraha: 대체로 '진리-힘'으로 번역됨)에 대해서 간디 자신이 이렇게 말했다. "이 용어는 남아프리카공화국에서 만든 것인데 남아프리카공화국의 인도인의 비폭력 저항을 여성참정권 운동이나 기타 운동의 '수동적 저항'과 구분하기 위한 것이었다"(*Non-Violent Resistance*[New York: Schocken Books, 1951], 3).

10 이에 대해서는 나의 책 *Nonviolent Resistance* 중 특히 4장과 5장을 볼 것.

11 이것은 간디의 비폭력을 다룬 다음의 훌륭한 저서에서 강조된 사항이다. *The Conquest of Violence: The Gandhian Philosophy of Conflict*(Princeton, NJ: Princeton University Press, 1958), esp. 9-11.

12 3권짜리 대작 *The Politics of Nonviolent Action*(Boston: Porter Sargent, 1973 [first two volumes] and 1985 [third volume]) 에서 진 샤프Gene Sharp는 비폭력 운동이 전개될 수 있는 다수의 다른 방법들을 논의한다. 그의 두 번째 책 *The Method of Nonviolent Action*은 거의 200가지 방법을 제시하는데 다수의 사례가 곁들여져 있다.

13 이 사건을 다룬 여러 기사들 중에서 특히 다음을 참조. Matthew Haag and Jacey Fortin, "Two Killed in Portland While Trying to Stop Anti-Muslim Rant, Police Say," *New York Times*(https://www.nytimes.com/2017/05/27/us/portland-train-attack-muslim-rant.html).

결론

1 Adriana Cavarero, *Relating Narrative: Storytelling and Selfhood*, trans. Paul Kottman(New York, Routledge, 2000).

2 어떤 사람들은 객관적 사실이 있다는 아이디어는 이야기해주기를 기다리는 이야기가 있다는 아이디어만큼이나 가능성 없는 것이라고 생각한다. 해석되지 않은 사실들이라는 아이디어는 발견되기를 기다리는 이야기만큼이나 논쟁적인 것이 아닌가? 나는 그들의 이런 망설임을 이해하는 편이다. 설사 우리가 해석되지 않은 사실들이 있다는 아이디어를 거부한다고 하더라도, 우리는 여전히 다음과 같은 사실은 인정해야 할 것이다. 우리가 그 사건들에 대하여 어떻게 생각하든 간에 어떤 사건들은 우리의 생활 속에서 실제로 발생했다. 그러니 우리가 그 사건들에 대해서 할 수 있는 이야기의 종류는 어느 정도 그 사실들로부터 제약을 받을 수밖에 없다.

3   Richard Moran, *The Story of My Life: Narrative and Self-Understanding* (Milwaukee, WI: Marquette University Press, 2015) 42–43.

4   Michael Billig, *Freudian Repression* (Cambridge, MA: Cambridge University Press, 1999).

찾아보기